SECURITIES COMPLIANCE

证券合规

利用未公开信息交易的法律规制与风险管理

谢杰　马宏伟　著

Legal Regulation and Risk Management of Trading on Material Nonpublic Information

法律出版社
LAW PRESS · CHINA
北京

图书在版编目(CIP)数据

证券合规. 利用未公开信息交易的法律规制与风险管理 / 谢杰,马宏伟著. -- 北京:法律出版社,2023
ISBN 978-7-5197-8077-7

Ⅰ.①证… Ⅱ.①谢… ②马… Ⅲ.①证券法-研究-中国 Ⅳ.①D922.287.4

中国国家版本馆CIP数据核字(2023)第123254号

证券合规:
利用未公开信息交易的法律规制与风险管理
ZHENGQUAN HEGUI:
LIYONG WEIGONGKAI XINXI JIAOYI DE FALÜ GUIZHI
YU FENGXIAN GUANLI

谢 杰 马宏伟 著

策划编辑 冯雨春
责任编辑 冯雨春 谢瑞忠
装帧设计 李 瞻

出版发行 法律出版社
编辑统筹 法律应用出版分社
责任校对 张 颖
责任印制 刘晓伟
经　　销 新华书店

开本 710毫米×1000毫米 1/16
印张 15.25 **字数** 245千
版本 2023年8月第1版
印次 2023年8月第1次印刷
印刷 固安华明印业有限公司

地址:北京市丰台区莲花池西里7号(100073)
网址:www.lawpress.com.cn
投稿邮箱:info@lawpress.com.cn
举报盗版邮箱:jbwq@lawpress.com.cn
销售电话:010-83938349
客服电话:010-83938350
咨询电话:010-63939796

书号:ISBN 978-7-5197-8077-7
定价:86.00元
凡购买本社图书,如有印装错误,我社负责退换。电话:010-83938349

作者简介

谢 杰

上海交通大学凯原法学院副教授、证券犯罪研究中心执行主任，法学博士、博士后；兼任上海汉盛律师事务所律师，上海国际经济贸易仲裁委员会（上海国际仲裁中心）仲裁员，上海期货交易所监察委员会委员，上海市法学会刑法学研究会理事，上海市律师协会刑法与刑事辩护业务研究委员会委员，广州仲裁委员会仲裁员，上海市涉案企业合规第三方监督评估机制专业人员名录库（第一批）成员等；主要研究方向为证券期货及衍生品监管、金融刑法、法律经济学等。

在International Journal of Law，Crime and Justice、《法学》、《清华法学》等SSCI、CSSCI期刊发表英文、中文论文30余篇；多篇论文被《人大复印资料》全文转载。在最高人民法院《刑事审判参考》、最高人民检察院《刑事司法指南》、《人民检察》、《检察日报》等发表法律实务论文200余篇。独著、合著“Financial Market Crime：A Legal & Economic Analysis”、“Criminal Regulation of Capital Market：Theory & Practice”、《操纵资本市场犯罪刑法规制研究》、《资本市场刑法》、《中国刑法的规范解释》、《财经犯罪刑法理论与实务》、《证券期货犯罪刑法理论与实务》、《市场滥用犯罪与刑事合规》、《内线交易犯罪刑法规制研究》、《证券合规：证券市场虚假陈述法律规制与合规风控》等英文、中文专著20余部。

作 者 简 介

马宏伟

华东政法大学硕士，上海交通大学上海高级金融学院EMBA学员，系北京大成（上海）律师事务所高级合伙人，资深执业律师，具有中国证券从业资格、美国注册舞弊审查师和美国注册法务会计师资格；兼任上海交通大学凯原法学院证券犯罪研究中心外聘研究员，华东政法大学文伯书院校外导师；曾在公安部从事经济（证券）犯罪侦查工作，参与多起重特大要案办理，参与“09行动”、“亮剑”行动督导工作，获得国务院“8部门”联合授予的“2010年世博会知识产权保护专项行动先进个人”；曾在渣打银行、美国运通等世界500强跨国金融集团从事法务、风险控制、反欺诈及反腐败等工作，获得美国运通“全球主席奖”“法务部全球杰出个人奖”。

曾多次为大型国内外知名企业提供金融证券合规、内部风险控制内训，受邀到上海市外国投资促进中心、世界500强等单位举办论坛及讲座；受邀向长三角、珠三角多地金融主管部门、上市公司开展金融证券合规类、金融犯罪风险防范专题授课。其出版的专著《通往规制之路——资本市场的刑法逻辑》，对金融证券犯罪及其规制做了体系化的深入论述和分析。

目 录

CONTENTS

第一章

利用未公开信息交易法律规制的规范依据与风险防控的规则导向

财经媒体早在2000年就以“基金黑幕”为题对基金公司滥用资金管理权与信息优势操纵市场、“老鼠仓”交易等进行专题报道，引发市场、学者、监管层高度关注。[①] 实际上，不仅是基金管理公司，证券期货公司、信托公司、保险公司等同样具有大量自营交易业务与资产管理业务，其从业人员基于职务便利掌握大量未公开的证券期货投资决策信息。证券、期货交易所，行业协会甚至是相关监管机构人员，其在履行交易服务、行业自律、行政执法等管理性职务过程中同样掌握大量未公开重要信息。但是，当时我国对于内幕信息之外的未公开信息的法律监管没有上升到刑法高度，导致对利用未公开信息进行违规交易行为惩治和预防效率较低。

《刑法修正案（七）》增设利用未公开信息交易罪，其与内幕交易、泄露内幕信息罪一起组成了我国证券期货内幕交易犯罪刑法规范体系，进一步严密了打击利用未公开信息违规从事金融交易的刑事法网。《刑法》第180条第4款规定的内幕信息以外的其他未公开的信息，是与金融商品内在价值无直接关联的，由特定市场资金流动变化而影响金融商品市场价格的外发性信息（例如，基金公司管理的客户资金、保险公司管理的年金账户等买入、卖

① 参见平湖、李箐：《基金黑幕——关于基金行为的研究报告解析》，载《财经》2000年第19期。

出股票的信息），其经济价值在于发现特定金融商品短期供求关系变动影响下的预期市场价格与当前供求关系影响下的市场价格之间的价差。利用未公开信息是行为人基于资产管理中应当由权益人独享的重大信息谋取交易利润，行为人的违法所得是对其所供职的机构或者机构客户的经济利益的损害与市场特定信息利益冲突的违反。刑法对利用未公开信息犯罪进行规制的价值在于防控证券期货市场信息利益冲突，保护投资者合法权益。以《刑法》为先导与核心的利用未公开信息交易法律规制体系是我国资本市场法律保护的独有特点，相关法律规则不仅构成了行为规制的规范基础，也为合规管理指明了方向。

第一节　利用未公开信息交易行为犯罪化背景

证券期货犯罪一直是《刑法》修正的重要内容。我国《刑法》修正案陆续增设了期货犯罪、背信损害上市公司利益罪、违法运用资金罪等证券期货犯罪。此类《刑法》规定为维护证券期货市场公平交易秩序起到了极为重要的作用。然而，证券期货内幕交易犯罪长期以来严重危害金融交易秩序与证券期货市场健康发展。违规交易者不仅利用上市公司内幕信息从事内幕交易违法犯罪活动，而且有部分金融机构以及监管机构工作人员利用职务便利所掌握的影响证券期货交易价格的重要未公开信息，抢先建仓或者卖空相关证券、期货合约，严重侵犯投资者权益、扰乱金融交易秩序、损害证券期货市场健康发展。早在21世纪初，吴敬琏等经济学家就揭露过“老鼠仓”等“基金黑幕”，只不过当时操纵股市等问题更为突出，“老鼠仓”问题不太显眼。随着我国对操纵股市等问题的治理力度加大，此类情况有了很大好转，“老鼠仓”问题就显得极为突出。[①]

① 参见田兴洪、焦焰：《基金“老鼠仓”的法律规制研究——兼论〈刑法修正案（七）〉（草案）相关规定的缺陷及完善》，载《长沙理工大学学报（社会科学版）》2009年第1期。

一、早期案例

金融实践中，以上投摩根唐建、南方基金王某敏等“老鼠仓”交易为典型的一批利用证券期货未公开信息交易的违法案件因受到金融监管部门的行政处罚，而被社会各界的广泛关注。[①] 2007 年，上投摩根成长先锋基金原经理唐建，以其父亲和第三人的账户，于基金建仓前买入了新疆众和股票，获利逾 150 万元。

南方宝元债券型基金及南方成分精选原基金经理王某敏，使用其父亲的账户在基金建仓半年后买入了太钢不锈股票，获利在百万元左右。

唐建、王某敏因上述违法违规进行证券投资、牟取私利的行为被查处。中国证监会在没收其违法所得并各处罚款 50 万元外，还对两人实行市场禁入。[②] 这是中国证监会对基金“老鼠仓”开出的处罚第一单。

然而，在当时的法律规范制度架构下，我国《刑法》没有明文规定这类行为构成犯罪，因而难以追究当事人的刑事责任，对“老鼠仓”的查处也仅止于行政处罚。尽管人们估计，在之前“牛市”下，实际中的“老鼠仓”绝不止监管部门发现的这两起，但曝光在大众视野中的“老鼠仓”，确实就只是眼前两起。而明知自己利益遭受“老鼠仓”吞噬的基金公司，宁愿“打碎了牙往肚子里吞”，甘愿捂着、藏着，私下里低调处理，也不愿将此等丑闻公之于众。随着我国金融市场的不断发展，“老鼠仓”问题开始成为行业内的毒瘤，不仅危及全行业的健康有序发展，也严重损害了广大金融投资者的利益。

二、行政法律的缺位与刑法的介入

我国金融行政法律长期处于缺位状态，仅对内幕交易等行为规定了行政处罚，并未在行政法律层面，建构利用未公开信息交易行为的规制体系。

相应地，严重扰乱证券期货交易市场秩序的“老鼠仓”行为无法通过刑

---

① 参见谢潞锦:《唐建：公募基金经理老鼠仓“第一人”》，载《第一财经日报》2007 年 11 月 15 日，第 T24 版。

② 参见黄鑫:《从“老鼠仓”事件谈增设背信罪之必要》，载《中国刑事法杂志》2009 年第 2 期。

法进行震慑。很大程度上也是因为，我国《刑法》仅规定了内幕交易罪，对于其他严重损害证券期货市场交易秩序的违规交易，不能作为犯罪处理，导致无法基于《刑法》规范对利用未公开信息交易行为进行责任追究。基于此，社会各界纷纷建议设立新的罪名规制此类利用未公开信息实施的违规交易行为。①

社会的广泛关注客观上推进了立法机关加速研究通过《刑法》规制“老鼠仓”的必要性与可行性研究。在《刑法修正案（七）》的制定过程中，部分全国人大代表和中国证监会提出，一些证券投资基金管理公司、证券公司等金融机构的从业人员，利用其因职务便利知悉的法定内幕信息以外的其他未公开的经营信息，如本单位受托管理资金的交易信息等，违反规定从事相关交易活动，牟取非法利益或者转嫁风险。这种行为严重破坏金融管理秩序，损害公众投资者利益，应当作为犯罪追究刑事责任。正是由于立法者清晰地认识到，“老鼠仓”是当前我国资产管理和代客理财市场的一大顽疾，在基金证券市场比较普遍。“老鼠仓”交易严重破坏金融管理秩序，损害市场的公平、公正和公开，严重损害客户投资者的利益，严重损害金融行业信誉，从而影响投资者对金融机构的信任，到头来也损害从业人员所在单位的利益，如不严惩，将会严重影响资产管理和基金、证券、期货市场的健康发展。②

所以，《刑法修正案（七）》增设了利用未公开信息交易罪，专门针对“老鼠仓”等证券期货市场中各类不公平的交易行为进行《刑法》规制。至此，受学界和舆论广泛抨击的证券期货市场中利用未公开信息交易行为终于有了明确的《刑法》规制依据。刑法理论界普遍认为，《刑法修正案（七）》增设利用未公开信息交易罪彰显了刑法对证券期货市场中出现的新的危害行为进行及时惩治和预防的决心，不仅有利于规范金融行业、保护投资者权益，而且增强了《刑法》对金融犯罪规范的时代性与科学性。③

---

① 参见于海涛：《基金老鼠仓定性背信行为司法建议刑上“从业人员”》，载《21世纪经济报道》2008年4月22日，第1版。

② 参见黄太云：《〈刑法修正案（七）〉解读》，载《人民检察》2009年第6期。

③ 参见赵秉志：《〈刑法修正案（七）〉的宏观问题研讨》，载《华东政法大学学报》2009年第3期。

第二节　利用未公开信息交易行为的法律规制争议与根源分析

一、观点论辩

对于是否应当将以“老鼠仓”为典型的利用未公开信息交易行为规定为犯罪，理论上存在两种截然相反的观点。

主张非犯罪化的观点认为，“老鼠仓”等行为是证券期货行业的潜规则，特别是由于“老鼠仓”构建的种类多样，流程设计也越来越精良，实际上根本无法根治，因此只能与“老鼠仓”和平共处。①

呼吁犯罪化的意见认为，是否将某种行为规定为犯罪，主要取决于行为的主客观方面和刑法本身的价值取向，而与是否能够根除某种行为无关，将“老鼠仓”行为作犯罪化处理有利于抑制这一行为的蔓延。

应该承认的是，只要有利益驱动，部分基金管理公司或证券公司的管理人员一定会想方设法绕开监管，钻法律的漏洞。这并非仅靠刑法可以解决的。但是将“老鼠仓”行为犯罪化处理，其威慑作用可以起到犯罪一般预防效果。而钻刑法漏洞本身是需要成本的，增加违法行为成本，也对违法行为本身起到特殊预防作用。因此，总体上分析，将“老鼠仓”行为犯罪化处理是存在社会积极意义的，同时将“老鼠仓”行为犯罪化处理并不违反罪之谦抑的原则。

在立法层次上罪之谦抑原则主要表现在两个方面：不犯罪化和非犯罪化。所谓不犯罪化，是指那些不具备法益侵害性的行为，或者有一定危害性但是不值得定罪处罚的行为不（或者不应当）被纳入犯罪圈，就是要确立刑法上犯罪概念的定性和定量因素；所谓非犯罪化，是指已经被规定为犯罪的行为，由于社会的发展或观念的变迁已经不再具有社会危害性，或者出于刑法效益

---

① 参见冯兆蕙：《“老鼠仓”入罪模式及选择》，载《河北法学》2009年第9期。

的考虑不宜再作为犯罪处理的，立法上作出排除其刑事违法性的过程，以使犯罪圈的设定真正符合既定性又定量的原则。显然从未被规定为犯罪的“老鼠仓”行为不可能基于“非犯罪化”因素被罪之谦抑的概念所涵摄。而该种行为侵犯了特定法益，并且基于上文的分析，值得作为犯罪处理，因此，将“老鼠仓”行为犯罪化处理并不违反罪之谦抑的原则。①

二、观点辩证

在对“老鼠仓”等利用未公开信息交易行为是否入罪进行讨论时，有必要对这类行为进行界定，即“老鼠仓”行为到底是指什么。只有在对“老鼠仓”行为的认识、使用统一标准的前提下，方能展开讨论。“老鼠仓”行为究竟是什么？理论上有广义说和狭义说两种说法：广义说认为，“老鼠仓”行为表现为以下三种形式：一是身为受托资产管理业务机构的从业人员（以下简称相关从业人员）知道相关大额资金的投资信息，却违背受托人义务，私自买入相关的股票以追求私利的行为；二是相关从业人员违背受托人义务，自己先行买入股票，然后用所管理的基金把股票价格拉升，自己买入的股票通过股价差获利；三是利益输送，即相关从业人员违背受托人义务，故意选择不公平的价格或者不适当的时机交易，让公募基金为私募基金高位接盘，致使公募基金被套牢，私募基金却解套获利。狭义说认为，“老鼠仓”指庄家在用公有资金拉升坐庄个股股价前，先用自己个人（亲友团）的资金在低位建仓，再用公有资金将股价拉升到高位，个人仓位率先卖出获利，最后套牢亏损的是机构（公有）和散户的资金。② 这种在底部埋仓吃公家粮的行为，与老鼠进粮仓颇为类似，因此被形象地称为“老鼠仓”。

对一个法律现象进行认识或解释时，应遵循立法原意。诚然，由于时间的一维性，真正的立法原意已经过去，我们很难认知，但至少我们应从业已存在的规范形式出发，推定当时的立法原意。既然《刑法修正案（七）》将“利用未公开信息交易罪”规定为《刑法》第 180 条中的一款，其内涵就应

① 参见黄鑫：《从“老鼠仓”事件谈增设背信罪之必要》，载《中国刑事法杂志》2009 年第 2 期。

② 参见蔡曦蕾：《“老鼠仓”问题法律应对探析》，载《山东警察学院学报》2009 年第 2 期。

限定在内幕交易、泄露内幕信息罪适用的领域之内。因此，笔者认为狭义说的解释较为合理。基于对狭义说的赞同，笔者认为将“老鼠仓”等利用未公开信息交易行为入罪是立法上正确的选择，具体理由如下：

第一，从行为的社会危害性角度看，“老鼠仓”行为具备严重的社会危害性，理应受到《刑法》规制。在裁判文书网上进行检索近五年的老鼠仓案例，可以看到，涉案成交量几乎都达到了上亿元的规模。这种行为严重扰乱了证券市场的投资者结构，影响了证券投资基金在我国的发展。如果任其发展，既不利于推动我国证券市场规模的扩大，也不利于我国证券市场在结构上的优化完善；同时对广大有理财服务和投资管理需求的民众而言，“老鼠仓”行为极容易误导资金的流向和利用，增加投资风险，助长证券、基金市场的投机行为，对我国社会主义市场经济秩序健康、平稳、持续发展造成极大的干扰和破坏，具有犯罪化的必要。

第二，从刑罚的目的角度而言，将“老鼠仓”行为入罪并适用刑法，有利于实现特殊预防和一般预防。正如贝卡利亚所言：“只要刑罚的恶果大于犯罪带来的好处，刑罚就可以收到它的效果。这种大于好处的恶果中应该包含的，一是刑罚的坚定性，二是犯罪既得利益的丧失。除此之外一切都是多余的，因而也是蛮横的。”① 对潜在的犯罪嫌疑人而言，将“老鼠仓”行为入罪并对犯罪人进行适当的惩罚，能产生很好的震慑和教育作用，使其遵循社会主义市场经济规则行事。从宏观上讲，将“老鼠仓”行为入罪显然也有助于形成良好的社会主义市场经济秩序，有利于我国金融市场的完善与发展。

第三，从国外立法例的角度而言，利用未公开信息交易行为的犯罪化是证券期货市场法律监管的趋势。鉴于“老鼠仓”的巨大危害性，美国等西方国家都把“老鼠仓”案件作为刑事案件来处理。犯罪人不仅会被没收违法所得，处以巨额罚款，还会被判处有期徒刑甚至终身监禁。如2006年美国证券交易委员会（SEC）专门负责监控市场的一位律师揭露了一起著名的“老鼠仓”案，相关责任人被判刑，罚款金额高达1亿美元。同时美国各级证券交易机构也设置了市场监管部门，允许知情人、新闻媒体、律师向其举报。举

---

① [意]贝卡利亚：《论犯罪与刑罚》，黄风译，中国大百科全书出版社1993版，第42~43页。

报消息一旦查证属实，举报人可获得占案值 10% 的奖金。正是这种高昂的违法成本和健全的举报机制，有效地抑制了“老鼠仓”案件的发生。日本政府于 2006 年出台了新法，用以应对日益猖獗的“老鼠仓”犯罪，将情节严重的“硕鼠”的最高刑提至有期徒刑 5 年，罚款金额也大幅提高。如 2007 年的日本广播公司股票“老鼠仓”案，“村上基金”前经理村上世彰入狱两年，罚款 12 亿日元（约合 7000 万元人民币）。这是日本迄今为止对“老鼠仓”案件作出的最高罚款判决。①

综上所述，证券、期货市场的健康、良性发展有赖于公平竞争的市场环境，而利用未公开信息进行证券、期货交易则使不同的投资者在信息完全不对称的情况下进行交易。这极大地损害了证券期货市场的公平性，从根本上动摇了证券、期货市场的根基。因此，本罪的立法有利于充分保护广大基金投资者的合法权益，严密证券、期货市场监管，促进我国证券、期货市场健康、稳定发展。

第三节 利用未公开信息交易法律规制的功能定位与证券合规的发展方向

深入探究利用未公开信息交易罪的立法价值，能够从宏观上把握利用未公开信息交易罪的实质，不仅有利于指引本罪构成要件与解决疑难问题，而且能够帮助实务人员深刻洞悉本罪的实践价值。笔者认为，利用未公开信息交易罪对于证券期货市场交易机制的保障具有重大的立法价值。

一、市场交易秩序

证券期货市场对于优化资本配置具有重大意义。公平、公正、公开的证券期货交易能够为实体经济发展筹措大规模资金，根据市场资本自由流动的

---

① 参见黄鑫：《抑制资本市场“老鼠仓”行为之法律思考》，载《金融理论与实践》2009 年第 2 期。

实际效果反映金融资产的供求关系，实现价格发现功能，指导投资者理性配置资产。理论上，一个没有证券期货犯罪、秩序井然的证券期货市场能够最大限度地降低交易成本且最大程度地发挥金融体系融资、配置资源、服务实体经济等功能。但是，金融实践中始终存在利用未公开信息交易罪等内幕交易犯罪。以经济学视角分析，此类内幕交易犯罪行为增加了证券发行者筹集资本与市场主体参与期货合约的成本，扰乱了金融交易秩序，从而阻碍了实体经济的增长。①

证券、期货、基金公司等金融机构在证券期货市场中扮演着金融服务者、交易参与者等多重角色。且由于金融机构具有资金、信息优势，金融机构从业人员利用职务获取对金融交易价格具有重大影响的未公开信息，有针对性买卖证券、期货合约，侵犯了证券期货市场金融交易的公平秩序。具有金融市场监管职能的部门制定金融政策、实施金融执法等行政行为更是会对具体或者整体证券期货交易价格产生系统性影响。监管部门工作人员利用职务便利获取未公开的政策信息、执法信息从事相关证券期货交易，对市场秩序扰乱程度更深。利用未公开信息交易罪正是对这些严重扰乱金融交易秩序的行为的预防与惩罚，也是规范、指导、调整金融从业人员与监管人员的行为的合规管理规则。

二、投资者权益

由于难以直观地发现内幕交易犯罪如何具体地侵犯投资者的财产性权利，日本刑法理论有观点主张，内幕交易犯罪属于无被害人犯罪。② 我国刑法理论一般认为，证券期货市场的特征决定了证券期货犯罪均基于经济利益而实施，非法利益的获取必然以牺牲证券期货市场投资者权益为代价。③ 按照日本学者的意见，利用未公开信息交易罪等内幕交易犯罪的保护法益就只能是

---

① See Utpal Bhattacharya & Hazem Daouk, *The World Price of Insider Trading*, 57 The Journal of Finance 1（2002）.

② 参见李运平、王金贵：《全球化背景下的金融犯罪问题国际学术研讨会综述》，载《人民检察》2007 年第 19 期。

③ 参见刘宪权：《证券、期货犯罪的刑事立法及其完善》，载《法学》2004 年第 5 期。

金融交易秩序而不是投资者权益。按照我国学者的观点，金融交易秩序与投资者权益保护密切相关，内幕交易犯罪侵犯了投资者的平等交易权利，而投资者一旦丧失平等交易权，证券期货交易局面必然混乱，故内幕交易犯罪侵犯的客体应包括投资者权益。[①]

我们支持利用未公开信息交易罪、内幕交易罪等内幕交易犯罪的客体包括证券期货市场投资者合法权益的意见。投资者之所以选择参与金融交易，其原因在于信任证券期货交易的公平性。而行为人利用因职务获取的证券期货市场一般投资者所不掌握的重大未公开信息从事违规交易，不仅是利用不公正、不平衡的信息优势侵犯与其交易品种相同、交易方向相反的投资者权益，更是背弃了投资者对金融机构、监管部门及整个金融行业从业人员的信赖。全球金融危机之后，美国于2010年实施《多德—弗兰克华尔街改革与消费者保护法案》（以下简称《金融改革法案》）。《金融改革法案》对公司治理、信用评级、资产证券化、银行监管、金融消费以及投资者保护、系统性风险控制等问题设置了全新的监管框架，其中最为重要的就是凸显金融产品消费者以及投资者权益的法律保护——《2010年投资者保护与证券改革法》（Investor Protection and Securities Reform Act of 2010）。这体现了美国证券期货市场在金融危机之后强化投资者保护的趋势。我国《刑法》增设利用未公开信息交易罪，完善证券期货内幕交易犯罪刑法规范体系，为证券期货市场投资者合法权益建筑最后一道且最为有力的保护屏障。

三、金融从业诚信

金融机构从业人员应当根据其职责要求依照法律以及单位规章制度履职，禁止从事违背忠实义务或者损害金融机构利益的行为；监管部门或者行业协会工作人员接受单位授权对金融行业进行监督管理，不得利用职务便利非法谋取私利。根据美国联邦最高法院判例，从行为人利用职务掌握实质性未公开信息之时起，其对作为信息来源的公司承担忠实与守信义务，一旦利用该

① 参见刘宪权：《证券期货犯罪理论与实务》，商务印书馆2005年版，第316页。

实质性未公开信息从事证券交易，则其违背了忠信义务，构成证券欺诈。[1]该判例对内幕交易犯罪忠信理论的启示是，无论金融机构从业人员还是监管机构工作人员，其基于职务便利掌握未公开信息，应当将该信息运用于职务行为，而不能利用未公开信息为自己从事相关证券期货交易谋取利益。证券期货市场中的未公开信息对于证券期货交易秩序具有重要影响。职务者基于私利滥用未公开信息，不仅损害整体市场秩序，而且侵害单位利益与声誉。金融机构或者监管机构中能够接触此类信息的职务者应当具有更高的忠诚义务标准。因此，利用未公开信息交易罪从刑法的高度设置禁止利用因职务便利获取未公开信息从事相关证券期货交易的严格要求，强化保护金融机构或者监管机构工作人员的职务忠诚。

第四节　重大未公开信息及其交易行为的合规管理

合规是近年来法律理论与实务中重要且热点的概念，但重大未公开信息及其交易行为合规的理论与实务并未形成相对完整的探索与构造——这也是本书所意图着重解决的方面之一。

一、合规

合规（Compliance）文义上具有合乎规定的内涵，当然，合规、刑事合规的实践含义主要源于美国的语境与法律实务。至少在资本市场中，重大未公开信息合规是指资本市场参与者（主要是监管机构、大资管机构及其从业人员）对于利用内幕信息以外的其他重大未公开信息从事证券期货交易违法犯罪问题的风险控制与规范遵从。

具体包括：（1）事前风控，即在市场参与者发生利用未公开信息交易行为之前，从法律规范自我解释、应用，并持续与监管机构进行法律理解沟通的角度，防范与控制行为风险。（2）事中监控，即通过在管理、交易等经

① See United States v. O'Hagan, 521 U. S. 642 (1997).

营、行为流程中设置风险控制机制，在市场参与者行为过程中进行实时监督、管理介入，中断正在进行的利用未公开信息交易行为，或者及时控制风险的进一步扩大。(3) 事后遵从，即在发生利用未公开信息交易行为之后，积极与监管机构、司法机关进行沟通，通过行政和解、刑事和解等一系列法律规定的程序机制，使得市场参与者获得相对较轻的法律处置，从而最大限度地保障市场参与者的合规经营。

二、刑事合规

在上述合规内容中，归属于第三部分的合规程序（compliance programs）显然是时下我国司法与资本市场实践中最为关注的焦点问题。合规程序主要是刑事程序中的合规流程，即刑事合规。其来源于美国联邦司法实践——根据美国《联邦量刑指南》第八章第二部分的规定，合规程序是公司为了监管、预防、控制经济犯罪所专门设计的内部犯罪风险控制机制，是公司治理极为重要的一部分内容。① 美国联邦检察官相当重视在暂缓起诉程序中贯彻《联邦量刑指南》的建议性规定，强制认罪公司雇佣联邦行政人员担任内部监管职务，协助公司保证合规程序的正常运转，降低公司经济犯罪的案发可能。近年来，美国司法实践暂缓起诉程序中附加的强制性内部监管机制扩大了联邦行政人员在公司内部的监管权限，使其有权在联邦检察官的指导下评估、建议、修改公司治理的规章，解雇违纪违法职员，直接以公司名义雇佣审计人员、律师在公司内部针对审计、法律问题进行尽职调查。该项权利甚至可以延伸至暂缓起诉考察期限截止之后。

因此，资本市场刑事合规中的内部监管机制，非常有利于快速提高公司治理效率，特别是控制虚假陈述风险，并且实质性降低犯罪公司的刑事责任风险。联邦监管人员不仅能够成为认罪公司财务上的监管者，而且可以深入公司内部管理流程，全方位执行经济犯罪预防计划。不容忽视的问题是，检察机关要求建立的强制性内部监管机制所耗费的高管理成本在一定程度上对

① See 2004 Federal Sentencing Guidelines, Chapter 8 – Part B, Remedying Harm From Criminal Conduct, and Effective Compliance and Ethics Program.

认罪公司造成经济压力。大型的涉案公司仅监管费用一项平均高达600万美元。[①] 以联邦检察机构为主导的监管人员以治理专员的身份介入公司事务亦存在正当性疑虑。因此，节省管理成本、明确法律监管与内部治理界限是美国联邦检察官在适用强制监管程序中不断思索的疑难问题，同样也是我国探索建构虚假陈述刑事合规机制所要重点关注的问题。

第五节　利用未公开信息交易监管与合规的问题意识与方法创新

本书专门研究利用未公开信息交易的监管与合规，期待对于推动证券法、证券刑法理论发展具有理论意义，对于立法、司法以及证券市场参与者重大未公开信息合规管理实务的优化，具有实践价值。

一、问题意识

本书秉持高度的问题意识。利用未公开信息交易问题的选择与证券法、刑法核心概念的布局都围绕着理论与实务中亟需深入研究的问题而展开。本书突出证券法、刑法理论与实务中的争议性问题，不仅仅提出理论分歧与实务操作差异，更是纵深性地提出资本市场法治观念冲撞与现实断裂的根源性争议。在法律解释与反思中，不仅对基本问题进行理论与实务结合的观点阐释与论证，更强调通过衍生问题的反思深化对争议问题提出不同分析视角。

对于当前理论与实务中分析较多的利用未公开信息交易基本问题，本书不做赘述，而是直奔重大疑难问题，通过理论阐释有效解决实务中的疑难问题——利用未公开信息交易的实质是什么；利用未公开信息交易行为在金融市场实务中是怎样操作的；法律规范如何评价利用未公开信息交易内含的经济机制；金融行为与市场心理；应当以怎样的理论架构划分利用未公开信息

① See Vikramaditya Khanna & Timothy Dickson. *The Corporate Monitor*: *The New Corporte Czar*, 105 Michigan Law Review 1713 (2007).

交易行为类型，并准确分析不同类型在法律规制体系中的基本定位；如何区分犯罪行为、行政违法或者侵权行为；一般市场投机行为以及推动资本市场迅猛发展的竞争优势与创新机遇的正当策略应用；法律制度是否应当以刑罚方式控制最为严重的资本市场侵害行为；如果金融刑法制度介入是理性的，如何富有效率地执行金融犯罪的惩治任务与预防功能；如何在刑事司法、行政制裁以及民事诉讼体系中协调刑罚震慑；行政监管及资本市场参与者平等进行法律对抗或通过市场交易机制公平竞争的边界；法律规范与司法规则如何根据金融市场、交易技术、信息竞争等外部条件的变化调整有效规制违法犯罪的制度安排；利用未公开信息交易的金融本质与法律实质是什么；如何精确适用与完善司法解释；市场参与者如何根据既有的法律框架建构健全有效的合规体系？

本书的理论与实践价值体现为，以上述问题为导向，通过理论性与实践性兼备的制度设计与安排，尝试回答这些困扰金融市场与制度规范的难题。

二、实践价值

本书针对利用未公开信息交易理论与实务中面临的重大难题与热点问题，充分运用资本市场、证券（期货、衍生品）法、刑法原理深入分析资本市场法律中的重要概念、争议问题、疑难判例、最新动向等，以期为理论界、实务界以及相关人士提供一种解决刑法理论、实践疑难问题以及刑事合规难题的分析视角。本书所提出的一系列立法、司法、合规应对意见，有利于推进与保障资本市场公平竞争机制，合理控制法律介入资本市场规范调控的度，有助于促进实务部门通过合法且合理地运用刑法、金融法等法律规范，实现资本市场违法犯罪惩治与防控的理念转换、规则丰富、技术更新，确保刑法规制实践与资本市场现实需要互相契合。

本书重点挖掘最新、疑难且具有特色的法律问题，有助于为实践部门提供一个可供参考的司法适用规则标准。同时，本书对利用未公开信息交易的实质、构成、认定等问题进行深度探讨，归纳当前刑事立法以及司法规则层面存在的缺陷，提出了立法、司法解释、合规的完善思路。

有效惩治与预防利用未公开信息交易是提升金融市场整体效率的关键，

是优化“大资管”行业的重点，也是“零容忍”态度的必然。对于市场参与者而言，只有高效控制资本市场中的违法犯罪风险，做好刑事合规，才能融入资本市场机制，实现金融助力于实体经济的功能。同时，只有高效防控风险，才能保护市场参与者的创新，保障中国资本市场参与国际竞争的发展模式，保护我国的资产管理行业健康发展。这也是本书对于资本市场参与者的价值。

当然，以资本市场视角为导向，以利用未公开信息交易为核心与起点，以证券法、证券投资基金法、刑法原理为依托与基础，以法律与金融分析方法为工具，对利用未公开信息交易的风险控制与资本市场刑法保护问题进行研究，是一种全新的尝试。本书只是一种初步的探索，相关分析也只是一家之言，显然还需要对该问题进行不断的深入分析。

第二章

利用未公开信息交易刑事法治全球纵览

证券期货市场刑事法律规范理论对于利用未公开信息交易犯罪中外比较的研究并不深入，有的利用未公开信息交易犯罪域外刑事法治分析，甚至直接以外国反内幕交易法作为替代。因此，有必要准确分析中国与域外刑法对证券期货市场中行为人基于传统内幕信息之外的未公开信息从事非法交易行为进行刑事规制的概况与特点，并将两者进行充分比较，在互动性思考中研究并分析我国《刑法》利用未公开信息交易罪的优点与缺陷，把握此类金融犯罪立法司法发展的脉络。

第一节 各国和地区对于利用未公开信息交易行为的刑法规制

一、中国

除了依靠我国金融监管部门立案调查内幕交易行为，对内幕交易者进行行政处罚，我国《刑法》对内幕交易犯罪规定了定罪量刑标准。但是，由于资本市场中不仅存在利用内幕信息从事证券期货交易的行为，内幕信息之外的其他未公开信息同样会对金融产品的交易价格产生重要影响。金融机构及监管部门工作人员根据利用职务便利获取的此类内幕信息之外的重要信息从事违规交易，虽然受到市场广泛谴责，但责任追究不力。

利用未公开信息交易罪是《刑法修正案（七）》新增加的罪名。全国人大常委会于2009年2月28日通过《刑法修正案（七）》，增加一款规定作为《刑法》第180条第4款：证券交易所、期货交易所、证券公司、期货经纪公司、基金管理公司、商业银行、保险公司等金融机构的从业人员以及有关监管部门或者行业协会的工作人员，利用因职务便利获取的内幕信息以外的其他未公开的信息，违反规定，从事与该信息相关的证券、期货交易活动，或者明示、暗示他人从事相关交易活动，情节严重的，依照第1款的规定处罚。最高人民法院、最高人民检察院《关于执行〈中华人民共和国刑法〉确定罪名的补充规定（四）》将该条全新刑法规范的罪名提炼为“利用未公开信息交易罪”。

司法实务部门也陆续查处了若干利用未公开信息交易犯罪案件。监管层对资本市场中的基金“老鼠仓”违法犯罪案件进行了连续性的查处。

例如，2011年5月，长城久富证券投资基金原经理韩某因“老鼠仓”事件成为基金业利用未公开信息交易罪获刑第一人；2011年6月，光大保德信基金公司原投资总监许某茂也因涉嫌利用未公开信息交易罪被移送公安机关；2011年10月，曾经的明星基金经理李旭利因在公募基金任职期间牵涉“老鼠仓”交易，亦被上海警方以涉嫌利用未公开信息交易罪依法执行逮捕。强化对基金“老鼠仓”违法犯罪行为的查处，不仅有利于规范金融行业、保护投资者权益，而且有利于提高证券期货违法犯罪法律监管的时代性与科学性。追究基金经理“老鼠仓”交易的刑事责任，体现出资本市场对利用未公开信息交易等违法犯罪案件司法审查的重视。

二、美国

美国1934年《证券交易法》第10条b项规定，证券发行与交易过程中的欺诈与信息误传属于非法行为。该规定站在反欺诈原则的高度确认了证券交易环节利用未公开信息交易行为的违法性。但由于美国1934年《证券交易法》第10条b项没有针对利用未公开信息交易等证券内幕交易行为作出明确的规定，1940年《投资公司法》第36条规定，禁止投资公司从业人员违背诚信义务从事损害客户利益的证券交易，[①] 美国证券与交易委员会制定了具体的证券期货交易规则[②]用以起诉利用未公开信息交易行为。美国联邦法院系统则通过一系列的经典判例[③]对证券内幕交易违法犯罪疑难问题进行深入解释，禁止交易者利用未公开信息所形成的不公平优势谋取欺诈性利益，从而使得《证券交易法》第10条b项能够以不断发展的逻辑规则灵活应对证券市场的技术革新与迅猛变迁。美国《联邦量刑指南》也对证券内幕交易犯罪设定了严格的罚金刑。[④]

期货交易方面，利用未公开信息交易罪的刑事责任规定显得更为明确。根据《美国法典》第七章第13条d项和e项[⑤]的规定，以下利用未公开信息交易行为构成重罪：（1）任何登记注册的经营实体、期货行业协会、期货公司的雇员、董事等，违反证券交易法、证监会监管规则，利用职责形成的特殊条件获取实质性未公开信息，蓄意地或者心照不宣地以本人账户或者他人账户从事与该未公开信息相关的远期期货合约、期权交易，蓄意地或者心照不宣地泄露该未公开信息；（2）明知是登记注册的经营实体、期货行业协会、期货公司的雇员、董事等违反规定，利用职责形成的特殊条件获取的实质性未公开信息，蓄意地或者心照不宣地以本人账户或者他人账户从事与该未公开信息相关的远期期货合约、期权交易。构成本罪的刑罚：（1）单处50万美元以下罚金，没收任何基于上述期货交易或者泄露未公开信息行为所获

---

① See Investment Company Act of 1940 § 36.

② See Code of Federal Regulations, Title 17 Commodity and Securities Exchanges.

③ See SEC v. Texas Gulf Sulphur Co., 394 U. S. 976 (1969); Diamond v. Oreamuno, 248 N. E. 2d 910, 912 (N. Y. 1969); Chiarella v. United States, 445 U. S. 222 (1980); United States v. Newman, 464 U. S. 863 (1983); Dirks v. SEC, 463 U. S. 646 (1983); SEC v. Materia, 745 F. 2d 197, 201 (2d Cir. 1984); Rothberg v. Rosenbloom, 771 F. 2d 818 (3d Cir. 1985); United States v. Carpenter, 484 U. S. 19 (1987); SEC v. Cherif, 933 F. 2d 403 (7th Cir. 1990); SEC v. Clark, 915 F. 2d 439 (9th Cir. 1990); United States v. O'Hagan, 521 U. S. 642 (1997).

④ See Danielle DeMasi Chattin, *The More You Gain, the More You Lose: Sentencing Insider Trading under the U. S. Sentencing Guidelines*, 79 Fordham Law Review 165 (2010).

⑤ See 7 United States Code § 13 (d) (e).

取的收益；单处5年以下监禁；在上述刑罚强度范围内并处罚金、没收、监禁。(2) 判处犯罪人支付本罪的检控成本。

在美国各州利用未公开信息交易犯罪刑事立法层面，美国法学会研究制定的《模范刑法典》(Model Penal Code) 为美国各州刑法作出了全面有效的指引。《模范刑法典》第224条第13项“滥用信托财产、政府财产、金融机构财产”规定，行为人以其明知违反法律规定的方式，或者以使财产所有权人、信托财产受益人陷入实质性损失风险或损害的方式，滥用权限处理信托财产、政府财产、金融机构财产，构成本罪。[①]《模范刑法典》第243条第2项“利用公务行为或公务信息从事投机或者赌博”规定，公职人员利用本人职务行为，或者其隶属的政府部门职务行为，或者其职权所接触的信息，从事以下行为的，构成本罪：(1) 基于上述信息或者职务行为所可能产生的影响，在财产交易或者投资事业中获取金钱利益；(2) 基于上述信息或者职务行为，从事投机或者赌博活动；(3) 帮助他人从事前述行为。[②]

美国各州刑法典基本上采纳了美国法学会《模范刑法典》的意见，区分商业环节与公务环节的利用未公开信息从事金融交易的行为——行为人利用信托权或者金融机构中的职务便利从事利用未公开信息交易的，通过特殊背信罪进行规制；行为人利用公职获取公共信息从事相关金融交易的，通过渎职罪进行规制。《得克萨斯州刑法典》对利用未公开信息交易犯罪的刑法规制即属典型代表。《得克萨斯州刑法典》第七章“财产犯罪”第三十二节“欺诈罪”第45条“滥用信托财产和金融机构财产罪”规定，行为人滥用信托财产或者金融机构财产从事金融交易，对委托人权益或者金融机构财产形成实质性风险的，根据其滥用财产数额分别构成C级轻罪至一级重罪。[③]该章第三十九节“渎职罪”第6条“滥用公务信息罪”规定，公务人员利用公

① See Model Penal Code § 224. 13 Misapplication of Entrusted and Property of Government or Financial Institution.

② See Model Penal Code § 243. 2 Speculating or Wagering on Official Action or Information.

③ See Sec. 32. 45, Misapplication of Fiduciary Property or Property of Financial Institution, Texas Penal Code.

职所获取的未公开公务信息，通过投资或投机，或者帮助他人投资或投机，获取经济利益，构成三级重罪。①

三、英国

在资本市场未公开信息交易犯罪法律规制技术选择上，英国采取了明显与其他国家不同的路径。英国2000年《金融服务与市场法案》将利用未公开信息交易行为归入“市场滥用”的范畴进行刑事规制。《金融服务与市场法案》第八部分专门规定了市场滥用的刑事罚则。根据该法案的规定，金融投资行为基于以下信息而执行的，属于市场滥用行为：不为市场所知悉的信息，且该信息一旦为正常的市场参与者掌握，该正常的市场参与者会或者可能会在决定金融交易中将其作为有效的相关性投资信息。相关信息可以通过金融调查分析获取的除外。构成市场滥用的行为人将被处以罚金，罚金数额根据其金融投资金额予以适当判定。② 英国金融犯罪实践中的代表性观点指出：一系列判例证明，《金融服务与市场法案》对利用未公开信息交易等证券期货内幕交易犯罪编织了相当宽泛的刑事法网。③

四、德国

《德国刑法典》第266条背信罪规定，具有下列导致行为人负责的财产利益损害的行为之一的，处以5年以下监禁或者罚金：（1）滥用法律法规赋予的权力或政府授权，从事交易；违背法律法规规定的、政府授予的或者信托关系设定的保护财产利益职责，从事交易或者处理资产。④ 根据德国《证券交易法》第12条、第13条、第14条以及第38条的规定，基于职务、雇佣关系、职责获取可能显著影响证券、期货合约、金融期货交易价格的未公开信息的人，利用本人或者他人账户从事相关交易，或者未经授权披露该信

---

① See Sec. 39.6, Misuse of Official Information, Texas Penal Code.

② See Financial Services and Markets Act 2000 Part Ⅷ Penalties for Market Abuse.

③ See David Ormerod, *Prosecution: Insider Dealing*, 6 Criminal Law Review 445 (2009).

④ See Strafgesetzbuch, StGB § 266a Vorenthalten und Veruntreuen von Arbeitsentgelt.

息，或者向他人推荐从事相关交易，构成内幕交易，处 5 年以下监禁或者罚金。[①] 因此，在德国，利用法律规定的职权以及行政权形成的便利条件掌控未公开信息，从事相关金融交易的，按照《德国刑法典》背信罪的规定定罪处罚；金融机构、证券监管部门等单位的工作人员非法披露未公开信息或者利用未公开信息实施证券期货交易，按照德国《证券交易法》中的内幕交易条款定罪处罚。

五、日本

《日本刑法典》与《德国刑法典》的规定略有不同，虽然也在背信罪框架内规制此类行为，但仅处罚委托关系下的背任行为。《日本刑法典》第 247 条规定，在为他人处理事务过程中，基于谋取委托人之外的本人利益或第三人利益的目的，或者基于损害委托人利益的目的，违背任务，对委托人造成财产损害的，构成背任罪。[②] 同时，根据日本《金融商品取引法》第 166 条的规定，对于上市公司、金融商品监管等具有法定权限的人员，利用在履行职责过程中获取的对金融商品投资具有重大影响的信息，从事相关金融商品交易的，构成内幕交易，单处或并处 5 年以下惩役、500 万日元以下罚金；[③] 根据《金融商品取引法》第 157 条第 1 项的规定，使用不正当手段、阴谋、技巧从事证券或者衍生品交易的，构成证券欺诈，单处或并处 10 年以下惩役、1000 万日元以下罚金。[④] 故对于没有证据显示受托人侵犯委托人利益的利用未公开信息交易行为，不仅可以依照内幕交易追究刑事责任，还可以依据《金融商品取引法》中的证券欺诈兜底条款定罪量刑。

---

① See Wertpapierhandelsgesetz - WpHG § 12，13，14，38.

② 参见《日本刑法典》，张明楷译，法律出版社 2006 年版，第 91 页。

③ 参见《金融商品取引法》（きんゆうしょうひんとりひきほう、昭和 23 年 4 月 13 日法律第 25 号）第百六十六条会社関係者の禁止行為

④ 参见《金融商品取引法》（きんゆうしょうひんとりひきほう、昭和 23 年 4 月 13 日法律第 25 号）第百五十七条不正行為の禁止

六、欧盟

欧盟《内幕交易与市场操纵（市场滥用）指引》[①]（以下简称《内市指引》）通过拓展反内幕交易法的范围，将利用与金融工具有关的未公开信息从事金融交易的行为纳入欧盟成员国规制此类市场滥用行为的法律框架。根据《内市指引》第1条与第2条的规定，欧盟成员国禁止下列持有内幕信息的人员，利用本人或者他人账户，直接或者间接地从事与该内幕信息有关的金融工具交易的行为：（1）金融工具发行人的行政、管理或者监管机构的组成人员；（2）金融工具相关资产持有者；（3）通过行使职务、承担工作、履行责任能够获取内幕信息的人员；（4）通过犯罪行为获取内幕信息的人员。内幕信息是指，确定、未公开、与金融工具发行人或者金融工具直接或间接相关的，公开之后对于金融工具及其有关的金融衍生工具的价格具有显著影响的信息。金融衍生品交易中的内幕信息还应契合如下特征：金融衍生品交易市场参与者基于该信息的影响将会从事符合金融市场、主管当局理性预期的市场操作。

可见，在欧盟法的框架下，金融机构、证券期货主管部门或者行业协会等工作人员利用对金融工具及其衍生产品交易价格具有重要影响的未公开信息从事相关交易，被集中纳入反内幕交易体系中进行法律监管。但是，由于《内市指引》没有对欧盟成员国强制性确定统一的内幕交易刑事制裁措施框架和时间表，欧盟各成员国对于利用未公开信息交易行为的犯罪化与司法制裁的发展速度相对于美国而言受到较大限制。欧盟金融法理论与实务界普遍呼吁通过《内市指引》的修正，加快内幕交易犯罪实体规范与证据规则的统一化、标准化立法进程。[②]

---

① See Directive 2003/6/EC of the European Parliament and of the Council of 28 January 2003, on Insider Dealing and Market Manipulation (Market Abuse).

② See Jesper Lau Hansen, *Insider Dealing Defined: The EU Court's Decision in Spector Photo Group*, 3 Eropean Company Law 7 (2010).

第二节 利用未公开信息交易刑法规制比较解析

从世界各国和地区司法实践情况来看，利用未公开信息交易罪在法律适用过程中存在很多疑难问题，导致现实中受到刑事追究的案件数量仍然较少，刑法适用难点争点依然突出。相对而言，我国利用未公开信息交易案数量较多，积累了丰富的立法与司法实践经验，同时更多的案例也为证券合规管理工作提供了相对明确的参考依据。因此，刑事立法仅仅是完善内幕交易犯罪刑法规制的开始，更重要的是通过充分解释利用未公开信息交易罪，明确刑法规范的界限，使刑法规范能够真正为实务部门所用。通过对世界各国和地区关于利用金融市场未公开信息从事交易行为刑事法律进行概括性分析，能够折射出我国利用未公开信息交易罪立法与司法的比较优势与缺陷。这对于我国利用未公开信息交易犯罪的立法技术评价、司法能动选择等问题具有极大的启示性价值。

一、一元模式与整合模式

我国刑法对资本市场利用未公开信息交易行为的犯罪化采取一元型立法模式，即通过新设独立的利用未公开信息交易罪打击不正当攫取未公开信息与非法利用未公开信息谋取私利的行为。世界各国（地区）刑法对于金融市场利用未公开信息交易犯罪行为则采取整合型立法模式，并没有集中针对利用未公开信息交易行为的特点独立设置罪名，而是以不同的思路整合在其他类型的犯罪中予以规制：（1）归入市场滥用犯罪（英国刑法）；（2）纳入不断拓展的内幕交易犯罪体系（美国联邦法、欧盟法）；（3）置入一般背信犯罪体系（德日刑法）；（4）分别通过特殊背信犯罪与渎职犯罪进行惩治（美国各州刑法）。

利用未公开信息交易罪一元型立法模式体现出我国立法机关对于金融市场发展进程中的新问题生成了灵敏的反应措施与明确的规制机制，同时也透射出我国《刑法》分则个罪规范体系对于具有严重社会危害性行为的覆盖能力不足。金融犯罪一直是我国刑法修正案增设、修改条文的重点犯罪类型。这一方面是由于我国资本市场的迅猛发展及其附带催生的新类型金融违法犯罪行为，激发刑事立法面对挑战及时作出政策反应；另一方面，我国刑法基础性犯罪配置不合理间接决定了金融犯罪频繁修正的现状。在利用未公开信息交易罪的语境下，主要表现为：（1）我国刑法没有设置一般背信罪，加之信托理念缺失与信托实践运用不足，造成侵犯信托权益的各类特殊背信罪真空，导致无法通过背信罪追究金融资产管理人员利用募集的资金"锁仓"谋取个人利益、侵犯信托受益人利益的行为。（2）渎职犯罪仅对故意或者过失泄露国家秘密行为进行犯罪化，没有针对金融信息安全构建刑法保护方案，造成利用尚未公开的金融监管信息、宏观经济数据信息从事证券期货交易的行为处于刑法规制盲点，甚至对于此类行为完全没有形成刑法评价的意识。

由此，固然应肯定我国惩治金融市场利用未公开信息犯罪具有独立且明确的《刑法》条文的意义，但更应反思利用未公开信息交易罪立法模式这一微观问题暗含的《刑法》分则结构性问题，重视完善《刑法》分则体系与拓展个罪规范张力，从而有效应对新型金融违法犯罪的挑战。

二、立法能动与司法能动

从世界各国和地区对金融市场中利用未公开信息从事交易谋取私利行为的立法应对来看，我国刑法利用未公开信息交易罪的罪状设计显然在法条精致程度这一层面具有明显优势。我国立法机关对于资本市场出现的新类型违法行为的犯罪化反应更为迅捷与机敏，刑法立法能动性较强。反观其他国家和地区利用未公开信息交易犯罪的刑法规制情况，美国、英国、欧盟相关金融犯罪刑法条文冗长、罪名体系繁复且规范科学性有待论证，德日刑法桎梏于传统犯罪体系且发展性不足，其均不同程度地呈现出刑事立法能动性较弱的态势。

但是，我国刑法利用未公开信息交易罪条文的表面精致性无法掩盖刑法解释能动性匮乏与金融犯罪司法应对能力欠缺的现实——如果能够通过理性的刑法解释创造性地拓展内幕交易罪的规制范围，显然没有必要增设新的证券期货犯罪；如果在一定期间内没有刑法司法解释填充构成要件的模糊区域，精致的利用未公开信息交易罪刑法条文势必长期处于虚置状态，难以适用于证券期货交易实践中的违法犯罪案例。基于节省立法成本与提升刑法规范实用性价值的考量，国外司法机关通过长期的判例实践持续地丰富证券期货犯罪法律条文的发展性要旨。尤其是美国联邦法院系统对于内幕交易违法犯罪进行深刻解释，使 1934 年《证券交易法》拥有了强大的规范生命力与实践底蕴。国外刑法解释理论的发达更是为传统型经济犯罪注入了不息的动力与崭新的内涵，保证其在有限的条文语句下发挥出延展效应。

在立法机关业已耗费巨额成本完成利用未公开信息交易罪规范建构的有利条件下，司法实务部门有必要借助于司法解释等有权解释文本，激发刑法实践的能动因子，以积极的案例实践与缜密的规范解释赋予金融犯罪刑法条文以活力。

第三章

利用未公开信息交易法律规制与合规风控的经济价值

利用未公开信息交易监管与合规管理是一个历经理论激烈论辩与实证反复检验直至争议各方疲态尽显且毫无定论的难题。对于利用未公开信息交易是否公平、是否有益于资本市场效率，道德与经济理性各自提出了截然相反的观点与论据，利用未公开信息交易监管与去监管化问题至今仍然无法形成一个各方确信、具有终结争议效果的结论。① 尽管现实的局面是全球资本市场均不同程度地禁止利用未公开信息交易，但是，在理论上肯定甚至强调利用未公开信息交易监管与去监管化具有争议依旧具有非常重要的现实意义。② 这种争议的价值并不在于形成利用未公开信息交易应当监管或者应当合法化的一元化结论，而是在于促进理论与实践持续反思现有的利用未公开信息交

---

① 利用未公开信息交易监管与去监管化理论意见分歧极大的原因主要在于：利用未公开信息交易行为实施与资本市场现实环境有关的理论假设较多，实证调查依据极为有限且最终结论都存在很大的不确定性。即使能够对利用未公开信息交易进行实证分析，最为精确的观察对象也只能局限于被证实的利用未公开信息交易犯罪行为，而无法从整个资本市场的层面评估利用未公开信息交易的现实规模及其效应。理论模型与直观现象分析的结果便是，在同一个经济指标框架下分析利用未公开信息交易行为，往往得出利用未公开信息交易有利于或者损害效率正反两种截然不同的结论。

② 尽管中国资本市场与法律理论尚缺乏对利用未公开信息交易问题的深度反思，但本书的重点并非是重述与利用未公开信息交易有关的道德、经济、法律争议焦点或者在争议体系中添加一种全新的分析视角进一步激化争议。本书的核心价值在于批判传统法律与经济原理研究利用未公开信息交易犯罪监管与去监管化的局限，锁定利用未公开信息交易作为市场信息优势滥用犯罪行为的本质问题，并在此基础上设计具有针对性的政策。

易监管制度是否真正具有合理性；现有的监管架构与内容是否真正反映了资本市场对制度的现实需求；如何优化资本市场刑事政策与具体法律规范内容以及作为位于最高强制力等级的资本市场法治规范是否以及如何在管制利用未公开信息交易过程中遵循犯罪化原理、实现刑法介入的正当性，从而保证合规管理经济效率的最大化。反思传统道德、政治、法律、经济理论框架下利用未公开信息交易监管正当性问题在道德谴责与经济无效领域的争议，有助于揭示以道德上公平与不公平、平等性竞争与歧视性掠夺的判断标准与尺度衡量利用未公开信息交易监管制度的合理性，但很难适应生成利用未公开信息交易行为的资本市场的基本特征与运作机制，即道德分析在理论解释力度上非常疲弱。[①] 明确传统经济效率分析视角所存在的问题——其优势在于经济解释所使用的分析工具能够与资本市场的基本特征、利用未公开信息交易的经济行为属性相匹配；其误区在于繁复的经济原理与数量金融分析工具模糊了以追逐信息价值所生成的价差利益为导向的利用未公开信息交易作为法律行为与经济行为的叠加而独具有多重法律与经济关系，最终导致传统利用未公开信息交易经济分析长期无法聚焦于影响法律规制效率的基础性问题并持续无法形成有效的研究框架与结论。批判性地分析传统利用未公开信息交易道德与经济争议的目的在于克服道德解释内涵性不足的障碍，在有力地揭示利用未公开信息交易犯罪法律监管道德正当性的基础上，为更合理地建构法律与经济分析框架梳理利用未公开信息交易行为在经济机理上的基本脉络。

第一节　利用未公开信息交易的道德困境

尽管在犯罪化层面仍略有差异，但几乎所有国家和地区在20世纪初期都

---

① 当然，这并不意味着道德解释对于利用未公开信息交易监管理论与实务而言毫无价值。相反，道德界限是资本市场法律制度，尤其是资本市场法治制度，介入利用未公开信息交易监管的最初正当性来源。只是不能将道德判断标准错误地理解为国家对利用未公开信息交易规范控制的唯一正当性基础，并且应当对利用未公开信息交易道德上应谴责性的具体内容进行准确的阐释。

已经全面禁止利用未公开信息交易犯罪行为。[①] 中国《刑法》《证券法》不仅将基于证券、期货合约等金融商品发行与交易有关的重大未公开信息从事的金融交易行为规定了内幕交易犯罪，而且将金融机构、监管部门等从业人员或者工作人员基于利用职务便利获取的资产管理信息、投资决策信息、金融监管信息对等证券、期货合约交易价格具有重大影响的未公开信息从事金融交易的行为予以犯罪化，独立规定了利用未公开信息交易罪。[②] 但是，对于利用未公开信息交易犯罪的违法性实质以及资本市场法律制度介入利用未公开信息交易犯罪管制的正当性基础问题，全球资本市场主要法律规范体系实际上均没有提出确切与有力的解释。

一、利用未公开信息交易不公平性的实质依据

利用未公开信息交易犯罪实质与法律监管正当性基础内容的说明不足与道德解释的模糊性紧密相关。道德罪错界定了资本市场犯罪刑法制度介入市场行为监管的正当性，但利用未公开信息交易道德解释从一开始就未能进行有效的内容建构。[③] 基于重大未公开信息从事相关金融交易的行为，是否在资本市场竞争中制造了不公平的优势，对于其他信息非知情的市场参与者创设了经济损失风险或者实害以及这种市场行为，是否足以触发法律制度进行强制性禁止。从上述全球资本市场法律制度对利用未公开信息交易犯罪的禁止性规范来看，利用未公开信息交易的非公平性是资本市场法治制度对这种行为予以犯罪化最为基础的道德支撑。社会、市场、法律监管机构、学者等

---

① See Report of the Emerging Markets Committee of the International Organization of Securities Commissions, *Insider Trading*: *How Jurisdictions Regulate It* (Mar. 2003).

② 《刑法》第180条第4款利用未公开信息交易罪规定：证券交易所、期货交易所、证券公司、期货经纪公司、基金管理公司、商业银行、保险公司等金融机构的从业人员以及有关监管部门或者行业协会的工作人员，利用因职务便利获取的内幕信息以外的其他未公开的信息，违反规定，从事与该信息相关的证券、期货交易活动，或者明示、暗示他人从事相关交易活动，情节严重的，依照第1款的规定处罚。

③ 作为刑法介入道德正当性地利用未公开信息交易行为非公平性问题，在文献中最为极端的表达是“利用未公开信息交易就是不对”。这种非公平性推定始终是强化监管的最为主要道德论辩。See Kim Lane Scheppele, “*It's Just Not Right*”: *The Ethics of Insider Trading*, 56 Law & Contemporary Problems 123 (1993).

普遍的认识是，利用未公开信息交易侵害资本市场公平性。在利用未公开信息交易中，知悉重大未公开信息的内部人员实施的金融交易相对于其他投资者而言形成不公平的优势，获取不公平的巨额利润，导致其他市场参与者受到损害。

利用未公开信息交易的非道德性推论源自该行为利用了其他参与者所不知悉的重大信息的基础事实。针对特定金融商品进行相对性交易的市场参与者应当在平等的信息环境下进行竞争，而利用未公开信息交易打破了信息平等的市场环境。① 但资本市场中特定主体的信息优势或者市场整体上的信息能力差异显然是广泛存在的。市场参与者之间存在信息优势与劣势的区分体现在资本市场以及所有金融商品发行与交易的所有环节与过程之中。在不涉及虚假陈述等市场违规的情况下，任何市场参与者都没有义务向资本市场或者相关交易方披露其具有的信息优势，保证信息能力上的平等性。除了知悉重大未公开信息的内部人员之外，资本市场中的专业金融分析人员、机构投资者等都具备强大的信息分析能力与市场信息搜索渠道。资本市场中客观存在的信息渠道、分析、使用能力上的差异并不存在平等性歧视问题。正是由于信息能力上的差异才形成定价分歧，才可能通过价格竞争形成金融商品的市场定价。禁止利用未公开信息交易并不意味着市场中的一般投资者就能够在平等信息条件下从事金融交易从而在市场中实现道德上的平等。即使知悉重大未公开信息的内部人员无法从事相关金融商品买卖，市场中的其他信息优势主体，例如，金融分析师、机构投资者、专业投资咨询机构及其客户等同样具有明显的信息优势，一般市场投资者仍然处于信息劣势地位。禁止利用未公开信息交易的经济利润相应地只是传递至其他具有信息优势的市场参与者。

可见，信息使用平等而非原则性的信息能力平等似乎更有助于相对准确地从道德上说明利用未公开信息交易的不正当性。知情交易者与非知情交易者在资本市场竞争中处于完全不对等的信息使用状态。作为特定时间点上的

---

① See Saul Levmore, *Securities and Secrets: Insider Trading and the Law of Contracts*, 68 Virginia Law Review 117 (1982).

特定金融商品的交易相对方，持有重大未公开信息的知情交易者买入或者卖出金融商品时，未持有重大非公开信息的非知情交易者相对应地卖出或者买入金融商品，双方关于金融商品看多或者看空的定价分歧原因在于信息使用上的差异。形成信息差异的基础并不是知情交易者与非知情交易者之间的信息竞争，而是知情交易者本人在上市公司、金融监管机构等担任的职务或者从上述职务者获悉信息的社会渠道。① 利用未公开信息交易是由特定身份或者有信息获取能力的行为主体在知悉尚未公开且能够影响金融商品市场价格的重大信息之后实施的相关交易行为。利用未公开信息交易的行为主体相对于其他市场参与者而言具有信息优势，其集中体现在信息获取渠道的不平等性。利用未公开信息交易的核心是基于职务、业务等便利与渠道获取一般市场参与者无法知悉的重大未公开信息，这种不平等的信息流动渠道导致了市场参与者不平等竞争。正是基于这种行为现象上的不平等性，强化利用未公开信息交易犯罪规范控制的理论与实践从金融市场运作道德理念中获取其立论的正当性基础。②

二、利用未公开信息交易的道德损害

除了不公平性的客观来源之外，道德上的直觉性判断要成为资本市场法律制度惩治利用未公开信息交易犯罪行为的论据，还需要进一步阐释利用未公开信息交易的危害性以及这种行为损害的具体权利内容。损害非知情交易者的（主要是资本市场中小投资者）权益已经成为利用未公开信息交易不公平并应当予以严厉禁止的不证自明的道德常识。③ 持有证券的非知情交易者

---

① See Kim Lane Scheppele, "*It's Just Not Right*": *The Ethics of Insider Trading*, 56 Law & Contemporary Problems 123 (1993).

② See Tibor R. Machan & James E. Chesher, *A Primer on Business Ethics*, Rowman & Littlefield, 2003, p. 131 - 141; Alan Studler & Eric W. Orts, *Moral Principle in the Law of Insider Trading*, 78 Texas Law Review 375 (1999); Tibor R. Machan, *What is Morally Right with Insider Trading*, 10 Public Affairs Quarterly 135 (1996); Gary Lawson, *The Ethics of Insider Trading*, 11 Harvard Journal of Law & Public Policy 727 (1988).

③ See Nancy Reichman, *Insider Trading*, in M. Tonry & A. Reiss eds., Beyond the Law: Crime in Complex Organizations, University of Chicago Press, 1993, p. 55 - 96; Patricia H. Werhane, *The Indefensibility of Insider Trading*, 10 Journal of Business Ethics 729 (1991).

基于价格认可、流动性需求等实际情况以特定的市场价格做出卖出的操作，完全可能因为知悉尚未公开的重大利好信息而像知情交易者那样选择继续持有甚至买入——在利空信息时亦然。但非知情交易者并没有如同内部人员一样的信息接触机会、能力与权限，信息接触的差异导致非知情交易者总是在交易过程中处于受损地位。[①] 要使整个资本市场的资本配置决策与交易行为选择得到公平的对待，就必须禁止内部人员基于重大未公开信息做出优于非知情交易者的选择。同时，利用未公开信息交易对于市场机制具有整体上的损害性。如果资本市场中有机会或者有企图的行为主体广泛地利用此类不公平优势进行金融交易，这对于整个资本市场而言将会产生极为严重的损失与惨痛结果。利用未公开信息交易严重威胁着全球的资本市场行业基础，利用未公开信息交易在资本市场中泛滥到一定的程度，诚信的投资者将不再参与资本市场竞争。[②]

对上述利用未公开信息交易犯罪法律监管道德正当性基础论辩最直观的概括就是公平性价值的维护。但是，单一维度的道德正当性不仅与利用未公开信息交易犯罪法律监管问题的多维度性存在极大的差距，在单一性道德框架内部也缺乏内涵上的有效填充。

金融从业人员基于管理资金等职务渠道获取并利用重大未公开信息使得知情交易者在资本市场交易行为的竞争中获取了远超非知情交易者的优势。但质疑这种竞争优势与利益获取模式的道德论辩并未从道德实质上阐释知情交易行为非公平性的根源。相反，从社会阶层竞争的角度分析，为了成为能够掌控重大未公开信息的内部人员，其不仅必须在社会竞争中投入大量的教育、时间、家庭经济与社会背景积累等社会性资本才有可能获取具有信息优势的职务或者地位，而且需要在职业规划上选择进入上市公司、金融机构或者行政监管领域，并在本人的职务性劳动行为中实际生产出具有资本市场经济价值的信息。利用未公开信息交易的道德质疑不能单纯地基于信息能力与

① See Victor Brudney, *Insiders*, *Outsiders*, *and Informational Advantages under the Federal Securities Laws*, 93 Harvard Law Review 339 (1979).

② See Joel Feinberg, *The Moral Limits of the Criminal Law Volume* 4: *Harmless Wrongdoing*, Oxford University Press, 1990, p. 223.

信息使用上的竞争优势来源于职务就直接否定交易行为的非公平性或者不正当性。

公平、正义、平等、道德等构成了社会生活中的基本价值，并且在日常生活中形成了其内涵上固有却模糊的社会界定。问题在于资本市场不可能也不应当完全根据日常社会生活中的既有道德界定标准寻求市场行为与金融行为的正当性界限。在道德性与公平性基础上建构与优化利用未公开信息交易犯罪监管制度不仅难以形成一个确定、可操作的规则体系，而且会偏离金融市场的真实现状，模糊利用未公开信息交易问题经济分析的焦点。单纯从公平性与道德性的角度解释禁止利用未公开信息交易违法犯罪，其正当性来源的核心是保护资本市场中不具有重大未公开信息优势的非知情交易者。中小投资者、个人投资者构成了非知情交易中的绝大多数。禁止利用未公开信息交易形式上确实具有保护中小投资者权益、提供平等信息竞争市场环境的制度效果。

然而，这种合理性建设仍然局限于社会一般平等性价值判断的基础之上。资本市场中的利益层次、结构、流动相对而言更为复杂，不能以线性化的思维和直接性的因果关系勾勒或者断言制度介入资本市场之后的实际效果。资本市场是通过利益竞争优化资本资源配置的平台，竞争的存在意味着胜利者与失败者的存在；资本市场法律制度是分配与调整利益的机制，制度的介入意味着获利者与失利者的利益格局变动。资本市场中的重大未公开信息是具有高度经济价值的信息，法律制度禁止利用未公开信息交易，受到制度影响而在经济上产生最大不利效果的承受者显然是以上市公司以及其他金融商品发行主体中的内部人为代表的信息优势最大的利益群体，但获取制度利益最大的显然未必是信息劣势最大的中小投资者、个人投资者。从资本市场竞争中的经济利益层面分析，内部人禁止使用重大未公开信息之后的竞争优势群体实际上是市场中的机构投资者，掌握信息生产与分析技术的专业交易将会在内部人失去信息内容控制与使用权的情况下成为竞争性交易的优胜者——这证明利用未公开信息交易犯罪监管制度与中小投资者获得平等信息地位与经济获益能力没有必然与直接的联系。从资本市场监管中的政治影响或者政治利益层面分析，以证券监管为代表的金融监管权力机构是反利用未公开信息交易法律制度建构与执行的政治获利群体。没有明确的证据显示强化惩治利用未公开信息交易违法犯罪的执法热情①来源于投资者保护与维护市场公平的道德信念，但金融监管机构（包括后续程序中的司法机构）客观上从打击利用未公开信息交易违法犯罪活动中能够获得中小投资者的认可、肯定、推崇。②

所以，单纯源于社会一般意义的公正性、平等性等道德正当标尺论证利用未公开信息交易违法犯罪监管并不能够有效解释制度介入市场的合理性。更为重要的是，利用未公开信息交易作为一种市场行为是否具有损害性，主要应当是经济分析而非孤立的道德判断。对此，道德理论上有一种重要观点指出，利用未公开信息交易在道德上具有明显的不正当性，无论其在经济上是否有害，都应当将之规定为犯罪，因为道德论据能够独立成为刑法禁止利用未公开信息交易的理由。③ 但是，道德上的（并且尚未在内容上被充分说明的）非正当性本身不足以成为犯罪化合理性的充分依据，资本市场法治只有在特定行为被证明具有危害性的情况下才能将其规定为犯罪。只有在证明利用未公开信息交易的危害性集中体现在对资本市场竞争机制根本性破坏的基础上，资本市场法律制度才有介入利用未公开信息交易监管从而维护经济利益的理由，证券合规管理才有必要对此类风险问题予以重视并切实解决。

---

① See Stephen M. Bainbridge, *Securities Law: Insider Trading*, Foundation Press, 2007, p. 139 - 145.

② 例如，美国与中国证券监管机构都将打击利用未公开信息交易等资本市场违法犯罪活动与强化中小投资者保护的价值实现进行直接的联系。美国证券与交易委员会指出，惩治利用未公开信息交易等典型的市场违规行为就是保护投资者利益、维护市场诚信、提升融资效率。U. S. Securities and Exchange Commission, *The Investor's Advocate: How the SEC Protects Investors, Maintains Market Integrity, and Facilitates Capital Formation*, http://www.sec.gov/about/whatwedo.shtml, Modified: 06/10/2013,（访问日期：2015 年 5 月 6 日）. 中国证监会指出，保护中小投资者权益应坚决查处欺诈发行、违法披露、内幕交易、操纵市场、老鼠仓等违法行为，提高违法违规成本，在证监会已明确提出将保护中小投资者合法权益贯穿于监管工作始终之时，监管执法再加码是大势所趋。

③ See Alan Strudler & Eric W. Orts, *Moral Principle in the Law of Insider Trading*, 78 Texas Law Review 375 (1999).

第二节 利用未公开信息交易的经济分析

相对于道德批判而言，法律与经济理论对利用未公开信息交易行为是否以及在何种程度上具有危害性进行了更具深度的论辩。法律经济学奠基者之一亨利·曼尼（Henry G. Manne）提出的代表性观点是：基于未公开信息的交易引起市场价格更为全面地反映相关交易证券的价值，使得资本市场更具效率，法律不应当对利用未公开信息交易行为进行犯罪化处理。[①] 法律与经济学理论上甚至有观点认为，利用未公开信息交易值得鼓励和提倡，因为利用未公开信息交易可以让未公开的信息加速抵达市场，从而提高资本市场的整体效率。[②] 掌握与金融商品真实价值具有关联的重大未公开信息的行为主体如果不能有效地参与金融商品交易并从信息竞争优势中获取利益，不仅金融商品市场价格无法有效率地反映基础资产价值，而且会阻碍具有信息检索与分析能力的市场力量驱动价格形成机制发挥作用。

利用未公开信息交易的法律与经济分析或者利用未公开信息交易去监管化理论中的核心观点与绝大多数论证实际上都能够用以否定利用未公开信息交易行为经济危害性的道德批判。

一、投资者经济损失

利用未公开信息交易能否先在地被推定为违法与犯罪，很大程度上取决于利用未公开信息交易原则上是否会使任何长期投资者受害。利用未公开信息交易的受害者实际上只局限于短期进出资本市场的投机者。资本市场中的外部投资者分为中长期投资者与短期投机者。与重大利好或者利空相关的内幕信息对于短期投机者而言具有重大影响，直接决定着投资者对价格的决策反应与变化。但是，对于中长期投资者而言，其不受与重大未公开信息相关

---

① See Henry G. Manne, *Insider Trading and the Stock Market*, Free Press, 1966.

② See Larry Harris, *Trading & Exchanges*, Oxford Press, 2003, p. 591 - 597.

的短期价格信号的影响，不可能成为内幕交易的对手方，因而也不可能成为内幕交易的受害者。至于资本市场中的投机者，其所从事的证券交易本质上就是在承担风险的基础上获取潜在收益的资本赌博，没有必要在法律上进行特别的保护。所以，不能不加区分地认为利用未公开信息交易一定侵害所有投资者的利益。①

如果尚未公开的信息预示着上市公司业绩较好，市场获悉该利好信息时，证券交易价格将会上升。知情信息的内部人员能够通过在市场上向其他不知情的、选择卖出操作的投资者购买证券，并在消息提升股价之后卖出证券获取信息价值对应的交易利润。相应地，如果未公开信息预示上市公司业绩较差，内部人员可以很快地卖出证券或者在较高的价格卖空证券并谋取信息价值对应的交易利益。知情交易者获利与从事方向相反的交易者低卖高买确实存在获利与损失的客观现象。特别是在非知情交易者出现实际亏损的时候，利用未公开信息交易造成投资者经济损失似乎比较明显。如果外部投资者购买证券或者看涨期权等衍生品，但重大信息披露之后市场价格下跌，或者卖出证券或者相关衍生品，但信息披露之后价格上涨，非知情交易者存在显而易见的实际损失。然而，利用未公开信息交易监管制度介入的依据并不在于投资者出现损失，而是损失与利用未公开信息交易行为之间具有因果关系。事实上，如果从重大信息未公开期间的所有市场交易行为中抽离知情交易，没有掌握重大未公开信息的外部投资者仍然会基于信息的内容及其与市场价格的关系而出现实际损失。与利用未公开信息交易行为方向相反的外部投资者的交易行为客观上是基于其本人对于当时市场价格的理解而自愿实施的，利用未公开信息交易行为并没有对外部投资者行为产生影响。从利益获取与损失的角度分析，利用未公开信息交易者获取利润是其交易行为符合定价效率的自然结果，而非源自外部投资者的交易损失。假设非知情交易者具有信息辨识与分析能力的高度理性，其出现损失的客观原因在于未知悉信息而非基于信息而实施的利用未公开信息交易行为。

---

① See Henry G. Manne, *In Defense of Insider Trading*, 44 Harvard Business Review 113 (1966).

二、内部人经济激励

一种经济解释观点认为，利用未公开信息交易能够赋予上市公司管理者更为充分的经济激励，从而有利于上市公司发展以及投资者财产利益的长期增加。法律许可利用未公开信息交易实际上等于建构了一个富有效率的上市公司经营者薪酬激励机制。诚然，现有的公司治理实践已经具有劳动收入、股票、期权、知识产权提成等多种形式的激励制度，但显然都无法全面、充分并且个别化地体现出特定上市公司经营者的主体化投入或者创造性才能。所以，在保留或者进一步激发上市公司经营者特殊才能的机制明显不够充分的情况下，可以使其利用上市公司内幕信息在资本市场中获取利润。① 从这个角度分析，现有的经济激励模式限制了管理者通过自主性的交易选择获取最大经济利益的可能性，而利用未公开信息交易对管理者进行了动态性、机会性、自主性的奖励，有助于管理人员为公司提高效率最大化的服务。

三、定价效率

利用未公开信息交易促使尚未披露的上市公司信息通过内部人员的交易行为影响证券价格，使其充分且现实地反映上市公司发行的证券的供求关系，提升价格发现机制的运行效率。资本市场竞争机制的运作效率显然是资本市场法律制度保护的重点内容，而实现这一制度价值的关键在于允许利用未公开信息交易行为与其他市场行为共同对证券价格发生影响。② 利用未公开信息交易促进和加快信息流通，使证券、期货价格趋向于真实价格水平。资本市场是一个对信息高度敏感的风险市场，任何交易行为本身都可以构成一种价格信号，不能否认利用未公开信息交易对于价格形成机制的积极作用。

具体而言，利用未公开信息交易在提高金融工具市场交易价格准确性的

---

① See Henry G. Manne, *Insider Trading: Hayek, Virtual Markets, and the Dog that Did Not Bark*, 31 Journal of Corporation Law 167 (2005).

② See Henry G. Manne, *In Defense of Insider Trading*, 44 Harvard Business Review 113 (1966).

同时免去了证券等金融工具发行人披露尚未确定的未公开信息的成本。[①] 因为利用未公开信息交易行为确实能够向资本市场传递信息，制造市场趋势，影响与特定信息具有关联的金融工具市场价格。这种由利用未公开信息交易引发的交易量增长与价格变动推动相关金融工具市场交易价格趋向于重大未公开信息所内含的真实价值。利用未公开信息交易增加了金融商品与资金的供给与需求，扩大了金融市场中的交易量，通过交易行为影响价格，推动市场价格朝着充分反映未公开重大信息的方向运行，不仅提升了市场效率与流动性，而且补足了信息披露在效率上的天然短板。通过利用未公开信息交易影响证券交易价格能够有效排除因被披露信息本身的不确定性等因素所可能形成的非准确价格。[②] 立即且全面地披露信息固然是推进金融商品交易价格趋近其对应的基础资产真实价值最为迅速的方式。可是信息在表达与反映事实时又具有固有的不确定性，过度依赖信息披露反而会损害上市公司的商业利益并可能对投资者产生误导。

四、法律与经济分析

利用未公开信息交易经济分析的价值体现在其明确地说明了基于道德考量所形成的制度监管正当性并不足以掩盖利用未公开信息交易监管制度在经济层面的低效性。[③] 金融商品价格波动是由新注入市场的供求关系（所有市场参与者的买入或者卖出行为）决定的。价格就是包括知情交易者在内的所有市场参与者观点与信息的表达，也是特定时间市场中的“理性预期平

---

① See Henry G. Manne, *Insider Trading: Hayek, Virtual Markets, and the Dog that Did Not Bark*, 31 Journal of Corporation Law 167 (2005); Henry G. Manne, *Insider Trading and the Stock Market*, Free Press, 1966, p. 80 - 91.

② See Harry Heller & Chiarella, *SEC Rule 14e - 3 and Dirks: "Fairness" versus Economic Theory*, 37 Business Lawyer 517 (1982).

③ See James H. Lorie, *Insider Trading: Rule 10b - 5, Disclosure and Corporate Privacy: A Comment*, 9 Journal of Legal Studies 819 (1980); Christopher Paul Saari, *Efficient Capital Market Hypothesis, Economic Theory and the Regulation of the Securities Industry*, 29 Stanford Law Review 1031 (1977).

衡”①。资本市场中的投资者从价格震荡、交易量来源、价格效率等能够向市场传递未公开信息的各种要素中推断非公开的有价值的信息。允许持有重大未公开信息的内部人作为知情交易力量加入市场价格的推动，意味着由利好或者利空信息推动的利用未公开信息交易不仅直接作用于市场价格，而且会推动价格朝着充分反映信息的方向进行变动②进而间接影响到市场中的其他投资者对金融资产价格的预期，在引导其他资本配置行为的过程中在市场价格中注入更高的信息效率。

但是，利用未公开信息交易提升资本市场信息效率的经济解释并没有在实证层面得到肯定性的回应。实证研究表明利用未公开信息交易行为对于金融商品市场价格的影响混同于其他非知情交易。③ 即使利用未公开信息交易能够作为一种被解读的市场交易行为向市场传递最新信息，这个信息解读的过程性决定了利用未公开信息交易只能是一种相对弱势的、需要付出很高探测成本的信息传递与分享机制。利用未公开信息交易者实际上也不是基于推进价格更快地反映全新平衡的意图而实施交易的。市场充分反映利用未公开信息交易所内涵的信息会剥夺利用未公开信息交易者充分实现其持有的未公开信息价值的机会。相应地，利用未公开信息交易者会采取措施防止其交易行为推动价格改变，这样就能保证其在信息尚未公开之前充分使用其信息价值。分散持仓就是隐藏利用未公开信息交易并限制其信息释放效果的基本方式。④ 市场影响性被人为压低之后的利用未公开信息交易不会在金融商品市场价格平衡过程中有效反映重大未公开信息。即使客观上的市场交易行为与其内含的信息表达能够在市场中形成无信号损耗的传递，知情交易者的人为控制行为也会造成信息传递的阻塞。这是由信息传递效率与信息获取激励之

---

① See Roy Radner, *Rational Expectations Equilibrium: Generic Existence and Information Revealed by Prices*, 47 Econometrica 655 (1979).

② See Frank H. Easterbrook & Daniel R. Fischel, *The Economic Structure of Corporate Law*, Harvard University Press, 1991, p. 257.

③ See Sugato Chakravarty & John J. McConnell, *Does Insider Trading Really Move Stock Prices?*, 34 Journal of Financial and Quantitative Analysis 191 (1999).

④ See Steven J. Huddart & Bin Ke, *Information Asymmetry and Cross – sectional Variation in Insider Trading*, 24 Contemporary Accounting Research 195 (2007).

间的根本性冲突所决定的。[①] 一旦价格与信息完全关联，为了控制独占性信息或者信息优势而付出成本的市场参与者将无法获取信息投资的回报。信息控制者显然会遏制信息以无对价的方式在市场中传递，或者通过要求其他市场参与者支付信息使用成本的方式获取信息生产与分析的回报。在现实的资本市场中，信息成本决定了金融商品价格不可能完美地反映所有客观存在的信息，利用未公开信息交易在重大信息未公开之前无法快速与实质性地提升市场信息效率。

第三节 利用未公开信息交易的罪错本质

一、市场舞弊

利用未公开信息交易监管与去监管化问题持续争议的最大症结之一在于分析方法上的无谓抵触，即道德标准与经济解释之间刻意地互相孤立。从现有的利用未公开信息交易犯罪控制的道德、经济范畴本身以及两种评价工具之间的论证存在的严重分歧来看，单纯陈列各方观点并进行评判难以从根本上化解争议，也无从回答利用未公开信息交易对市场的经济影响以及是否严重损害市场公平性的问题。利用未公开信息交易犯罪规范控制的正反观点与论据事实上都可以成为相对方的立论与支撑。因此，利用未公开信息交易犯罪法律监管正当性在道德理性层面的解释能力不足，不能成为法律与经济分析在批判利用未公开信息交易道德分析的基础上建构其去监管化理论的正当性依据。经济分析在解释信息产权、上市公司股东与经理人关系等问题过程中形成的建设性视角，完全可以应用于社会规范基本内涵与经济原理以及与金融市场现实互为匹配的利用未公开信息交易犯罪法律监管规则设计。

从道德判断的情况来看，大众传媒宣传与监管机构勾勒下的利用未公开

① See Sanford J. Grossman & Joseph E. Stiglitz, *On the Impossibility of Informationally Efficient Markets*, 70 American Economic Review 393 (1980).

信息交易在社会舆论中已经成为全球资本市场中贪婪与失信行为的象征。这种根深蒂固的烙印似乎表明法律制度介入、不断强化利用未公开信息交易监监管理应是毋庸置疑的事实或者结论，而非一项可以进行论辩与反思的议题。实际情况恰恰相反——利用未公开信息交易违法性界定及其监管尺度问题跨越经济与法律、社会与道德、市场与管制等领域且牵涉诸多迷思。利用未公开信息交易违法性基础不能整体建立在行为不公平、不正当、不诚信等纯粹的道德判断基础上。利用未公开信息交易监管制度本身的合理性及其介入资本市场程序问题理应得到更为充分且全面的分析。

再从经济分析的视角切入——强调利用未公开信息交易违法性基础不能建立在行为不公平、不正当等纯粹的道德判断基础上，利用未公开信息交易监管制度本身的合理性及其介入资本市场程序问题理应得到更为充分且全面的分析。从资本市场出发反思利用未公开信息交易监管制度的价值在于引发法律与政策制定者与适用者重新审视利用未公开信息交易行为，重新评估利用未公开信息交易法律控制效果及其成本投入，同时督促监管制度的实践者强化、加速、深化反利用未公开信息交易规则在逻辑性与技术性层面的论证，使其在真实的市场环境下摈弃教条与宣示，趋向价值中立的科学探索。但事实上，对于资本市场而言，资源实现最大程度的优化配置才是市场最重要的道德追求，而一个自由、平等、开放的环境与平台才能提高资本市场效率，从而确保投资者愿意将资本资源投入市场而增加市场的流动性。因此，利用未公开信息交易犯罪刑事政策的正当性建筑在道德标准与经济效率统一的基础之上。只是在分析不同信息类型与行为效果时，道德与经济的价值归拢形式以及这两种标准对于评估监管制度实施效果的影响程度有所差异。

法律与经济理论关于利用未公开信息交易无害性的论述实际上是跨越道德正当性判断而直接进行经济分析。但包括市场行为或者经济行为在内的所有社会行为犯罪化合理性辩证问题必须先行在道德层面论证刑法制度对其进行入罪化处理的道德基础。对于法律与经济分析而言，判断利用未公开信息交易犯罪化是否具有合理性的唯一关联问题便是内幕交易在经济上是否具有危害性。但即使退一步完全认可利用未公开信息交易在经济上无害，也不能回避道德判断标准而直接推论利用未公开信息交易犯罪化制度不具有合理性。

尽管社会一般道德标准不能对资本市场行为进行道德限定，但包括利用未公开信息交易法律监管在内的市场制度安排的第一性的正当基础应当源自对其所保护的道德价值的准确发现与证明。

利用未公开信息交易行为在道德上的罪错实质是市场舞弊。资本市场是建立在法律规范监管基础之上的高度标准化的资本竞争机制与投资者博弈平台。法律监管规范（主要是证券法）从信息披露与禁止交易两方面保护资本市场投资者免受利用未公开信息交易违法犯罪行为的侵害：在信息披露方面，证券法要求证券发行与交易均应当遵守证券初次与持续信息披露规则；在禁止交易方面，证券法禁止基于重大未公开信息而实施的相关金融交易活动。资本公平竞争与公平博弈是资本市场投资者信任并实际投入资本参与市场运行的基础。实施利用未公开信息交易的行为主体违反了既定的竞争与博弈规则，相对于未获得信息且与之进行相对交易的市场主体而言获取了不正当优势。这种触犯规则的竞争行为显然就是舞弊。

资本市场投资者及其资金的高度分散性意味着利用未公开信息交易行为主体通常并不知道（法律也不要求其知道）基于重大未公开信息实施的相关交易行为的对手方的具体信息，利用未公开信息交易行为主体对于资本市场监管规则的破坏在行为内容层面实际上是对整个市场机制与既有竞争规则的概括性舞弊而非针对特定投资者（个体或群体）的具体性舞弊。所以，利用未公开信息交易的行为实质与第一层次的道德性罪错特征集中表现为市场舞弊。这也就在道德标准无法制约利用未公开信息交易时建构法律制度通过责任规则重新安排市场竞争秩序的合理性基础。

二、腐败、代理、市场效率的基础解释架构

市场舞弊作为利用未公开信息交易道德僭越的实质聚焦于行为人触犯资本市场竞争规则而制造不公平的竞争优势，即违反资本市场法律规范滥用重大未公开信息优势从事相关金融交易。

其一，资本市场法律制度并不一般性地禁止利用私有信息从事相关证券、期货、衍生品交易，也不禁止基于对市场公开信息获取能力（信息获取质量与数量）差异形成竞争优势而获取相关金融交易利润，而是专门针对利用应

当及时向市场披露的未公开信息或者禁止据此从事交易的保密信息实施相关证券、期货、衍生品交易行为进行否定性评价。资本市场中的各类投资者或者投机交易者可以充分利用各种法律没有明确禁止的方式（深度调研、金融知识、交易策略等）形成私有信息或者谋取信息优势从而在绝大多数情况下获取远高于市场一般投资者水平的金融交易收益率。这种信息不平等既是竞争开始的客观状态，又是竞争结束的客观结果，但并非竞争过程实施舞弊行为而形成的不公平。

资本市场中的博弈如同竞技体育中的竞争，参与者可以采取竞争规则禁止实施的行为之外的所有方法充分且公平竞争。以一级方程式赛车为例，各个参赛车队在资本投入与管理、发动机能力、尾翼设计、驾驶员操控技术、赛场熟悉程度、进站策略、轮胎选择等一系列资金、人力、技术、运作模式等资源方面存在非常明显的差异或者不平等，但只要没有采取违反竞赛规则的舞弊行为，竞赛过程以及优势车队获胜本身并不存在不公平的问题。资本市场参与者利用私有信息分析与获取能力方面的优势谋取巨额交易利润亦然。

其二，资本市场法治禁止利用未公开信息交易的前提建筑在制造不公平信息优势的市场舞弊行为的基础之上。不违反资本市场竞争规则但事实上基于重大未公开信息而实施的交易行为并不（应当）构成利用未公开信息交易。通过非法手段获取内幕信息、在内幕信息敏感期内联络内幕信息知情人员获悉内幕信息、内幕信息知情人员等利用内幕信息从事相关金融交易，其市场舞弊的违法性本质具体表现为通过实施一定的行为制造了其相对于一般资本市场投资者而言的金融交易优势。而无意、偶然地听闻、获悉内幕信息并据此从事相关证券、期货交易活动之所以不具有市场舞弊的行为实质，是因为其并没有违反任何规则实施一定的行为并由此制造竞争优势。无意中获悉内幕信息并非违规行为而只是一种偶然事件，行为人利用偶然幸运所形成的竞争优势谋取资本市场中的金融交易利益实际上只是利用了现实存在的信息差异，显然区别于制造不公平的信息差异。

尽管传统法律与经济分析以利用未公开信息交易提升信息效率从而应当去监管化的观点与论证存在理论解释的障碍且欠缺实证检验，但从信息效率出发解释利用未公开信息交易以及重大未公开信息的生产、使用、流转过程，能够有效发现信息成本对于资本市场信息效率以及市场各方参与者经济利益具有重大影响。这就为合理安排信息成本从而实现市场效率与市场参与者利益最大化提供了制度设计空间。以经济解释方法剖析作为法律行为的利用未公开信息交易的优势是能够准确与深刻地发现行为之下的经济关系，不仅能够锁定法律制度介入因经济关系损害而出现效率障碍的领域，而且可以借助经济关系解释的本质性与可类比性嫁接利用未公开信息交易犯罪法律监管的道德理性。

资本市场中的重大未公开信息的经济价值在于其能够有效地揭示证券等金融商品价格与实际价值之间的价差。利用未公开信息交易的经济行为本质表现为基于信息优势与资本市场信息的经济价值从价差发现利益并于相关金融交易中获取利益。① 信息优势及其对应的利益获取源于在特定范围内具有排他性的力量。在公共领域内，力量就是权力；在私有领域内，力量就是权利。权力与权利均不是自发形成，而是外部赋予。用于描述这种社会建制中力量赋予过程与结果的概念实际上就是委托。人民委托国家代理人介入金融市场进行监管，就会形成与监管相关且对于金融市场中特定商品定价会产生重大影响的信息，这个委托过程中的信息持有权或者信息优势就是权力。股东委托企业管理人从事生产与经营决策，就会形成对企业以及企业发行金融商品定价产生重大影响的信息，这个委托过程中的信息持有权或者信息优势表现为权利。所以，委托代理同时构成了代议民主制度（或者社会契约）的基点②与现代公司治理的基础性关系③，也有效揭示了相关利益群体与信息之间的关系。在组织体（国家或者企业）的范畴中，有价信息及其对应的权益

---

① See Zohar Goshen & Gideon Parchomovsky, *On Insider Trading*, *Markets*, *and "Negative" Property Rights in Information*, 87 Virginia Law Review 1229 (2001).

② See John Rawls, *A Theory of Justice*, Harvard University Press, 1999; Jean－Jacques Rousseau, *Rousseau*: *"The Social Contract" and Other Later Political Writings*, edited by Victor Gourevitch, Cambridge University Press, 1997; John Locke, *Second Treatise of Government*, Watchmaker Publishing, 2011; Immanuel Kant, *Foundations of the Metaphysics of Morals*, translated by Lewis White Beck, Pearson, 1989.

③ See Adolf A. Berle & Gardiner C. Means, *The Modern Corporation and Private Property*, Transaction Publishers, 1991.

源自组织体中所有主体的权力或者权利赋予。以政治的道德基础视角对利用未公开信息交易问题进行类比性的观察，在组织体没有允许被授权者使用信息的条件下，任何信息使用行为都是对委托代理关系的滥用。[①] 使用重大未公开监管性信息从事金融交易的权力行为构成作为政治行为的权力腐败。既然是腐败，就不存在允许或者不允许的制度协商空间。而使用重大未公开市场化信息从事金融交易的权利行为构成作为经济行为的利用未公开信息交易。尽管现行全球金融市场法律制度均不同程度地将利用未公开信息交易规定为犯罪行为，但委托代理关系的客观存在意味着利用未公开信息交易在经济上存在进一步解释的空间与必要——代理本身存在着无法回避的利益损失与成本耗费风险，利用未公开信息交易作为一种能够为代理人输送利益的行为，是否可能以及如何对委托人产生经济上更好的效果从而减损代理过程中的成本损耗甚至放大整体利益？

当然，现代公司治理在结构上具有更为复杂的内容：除了基础性的股东与经理人之间的委托代理关系之外——由治理权开放性与股权流动性催生的上市公司治理结构使得公司行为与整个资本市场之间形成了效率影响与被影响关系。并且，公共权力对于产权的控制、市场的监管意味着作为权力分配类型之一的公共资产运作过程存在股东与经理人之间的委托代理关系、公共产权与私有产权在不同的公司股权架构下存在多数股东与少数股东之间的委托管理关系以及整个资本市场本身受到公共权力的管制——上述结构与关系决定了现代公司治理不仅在平行位置上覆盖了产权代理、公权代理以及市场效率问题，而且产权、公权、市场在纵向关系上又互相交织。在纯粹的民主政治的权力授予与执行的框架下，委托代理已经具备了相当复杂且间接的结构性关系，难以精确地辨识特定的、受到权力腐败或者滥用重大未公开信息行为伤害的委托人。在远远超越股东与经理人之间委托代理关系的现代公司治理体系下，作为企业信息滥用的利用未公开信息交易行为的侵害对象的确

---

① 在法律对委托代理关系滥用的行为与责任进行界定之后，作为经济行为的利用未公开信息交易与作为政治行为的权力腐败又分别具有了法律行为上资本市场犯罪（违法）与腐败犯罪（违法）的意义。

定或者责任基础建构更是令人困惑且在解释理论上具有相当挑战性。但是，利用未公开信息交易与市场效率的关系及其对利用未公开信息交易法律制度介入影响问题的发现，至少明确了评估利用未公开信息交易法律制度必要性及其优化路径的基本方向——如果资本市场配置资本资源时效率是决定性因素，利用未公开信息交易犯罪法律监管制度的建构与完善导向就应当是市场效率。

第四章

利用未公开信息交易的行为机理

利用未公开信息交易是市场参与者基于其掌握的重大未公开信息而形成金融商品当前交易价格与内在价值之间价差的判断，从事相关金融交易来实现这种相对于外部投资者而言的信息优势（基于职务、业务或者其他社会关系等知悉重大未公开信息）所可能带来的经济利益。对重大未公开信息更为迅捷的接触能力是知情人员在资本市场竞争中超越外部投资者的优质条件以及获取金融交易利润的客观基础。[①] 从制度保护市场效率的角度分析，法律制度之所以管制利用未公开信息交易，并且以最为严厉的刑罚措施控制利用未公开信息交易犯罪，是因为这种重大未公开信息的使用损害资本市场效率。但是，无论现有的法律经济学理论如何从定价、流动性、管理层激励、信息流转、信息产权、资产价值、公司治理等与效率有关的视角解释利用未公开信息交易行为的有效性与无效性，只能触及利用未公开信息交易造成的正反结果，实质上就是观察一种经济面貌的两个侧脸，无法探究行为现象背后的实质问题。

利用未公开信息交易起始于信息优势导致的信息掌控，发展为信息使用，终了于信息优势实现后的交易利益——分析利用未公开信息交易与资本市场效率问题显然应当聚焦于信息。对于金融商品交易价格具有影响的信息，最

---

① See Zohar Goshen & Gideon Parchomovsky, *On Insider Trading*, *Markets*, *and* “*Negative*” *Property Rights in Information*, 87 Virginia Law Review 1229 (2001).

初的二元化来源划分应是资本市场与金融监管。信息来源于资本市场，表现为出现了与金融商品定价有关的新的市场行为（例如，上市公司取得重大科研突破，预期盈利大幅度增长）；信息来源于金融监管，表现为出现了影响金融商品市场价格的新政策（例如，调整货币政策）或者行政行为（例如，实施特定产业激励计划）。更深层次的信息类型划分则是着眼于信息使用行为对于资本市场的现实效应，即基于特定信息从事相关金融交易产生的是结构性组织效应还是系统性市场效应——前者是指利用与金融工具交易价格有关的未公开信息事实的金融交易行为影响的只是其所隶属的组织（例如，作为股票发行人的上市公司，作为机构投资者的基金公司，作为资本市场监管者的行政机构等）效率。后者则意味着利用未公开信息交易行为对整个资本市场的效率具有影响。信息来源与信息行为效应的差异对于评估利用未公开信息交易对于资本市场效率的影响具有实质性意义，因而也决定了制度是否以及如何介入利用未公开信息交易的监管。利用未公开信息交易立足于金融市场监管信息而实施，资本市场效率受损不言自明的同时，利用未公开信息交易监管自动转化为根源性的控制权力介入市场与反腐败问题；利用未公开信息交易基于资本市场信息展开，同时其现实效应能够拓展至市场整体，应当根据资本市场效应评估结果和反思利用未公开信息交易监管问题；利用未公开信息交易行为效应局限于公司、金融机构等组织内部的，则应当在代理的框架下①阐释利用未公开信息交易刑事政策定位。

第一节　监管方滥用权力利用未公开信息交易

国家工作人员利用在金融监管或者国有资产管理权运作过程中获悉的重大未公开信息从事相关证券、期货、衍生品交易并谋取巨额利润的违法

---

① 利用金融监管权力运作过程中职务行为获取的重大未公开信息从事相关金融交易的，其职务履行行为实际上也是一种广义的代理行为。但由于此类利用未公开信息交易行为类型的监管问题在“监管方滥用利用未公开信息交易”部分的论证中能够直接论述，无须进一步作为代理问题进行分析。故此处的代理限定于狭义的代理，即经济行为意义上的授权与被授权。

性正是全面且集中根植于其行为的道德背离与经济低效。资本市场是一个变化无常、风险莫测的金融系统，而市场中的绝大部分交易主体只是具有普通金融知识的普通投资者。投资者将持有的资本配置市场实际上并不能得到收益回报的保证，他们只能希望在市场交易中能够获得公平的对待，同时希望法律规范与市场规则的制定者与执行者能够维护资本市场的信用体系。公职人员利用金融监管权力或者国有资产管理职权获取的重大未公开信息从事相关金融交易，对于投资者对资本市场的信任与信心会产生最严重的、毁灭性的损害，进而造成现有投资者撤离资本市场或者阻碍未来投资增量生成。利用监管信息实施利用未公开信息交易行为对市场信用与市场效率有双重且明显的损害，正是这种市场滥用违法犯罪行为受到最为严厉管制的制度理性依据。

一、公务人员利用未公开信息交易的严重危害

无论资本市场如何使用信息，无论信息是否以及如何影响资本市场，从现实政治生活与资本市场的实际情况来看，政治行为与监管权力始终是信息来源与信息流动的生命线。权力介入金融与资产管理的程度之深，决定了政治力量与管制行为对于资本市场整体以及金融商品个体、组合的市场交易价格的影响无处不在。证券期货行政监管机构职务行为（甚至是传闻可能实施的行为）对于市场整体行情①与个股或者类股价格表现②的重大影响能力自不待言。对于中国资本市场而言，相当数量的政府监管行为能够直接决定金融

---

① 例如，2012 年 9 月 27 日午后市场传闻收盘后证监会将召开新闻发布会，宣布新股发行将转为注册制以及改革期间暂停新股发行，午后开盘后市场风云突变，股指放量拉升，金融、煤炭股领涨大盘，券商股集体大涨。截至收盘，沪指报 2056.32 点，上涨 2.60%，成交 603.4 亿元；深成指报 8486.27 点，上涨 3.57%，成交 550.0 亿元。午后成交量超过早盘两倍。参见陈燕青：《救市憧憬引发 A 股大涨》，载《深圳商报》2012 年 9 月 28 日，第 B01 版。

② 例如，2013 年 2 月，证监会公布《全国中小企业股份转让系统有限责任公司管理暂行办法》。消息一公布，新三板概念股早盘立即强势上涨，板块整体上涨 1.33% 领涨概念板块，长春高新上涨 6.67%，南京高科上涨 4.9%，兴业证券和长江证券涨幅逾 3.40%。参见何川：《〈全国中小企业股份转让系统有限责任公司管理暂行办法〉发布——多项新规为“新三板”聚人气》，载《经济日报》2013 年 2 月 4 日，第 9 版。

资产价格，造成市场剧烈（短期）波动——我国金融市场具有“多头监管”的特点，一些承担部分金融监管职能的部委同样深度介入资本市场。例如，财政部金融司的职责范围涵盖了：协调执行货币政策；拟订并监督执行银行、保险、证券、信托等非银行金融机构的资产与财务管理制度；对主权信用进行评级等。上述金融监管职责不仅直接影响金融政策进而作用于期货市场（尤其是利率期货），而且涉及相关金融机构资产配置信息，相关工作人员利用此类政策信息与监管信息，可以从事相关期货交易谋取个人利益。因此，证监会之外的国家发改委、财政部、审计署及其派出机构等承担部分金融监管职能的机构及其工作人员，也能够利用重大未公开的金融监管信息实施利用未公开信息交易。

权力滥用所产生的金融交易资产收益是显而易见的。一项实证调查证明，在1993年至1998年期间，美国参议员在资本市场中从事的金融交易收益表现超过市场平均水平约12个百分点，即使是与证券信息联系极为密切的上市公司内部人员也只获得了超过市场平均水平7.5%的收益；上述公职人员购买的证券整体表现为：购买前价格停滞或者交投清淡，购买后价格飙升，出售后恢复停滞或者清淡的行情。[①] 对此，利用未公开信息交易理论中有观点认为，公职人员相对普通资本市场参与者而言拥有显著的信息优势，在大多数投资者耗费成本研究金融信息或者困扰于难以理清行情头绪时，部分权力掌控者能够获取、使用重大未公开信息，并从市场交易中获取利润。[②] 即便是利用未公开信息交易合法化观点最为经典的诠释者曼尼也明确指出，主张对上市公司内部人员实施的利用未公开信息交易行为予以去监管化或者合法化，并不意味着公务人员利用未公开信息交易可以适用相同的法律经济原理与制度安排。相反，在法律规范建构与执行层面应当对公务人员利用未公开

---

① See Alan Ziobrowski, Ping Cheng, James W. Boyd & Brigitte J. Ziobrowski, *Abnormal Returns From the Common Stock Investments of the U. S. Senate*, 39 J. FIN. & QUANTITATIVE ANALYSIS 661 (2004).

② See Bud W. Jerke, *Cashing in on Capitol Hill: Insider Trading and the Use of Political Intelligence for Profit*, 158 U. PA. L. REV. 1451 (2010).

信息交易行为进行更为严格的监管。[①] 所以，如果说利用未公开信息交易对资本市场诚信与效率造成重大损害，那么危害最为严重的应当是由公职人员实施或者参与的利用未公开信息交易。利用未公开信息交易法律制度的管制重点自然应当首先聚焦于公职人员利用未公开信息交易。[②]

利用未公开信息交易的核心内容是交易，故利用未公开信息交易在属性上属于市场行为；利用未公开信息交易的侵害对象是市场，故利用未公开信息交易在实质上构成对市场效率的实际损害与现实风险。但这丝毫不能否定公职人员实施的利用未公开信息交易包含着与市场效率侵害性相当的对国家信用与权力权威的破坏。部分公职人员贪污、受贿、渎职等职务犯罪行为剥夺了公民获得诚信公共产品与服务的权利。相应地，公职人员利用未公开信息交易行为榨取了资本市场投资者获取金融监管产品或者国有资产保值增值服务的权利。如果说重大未公开信息在上市公司以及资本市场层面的产权属性仍然存在公共产品与私有产品的争议，[③] 权力介入下形成的重大未公开信息显然构成公共产品，信息产权不可能归属于权力代理人。贪污的实质在于滥用公共管理权限非法占有国有产权；受贿的实质在于权力与财产性利益之间的腐败交易；渎职的实质在于放弃权力的正当行使而导致社会利益遭受重大损失，或者以国家、社会、人民的重大损失为代价换取私人的蝇头小利。具有权力滥用特质的公职人员利用未公开信息交易的实质，是基于职务或者职务影响获取重大未公开信息并通过相关金融交易行为将市场信息优势兑现为资本得利。因此，公职人员利用未公开信息交易属于市场滥用与权力滥用

---

① See Henry G. Manne, *Keynote Address*, 4 Journal of Law, Economics & Policy 225 (2008). 当然，在利用未公开信息交易有利于市场效率方面，曼勒仍然坚持公务人员与上市公司内部人员的利用未公开信息交易在资本市场效率上具有相同的积极影响，即能够促进价格发现，只是上市公司内部人员利用未公开信息交易合法化的经济论辩在公务人员利用未公开信息交易问题上并不适用。例如，允许上市公司内部人员实施内部交易作为其管理报酬补充的合理性，对于公务人员而言完全不具有正当性。因为除了职务与工作的经济报酬之外，公务人员不能基于其职务或者工作接受任何形式的额外或者外部报酬。

② See U. S. Securities and Exchange Commission, *The Investor's Advocate: How the SEC Protects Investors, Maintains Market Integrity, and Facilitates Capital Formation*, http: // www. sec. gov/about/whatwedo. shtml.

③ See Kimberly D. Krawiec, *Fairness, Efficiency, and Insider Trading: Deconstructing the Coin of the Realm in the Information Age*, 95 Northwestern University Law Review 443 (2001).

的结合——既是背弃公权信用的非法市场行为，也是损害市场效率的职务犯罪行为。

作为全球利用未公开信息交易监管最为严厉的资本市场，美国联邦法律体系中出现过各种类型的公职人员利用未公开信息交易刑事案例：联邦调查局特别探员将通过执法数据库知悉的重大未公开信息泄露给他人从事证券交易，法院判决其构成利用未公开信息交易并判处6年监禁。① 美联储费城地区银行债券监管部经理向一名证券交易中介工作人员定期泄露联邦政府证券保险、联邦贴现率等信息，经辩诉交易程序后承担监禁6个月、2年缓刑、200小时社区服务的刑事责任。② 海军部一名军官在一项认罪协议中承认其基于其职务而知悉的巨额军备采购合约信息购买供货商公司股票。③ 货币审计办公室（The Office of the Comptroller of the Currency）工作人员在辩诉交易中承认其利用其职务知悉的重大未公开信息买卖多家银行控股公司的证券。④ 西弗吉尼亚博彩公司（弗吉尼亚州政府全资控股）的前董事、法律顾问获悉该公司计划开拓电视博彩业务后，立即购买了可能获取西弗吉尼亚州博彩公司电视博彩设备采购合同的上市公司的股票，均构成利用未公开信息交易。⑤ 美国证券与交易委员会工作人员基于刑事政策制定过程中获取的重大未公开信息与他人共谋买卖相关证券，构成利用未公开信息交易。⑥ 农业部工作人员在农作物报告发布之前利用行业信息在棉花期货市场从事投机交易，构成利用未公开信息交易。⑦ 但是，相对于美国上市公司高管、金融市场专业人士与一般参与者实施的利用未公开信息交易案件数量而言，针对公职人员利用未公开信息交易违法犯罪的执法、司法力度显得差强人意，美国学者甚至

---

① See United States v. Royer, 549 F. 3d 886, 890 (2d Cir. 2008).

② See Blyth & Co. , 43 S. E. C. 1037, 1039 (1969).

③ See Saunders, Litigation Release No. 9744, 26 SEC Docket 75 (Sept. 2, 1992).

④ See Acree, Litigation Release No. 14231, 57 SEC Docket 1579 (Sept. 13, 1994).

⑤ See United States v. Bryan, 58 F. 3d 933, 936 (4th Cir. 1995); U. S. v. ReBrook, 842 F. Supp. 891 (D. W. Va. 1994).

⑥ See United States v. Peltz, 433 F. 2d 48, 49 (2d Cir. 1970).

⑦ See Haas v. Henkel, 216 U. S. 462, 472 (1910); Peckham v. Henkel, 216 U. S. 483, 484 (1910); Price v. Henkel, 216 U. S. 488, 494 (1910).

断言监管制度在公务人员利用未公开信息交易面前显得无能为力。[①] 同时，在禁止公职人员利用未公开信息交易立法上，美国制定了《阻止基于立法信息从事交易法》（Stop Trading on Congressional Knowledge Act，简称 STOCK 法）[②]，旨在禁止议员以及议会工作人员利用与立法有关的职务获取的重大未公开信息从事证券交易。但美国宪法规定的立法人员言论保护、立法信息保密以及立法权对执法机构预算控制等均直接限制了证券监管机构查处立法人员基于立法信息从事利用未公开信息交易的现实可行性与执法能力。[③]

我国资本市场监管机构与司法机关同样惩处了若干国家工作人员利用未公开信息交易犯罪案件：证监会原官员肖时庆在担任证监会上市公司监管部副主任期间，获悉中石化即将启动第二批下属上市公司的股改和重组工作以及光大证券正在与中石化就借壳事宜进行谈判的信息后，指使他人利用其控制的多个账户买入北京化二股票。在借壳重组达成协议后，北京化二股票由此更名为“国元证券”，该证券复牌后，肖时庆指使他人将所控制的国元证券股票全部清仓，从中获利共计 1 亿余元。[④] 中山市原市长李启红利用国有资产管理的职务权限，获悉国有控股公司中山公用集团资产重组重大未公开信息，与亲属等共同利用该内幕信息从事中山公用股票交易，非法收益近 2000 万元，构成内幕交易、泄露内幕信息罪，被判处有期徒刑 6 年 6 个月、罚金 2000 万元。[⑤] 南京市经委原主任刘宝春在参与中国电子科技集团公司第十四研究所及其下属企业国睿集团有限公司，与高淳县人民政府洽谈重组高淳陶瓷股份有限公司过程中，将重大未公开资产重组信息向其妻子陈某玲泄露，两人使用家庭控制的证券账户买卖上市公司高淳陶瓷股票，非法获利

---

① See Donna M. Nagy, *Insider Trading, Congressional Officials, and Duties of Entrustment*, 91 Boston University Law Review 1105 (2011).

② See Adam Warr, *Congressional Insider Trading: Is Misappropriation Appropriate?*, 5 Critical Studies Journal 1 (2012).

③ See Andrew George, *Public (Self) - Service: Illegal Trading on Confidential Congressional Information*, 2 HARV. L. & POL'Y REV. 161 (2008).

④ 参见刘晓虎：《肖时庆受贿内幕交易案》，载中华人民共和国最高人民法院刑事审判第一、二、三、四、五庭主办：《刑事审判参考》（2012 年第 2 集：总第 85 集），法律出版社 2012 年版。

⑤ 参见《反腐倡廉年度报告（2011）——2011 年反腐典型案件》，载《检察日报》2011 年 12 月 27 日，第 6 版。

700 多万元。[①] 在政策宣传层面，监管部门突出了严厉打击公职人员利用未公开信息交易违法犯罪的倾向，强调应当重点治理国家工作人员利用职权在资本市场中进行利益交换与输送问题。[②] 当然，从上述执法司法实践可以看到，监管与刑事惩治在公务人员层面，还是主要依赖于内幕交易违法犯罪的法律条款，并没有针对公务领域的利用未公开信息交易罪的适用问题展开针对性的执法司法实践探索。但这也意味着今后的法律规制与合规管理实践，需要注意关注利用未公开信息交易违法犯罪行为在公务领域的表现类型与实际危害，从而做好更为充分的理论与实践准备。

二、管制公务人员利用未公开信息交易的现实困境

监管公务人员利用未公开信息交易违法犯罪在法律制度与实践操作层面确实存在难以逾越的困境。

其一，监管权限广泛介入资本市场的现实局面意味着公务人员在履行职责过程中会接触到众多类型、数量的重大未公开信息。并且资本市场交易与宏观经济市场运行中形成的数据主要依靠政府机构进行信息编制与数据统计，控制公职人员滥用此类信息与数据谋取个人资本得利势必须要建构规制范围非常宽泛的利用未公开信息交易法律制度与规范解释，而现实中执法与司法实际上无法有效覆盖如此宽广的监管领域。

以我国《刑法》规定的利用未公开信息交易罪为例，能够引起金融商品市场交易价格变动的、内幕信息之外的“其他未公开信息”，不仅在逻辑内涵与外延上相当宽泛，而且在现实的金融实务中，证券业、基金业、期货业、保险业、银行业等监管部门以及相关行业协会在行政执法与行业管理中形成的执法监管信息、政策信息、经济态势数据信息以及行业管理信息、宏观经济数据等，均会对证券、期货以及衍生品市场价格产生重要影响。例如，中国人民银行调整利率、存款准备金率，或者国家统计局每月公布物价指数信

---

① 参见侯捷宁：《高淳陶瓷案曝出“官员内幕交易第一人”——南京市经委原主任刘宝春被判有期徒刑5年》，载《证券日报》2011年12月15日，第A3版。

② 参见李丽：《监察部通报4起党员领导干部内幕交易案件》，载《中国青年报》2011年12月28日，第3版。

息等。此类对证券期货交易价格具有极为重要影响的行政部门政策信息与数据信息在公布之前均严格按照国家保密法律规定执行信息数据保密，均属于“其他未公开信息”。以国家宏观经济数据信息进行具体分析，对于资本市场及其交易的金融商品市场价格具有重大影响的宏观经济数据包括各类物价指数、固定资产投资数据、出口进口增长率、贷款数据变动、广义货币供应量等。金融市场实践中行为人利用尚未公开的宏观数据信息从事相关金融商品交易可以获取相当规模的利润。[①] 再以期货市场中的内幕交易犯罪为例，农业、有色金属行业、能源业等大宗商品主管部门、行业协会等在行政执法与行业监管中形成的立法、执法、监管、政策、决定、数据信息等，均会对特定期货合约交易价格产生重大影响；甚至表面上与期货市场无关的监管信息都会影响期货合约价格，例如，房地产调控政策会引起螺纹钢、线材等现货市场供大于求进而引发螺纹钢、线材期货合约交易价格下降。[②] 从现有的利用未公开信息交易法律监管制度文本来看，对于监管机构及其工作人员的职务行为深度介入金融市场且构成资本市场价格变动重大要素的现实，立法基本上做出了合乎比例的规范反应，依托于法律文本的解释在无须扩张的条件下即可覆盖极为宽泛的行为领域。实践中，在有些重大政策信息公布之前，股市中往往会出现异动；有些个股重大利好公布之前，股价往往会提前飙升。但监管部门大多并未将这些现象纳入利用未公开信息交易的查处范畴。[③] 这不仅引发利用未公开信息交易违法犯罪理论边界极宽的疑问，而且客观上突显出执法与司法覆盖能力和实践资源的不足。

其二，全球资本市场中，任何一种监管架构实际上都难以有效追究公务人员基于重大未公开信息从事相关金融交易的法律责任。数量有限的公职人

---

① 例如，市场预期下月国家新增贷款为6000亿元，但实际上国家收紧贷款为5000亿元，提前获得该信息可以在股指期货市场提前做空，等待证券市场基于宏观信息的影响出现下跌后获利。如果提前获知国家GDP数值比预期高，则可以买进市值规模较大的个股或者做多股指期货，等待市场受到宏观利好数据影响股票上涨，再卖出个股或者股指期货合约，行为人能够获得非常可观的交易利润。参见陈舒扬：《“路透版”CPI七次言中谁成就了“数据章鱼哥”?》，载《每日经济新闻》2011年6月9日，第2版。

② 参见谢杰：《最新内幕交易犯罪司法解释的缺陷与规则优化》，载《法学》2012年第10期。

③ 参见张海英：《股市中还有多少“李志玲”》，载《新京报》2015年6月21日，第A02版。

员利用未公开信息交易犯罪案件无非是选择性执法①的结果或者随机性执法②的偶然。

在现实操作中，我们完全可以料想到利用未公开信息交易监管机构或者司法机关面对公职人员作为违法犯罪主体的案件会陷入畏缩不前或者迟疑顾虑的状态。不同公共管理机构“在财政上的关联与互惠”③，在权力上的牵制，在职业上的同质属性，在社会或者文化上的日常交往或者形成共同体，甚至是部分市场滥用监管机构及其工作人员自身希望在资本市场上实现交易利润等既有的利益，都会与惩治公职人员利用未公开信息交易获取金融市场的利益形成冲突，从而导致负责市场滥用违法犯罪的监管机构或者司法机关无法坚定惩治公职人员利用未公开信息交易违法犯罪的立场。即使是在利用未公开信息交易监管机构独立性与监管强度相对较高的美国，监管公职人员利用未公开信息交易违法犯罪在实践操作上异常困难的现实多年来一直都没有明显改观。早至 20 世纪 20 年代，美国联邦最高法院前大法官约瑟夫·麦肯纳的一名法官助理被控利用审判过程中的重大未公开信息买卖相关证券，但最后由于美国联邦司法部顾忌该起内幕交易指控可能产生的负面影响而予以撤案。④ 2012 年，美国国会道德办公室宣布没有证据表明参议员斯宾塞·巴楚违反内幕交易法律，建议撤销斯宾塞·巴楚内幕交易一案。⑤ 而事实是，其于 2008 年 7 月至 11 月至少从事了 40 次股票期权交易，赌市场会下跌，并从中获利 16 万美元。在交易期间，斯宾塞·巴楚作为国会领导定期听取时任

---

① 选择性执法是指针对国家工作人员实施的利用未公开信息交易违法犯罪进行追究并非是监管制度常规化、机制化运作的结果，而是基于政治、利益关系等目的将特定公职人员的基于重大未公开信息实施的金融交易认定为利用未公开信息交易犯罪，且通常情况下相似类型的交易行为并不作为利用未公开信息交易监管机制覆盖的重点，甚至不是实际上的监管范围。

② 随机性执法是指国家工作人员涉嫌利用未公开信息交易通常在事实层面难以获取证据或者在法律层面难以建立确定的责任基础，特定的公职人员构成利用未公开信息交易案件应当被视为小概率事件。

③ Joseph N. DiStefano, *Senators' Stock Picks Bring Profit*, Scrutiny, PHILA. INQUIRER, 7 November, 2004, at E1.

④ See John B. Owens, *The Clerk, the Thief, His Life as a Baker: Ashton Embry and the Supreme Court Leak Scandal of* 1919, 95 Nw. U. L. Rev. 271, 272 (2000); Embry v. United States, 257 U. S. 655 (1921).

⑤ See Scott Higham, *Congress Ethics Office Clears Bachus of Insider Trading*, The Washington Post, 1 May, 2012.

财政部长鲍尔森与美联储主席伯南克的汇报，并获悉金融危机持续严重、市场不断恶化的宏观经济信息。[①]

可见，监管方滥用权力利用未公开信息交易，不仅指向了一种现实状况——资本市场中存在行为波及面广、市场诚信破坏程度深、阻碍市场效率力度大的国家公职人员利用职务行为获取的重大未公开信息从事相关金融交易，而且折射出现有的利用未公开信息交易监管法律制度与权力配置结构对于控制权力腐败型的利用未公开信息交易行为而言是低效甚至无效的。

第二节 风险管理的重心：作为代理成本的利用未公开信息交易

对于源自市场主体经济行为的重大未公开信息而言，基于此类信息展开的利用未公开信息交易行为的核心内容是上市公司中的信息知情人员利用内幕信息从事相关金融交易或将信息泄露给其他人员，或者是基金公司等金融机构中的信息知情人员利用所在组织的投资决策信息等买卖相关金融商品或者将该信息泄露给其他人员。围绕着信息产权配置或者归属的组织与个体关系——代理关系——便成为解释利用未公开信息交易行为过程中不可回避且最为重要的问题。

一、从代理成本的角度解构利用未公开信息交易

现有的以代理关系为视角分析利用未公开信息交易的理论主要集中于上市公司股东与高级管理人员的利益冲突问题，[②] 即上市公司高级管理人

---

① See David Weigel, *Spencer Bachus*, *Rogue Trader*, Slate, 14 November, 2011.

② See Alexandre Padilla, *Can Agency Theory Justify the Regulation of Insider Trading*, 5 The Quarterly Journal of Austrian Economics 3 (2002); James S. Ang & Don R. Cox, *Controlling the Agency Cost of Insider Trading*, 10 Journal of Financial and Strategic Decisions 15 (1997); Thomas H. Noe, *Insider Trading and the Problem of Corporate Agency*, 13 Journal of Law, Economics, and Organization 287 (1997).

员①在接受公司授权履行职务或者从事业务过程中主导或者参与了重大事件或者重大经营行为，其代理行为对于生成与重大事件有关的信息具有创造与被创造的关系，高级管理人员利用其参与创造的重大未公开信息从事金融交易并从中获取经济利益，是否与其代理行为应当促进公司股东利益最大化这一价值之间形成冲突。当然，由于在资本市场发行与交易的金融工具包括证券、期货、其他衍生品以及基金等金融投资单元，涉及不同的金融工具发行人、交易者与金融工具交易的监管者，代理关系中并不是只有作为金融工具发行人的上市公司的股东与高级管理人员之间的利益冲突，还包括参与金融交易的基金公司、信托公司等金融机构股东与高级管理人员之间的利益冲突。

公司授予高级管理人员代理权之后，高级管理人员在通过职务或者业务行为为公司股东创造价值的同时，公司需要付出一定的成本作为高级管理人员劳动的对价，即代理成本②。代理成本可以是公司基于监督高级管理人员高效履行职务而支付的行政管理费用；也可能表现为公司高级管理人员谋取其个人经济利益过程中对公司股东利益造成的损耗。评估上市公司等企业内部出现的利用未公开信息交易行为对于企业效率的影响，其核心在于分析代理成本——如果利用未公开信息交易有助于减少公司股东与高级管理人员之间的利益分歧，进而减少整体代理成本，则利用未公开信息交易有利于提升

---

① 在公司控制权相对集中的情况下，公司管理人员通常是由公司控制股东或者实际控制人通过各种机制安排的。故管理人员与公司之间的代理关系在部分情况下也可能转化为控制股东与非控制股东之间的代理，前者可以视为代理人，后者可以视为委托人。困难之处在于如何在制度上保证非控制股东不被控制股东剥削。在公司的特定集团能够控制影响所有者利益的决定时，控制股东与非控制股东之间的这种关系显著地紧张。公司所有权集中程度越高，这种代理问题就越严重。See Luca Enriques & Paolo Volpin, *Corporate Governance Reforms in Continental Europe*, 21 Journal of Economic Perspectives 117 (2007). 此外，能够构成利用未公开信息交易违法犯罪的行为主体显然也包括上市公司聘用的其他固定工作人员以及参与公司某项业务的财务顾问、律师等专业技术人员，此类非管理人员同样能够与公司之间形成代理关系。但是，利用未公开信息交易代理问题的重要文献一般将代理关系中的利益冲突表述为“管理人员与公司股东利益冲突”。See Adolf A. Berle & Gardiner C. Means, *The Modern Corporation and Private Property*, Cambridge University Press, 2005; Michael C. Jensen & William H. Meckling, *Theory of the Firm: Managerial Behavior, Agency Costs, and Ownership Structure*, Journal of Financial Economics. 305 (1976).

② 代理成本主要包括组织监督成本、约束成本以及剩余损耗（因管理人员决策与所有者利益最大化决策之间的分歧而造成的组织所有者的利益减损）。See Michael C. Jensen & William H. Meckling, *Theory of the Firm: Managerial Behavior, Agency Costs, and Ownership Structure*, 3 The Journal of Financial Economics 305 (1976).

公司运作效率；反之，利用未公开信息交易则损害公司效率。

在由非公职人员实施的利用未公开信息交易行为中，企业高级管理人员利用其行使决策与管理权过程中获悉的重大未公开信息从事相关金融交易是最为常见的。因为高级管理人员相对于企业一般工作人员而言，不仅对于信息的创造承担了更多的指导与参与工作，而且其职务能力决定了其更有可能僭越企业信息保密规章。从经济激励的角度分析，与处于资本链条顶端的资本家和低端的普通员工不同的是，企业很难对行使代理权限的高级管理人员进行富有效率的利益激励。因为任何从一般员工发展到最高级别的行政管理人员都可能迸发出具有经济价值的创新概念，企业很难在初始阶段就辨识出这些具有创造价值的高级管理人员，故很难事先设定富有效率的高级管理人员薪酬数额与结构。以基金公司、投资公司等机构中的基金管理人、投资经理人为例，公司的效益直接依托于高级管理人员具有创造性的金融交易或者投资决策所创造交易利润，无论事先如何通过薪酬安排优化高级管理人员经济收入与实际业绩之间的提成比例或者通过股权激励绑定公司整体与高级管理人员个人的利益，最后都难以实现委托人与代理人双方均满意的效果。① 正如曼尼所言，真正的创新工作是无法预测的，它的价值在被设计与实施之前是无法判断的；真正的创新是无法规划与充满活力的，几乎不可能事先通过合同对其进行任何形式的安排。② 这就意味着公司股东利益不断增长的动力源泉（企业创新）与其代理者的利益激励之间的分歧很难通过包括股权激励在内的单纯的薪酬制度优化予以解决或者协调。

基于控制企业与高级管理人员利益分歧的考量，主张利用未公开信息交易去监管化的理论认为，企业高级管理人员等内部人员可以通过利用未公开信息交易得到与其创新工作方向相同、时间相同的经济激励，在促进企业创新与股东利益增长的同时，能够成为一种提升企业效率的市场化机制。③ 利

① 相对于企业高级管理人员个人直接从其信息创造过程获取收益而言，任何基于实际效益为基础的提成比例或者其他股权分配计划都只能是间接的、远期的激励，因而无法直接、充分、立即满足高级管理人员的利益诉求。同时，为了满足高级管理人员利益激励而配置过高的薪酬安排也会损耗一部分归属于公司股东的经济利益。

② See Henry G. Manne, *Insider Trading and the Stock Market*, Free Press, 1966, p. 132 – 133.

③ See Henry G. Manne, *Insider Trading and the Stock Market*, Free Press, 1966, p. 99 – 104.

用未公开信息交易使得公司高级管理人员持续根据其创造的有价值的新信息增加其报酬而无需承担重新协商劳动合约的成本，从而促进高级管理人员将其个人财富更为紧密地与组织利益进行联系的工作激励。① 具体而言，高级管理人员通过各种工作创新的方式创造了对于资本市场重新对证券进行定价而言具有重要价值的全新信息，其本人成为首批知悉这种新信息的行为主体。高级管理人员可以通过在市场公众知悉这种创新工作、证券价格充分反映利好信息之前，购买本公司证券并享受其重新定价之后的经济利益。即使内部人员购买证券的能力与投资成本有限，也可以向其他人转让信息。利用未公开信息交易能够使上市公司内部人员“稳定地将其创新活动予以市场化”②，从而促进内部人员创新与激励实现统一。

对于企业而言，利用未公开信息交易不仅提高了用人单位在经理人劳动市场搜索合适人选的效率，提供了与高级管理人员创新精神相关的有用信息，而且在很大程度上减少了代理过程中的监督成本。③ 企业都希望选择具有创造能力与一定风险承担意愿的管理人员，但在现实的经理人劳动市场中用人单位难以通过常规的评估机制对应聘人员进行有针对性的筛选。如果能够在企业与管理人员商谈合约的过程中涉及许可利用未公开信息交易且折抵固定报酬条款的探讨，企业就能非常便捷地从众多应聘人员中挑选出更具创新精神与风险担当的管理人员。允许高级管理人员利用经营过程中形成的重大未公开信息买卖本公司证券及衍生品获取个人利益的机制，切实回报了那些创造有价信息且愿意承担交易风险与固定报酬损失风险的管理人员，并且愿意选择利用未公开信息交易报酬激励的高级管理人员基本上属于最愿意承担风险且具有创造价值能力与创新精神的高级管理人员。该机制能够使高级管理人员主动地通过创造价值牟取个人与组织的利益共赢，从而节省企业督促其积极创造价值的监督成本。

---

① See Dennis W. Carlton & Daniel R. Fischel, *The Regulation of Insider Trading*, 35 Stanford Law Review 857 (1983).

② Henry G. Manne, *Insider Trading and the Stock Market*, Free Press, 1966, p. 138.

③ See Dennis W. Carlton & Daniel R. Fischel, *The Regulation of Insider Trading*, 35 Stanford Law Review 857 (1983).

二、利用未公开信息交易制造新的成本

利用未公开信息交易在降低代理成本的同时，其本身极有可能构成一种牺牲股东利益的、基于信息控制权而实施的、纯粹的私人获利行为，甚至可以直接认为利用未公开信息交易就是一种额外的代理成本——利用未公开信息交易实质上并没有提供一个促进上市公司股东与管理人员利益联盟的刺激动力的整体机制，而是在扭曲管理层报酬机制过程中创造了新的代理成本。[①]

首先，企业根据管理人员是否选择从事利用未公开信息交易来决定相应的固定报酬或者股权激励数额，会在根本上扰乱原本具有一定效率或者现实可操作性的事前报酬合约机制，即破坏以工作业绩、生产力为基础的薪酬机制。[②] 如果管理人员在与企业签订薪酬合约时选择更高的固定报酬且放弃基于重大未公开信息实施利用未公开信息交易的权利，企业就需要额外支出监督管理人员相关知情交易的成本，且知情交易监督成本并非一定能够发现并控制管理人员利用未公开信息交易行为。因此，实践中完全可能出现管理人员既获取高额固定报酬又不遵守合约从事利用未公开信息交易的情况。

其次，允许利用未公开信息交易可能与激励管理人员创新与创造价值并无关联，或者无法充分激励管理人员创新。相当数量的利用未公开信息交易者实际上并不是基于其开创了创新业务或者全新的管理模式而掌握了公司中有价值的新信息或者启动了有价值的重大项目。在资本市场中，公司高级管理人员实施的利用未公开信息交易行为中的重大未公开信息通常只是完全与创新和价值创造无关、单纯基于其公司职务就可以获取的重大未公开信息。例如，利用其掌握的公司财务情况在财务报告未公开前从事相关证券交易。同时，即便重大未公开信息与创新或者价值创造相关，实践操作上很难确保利用该信息从事相关金融交易的行为主体局限于制造新信息或者参与企业创

① See Reinier Kraakman, *The Legal Theory of Insider Trading Regulation in the United States*, in European Insider Dealing: Law and practice, Klaus J. Hopt & Eddy Wymeersch eds., Butterworths (Canada) Limited, 1991, p. 52.

② 即使利用未公开信息交易去监管化的积极拥护者也承认，禁止利用未公开信息交易能够防止内部人破坏传统且稳固的薪酬协议。See Dennis W. Carlton & Daniel R. Fischel, *The Regulation of Insider Trading*, 35 Stanford Law Review 857 (1983).

新的人员。因为信息的扩散性决定了利用未公开信息交易利益具有明显的非排他性，会产生“搭便车”的情形——利用重大未公开信息实施相关金融交易的知情人员有相当部分只是无权参与公司管理的普通员工、专业人员等。[1]这些知情人员通常只是在完成或者执行与重大未公开信息有关的事宜过程中获悉信息，而非参与创造这种全新的信息或者事件。而真正具有创造性的企业管理人员需要掌控他们所创造的新信息，持续垄断这种利用未公开信息交易利益，排除其他知情人员实施利用未公开信息交易消耗或者提前释放重大未公开信息在资本市场中的价值。如果企业内部真正的信息创造者不能垄断其创造的信息，就会降低其创新激励并对公司业绩产生消极影响。

最后，以利用未公开信息交易激励创新不仅将导致公司正常的商业与管理行为受到管理人员个人金融交易利润的影响，还会促使管理人员实施激进行为从而导致公司必须面对过高的风险。[2] 管理人员会利用公司的商业机会提升其在个人金融交易中的获利数额，[3] 通过操控商业决定优化其潜在的金融交易收益。[4] 例如，与上市公司重大合同签订与履行有关的信息会引发相关证券及衍生产品市场交易价格的波动，在公司管理人员能够基于重大合同信息买卖相关金融商品的情况下，个人利益就介入了管理人员正常职务行为（代理公司进行商业决策与经营行为）。上市公司签订重大合约、放弃该项交易计划、合约顺利履行或者以和解的方式处理合同纠纷等一系列商业决策与行为所造成的金融商品价格波动都会影响到买卖相关金融商品的公司管理人员的交易利润。其完全可能基于个人利益最大化的目的，通过持续控制商业决策与行为的方式反复制造价格波动并从中谋取利益。因为，公司证券交易

---

① See Laura N. Beny, *Insider Trading Laws and Stock Markets around the World: An Empirical Contribution to the Theoretical Law and Economics Debate*, 32 The Journal of Corporation Law 237 (2007); James D. Cox, *Insider Trading and Contracting: A Critical Response to the Chicago School*, 1986 DUKE L. J. 628 (1986).

② See Lucian A. Bebchuk & Chaim Fershtman, *Insider Trading and the Managerial Choice Among Risky Projects*, 29 J. FIN. & QUANT. ANALYSIS 1 (1994).

③ See Lucian A. Bebchuk & Christine Jolls, *Managerial Value Diversion and Shareholder Wealth*, 15 J. L. Econ. & Org. 487 (1999).

④ See Robert J. Haft, *The Effect of Insider Trading Rules on the Internal Efficiency of the Large Corporations*, 80 Mich. L. Rev. 1051 (1982).

价格波动越大，利用未公开信息交易的获利就越大。这会激励公司管理人员通过设计风险极大的项目为公司股东获取对应的高收益，[①] 从而使其有机会创造更具价值的新信息并更多地利用未公开信息交易，但过高的风险项目实际上并不符合公司股东利益。

三、通过合规管理最大限度约束成本

关于利用未公开信息交易能否在降低代理成本的基础上提升组织运作效率的问题，实际上很难进行绝对的、直接的、定性的判断。公司与管理人员利益紧密关联，在有效保障管理人员个人利益与防控其从事过高风险经营行为的情况下，利用未公开信息交易有利于提升组织效率；在其他情况下，或是利益冲突决定了无法许可管理人员利用未公开信息交易，或是允许利用未公开信息交易将会导致利益冲突从而损害公司股东利益。因此，在现行资本市场环境与法律制度框架下，作为代理成本问题的利用未公开信息交易监管与去监管化论辩的价值并非在于形成强化或者取消利用未公开信息交易监管，而是通过合规管理尝试探索公司（委托人）与管理人员（代理人）在重大未公开信息使用问题上的利益共同点或者重合面。

在真实的企业运作实践中，管理人员个人利益是一种需要法律制度始终关注的诉求。并非所有流向管理人员的利用未公开信息交易利润都需要在制度层面予以禁止而不允许公司与管理人员在组织内部进行自由协商。抽象且绝对的禁止往往会降低企业运营效率。如果公司价值与参与重大未公开信息创造的管理人员利益能够实现共赢，则应当在市场滥用违法犯罪防控政策上为公司与管理人员就重大未公开信息使用问题预留制度空间，允许双方通过市场化的方式进行安排。同时，即使特定的利用未公开信息交易类型能够促进公司运作效率，亦不能直接肯定在制度上对其进行去监管化的合理性，还应当进一步分析利用未公开信息交易对于资本市场整体效率的影响。对于利用未公开信息交易行为而言，基金公司管理人员等利用的重大未公开信息属

---

① See Frank H. Easterbrook, *Insider Trading, Secret Agents, Evidentiary Privileges, and the Production of Information*, Sup. Ct. Rev. 309 (1981).

于募集资金的投资决策等信息类型，知情交易行为只涉及是否损害公司股东或者募集资金提供者利益的问题，对于资本市场中的其他投资者而言也只存在信息能力上的差异问题，并没有损害资本市场其他投资者的利益，知情交易反而能够为资本市场投放额外的流动性。但对于内幕交易行为而言，上市公司内部人员等利用的是与上市公司经营或者财务有关的、能够影响证券及相关衍生品市场交易价格的尚未公开的信息，知情交易行为对于相关金融商品的定价、外部投资者的利益、市场竞争不公平而导致的流动性流失等均会产生影响，即内幕交易涉及资本市场整体效率问题。

所以，在排除公权力介入重大未公开信息形成的情况下，完全生成于市场的重大未公开信息被利用未公开信息交易利用之后，不仅应当在组织效率层面深度考察代理成本与利用未公开信息交易的关系，而且必须在更为宽泛的资本市场层面分析利用未公开信息交易与市场效率之间的关系。

第三节　作为市场效率影响因素的利用未公开信息交易

利用未公开信息交易究竟是有益于还是损害组织效率是一个局限在组织内部的经济评估问题。在利用未公开信息交易的行为结构中，如果只涉及重大未公开信息知情人员与企业所有者（股东）之间的关系，分析利用未公开信息交易是否能够实现股东与管理人员利益最大化问题是可行的。但是，相当部分的利用未公开信息交易不仅是组织内部的一种经济行为，更是一种对资本市场产生实质性影响的市场行为，需要在更为广阔的市场效率层面对利用未公开信息交易进行评估。[①] 上市公司高级管理人员实施的证券内幕交易行为，就是典型的对资本市场整体效率产生重大影响的利用未公开信息交易类型。潜在的上市公司外部投资者与持有重大未公开信息的上市公司内部人员从事方向相反的金融交易的可能性愈大，外部投资者承担的市场风险愈大，

① See Kimberly D. Krawiec, *Fairness*, *Efficiency*, *and Insider Trading*: *Deconstructing the Coin of the Realm in the Information Age*, 95 Northwestern University Law Review 443 (2001).

则资本市场对于理性外部投资者的吸引力愈低，资本市场对于相关金融商品的定价愈不被潜在的上市公司外部投资者认可。① 特定资本市场中的投资者、资本数量的减少与定价认可度的下降会导致融资成本上升与资本效率下降，② 最终引发该资本市场在全球金融市场竞争中被淘汰。

一、关于信息效率问题的反思

特定的利用未公开信息交易行为会因为有利于控制代理成本而在组织效率层面产生较大的积极效应，但同时也会由于损害定价准确性与降低流动性而对资本市场效率产生相当的负面影响。在引入作为市场效率问题的利用未公开信息交易概念之后，就有必要明确如何在统一的框架下评估组织效率与市场效率。一种设想是，对于确实涉及资本市场整体影响的利用未公开信息交易类型，必须评估其对组织内部与市场整体的综合性作用，如果利用未公开信息交易对于组织产生的积极效应大于对于资本市场造成的损害，应当允许利用未公开信息交易并通过民事诉讼对市场效率损害进行补偿。但是，一旦利用未公开信息交易行为超越了组织效率评估界限而对资本市场效率产生影响，就只能在资本市场整体层面评估利用未公开信息交易行为的效率问题。因为资本市场是发行证券等金融产品的组织运作的平台，任何影响市场效率的问题都要优先于组织个体效率进行排他性的评估。即使法律制度能够保证所有受到利用未公开信息交易损害的投资者均得到全额赔偿（在操作上不可能实现），但资本市场整体效率损害（定价失准、流动性撤离等）无法通过补偿所有利益受损投资者的方式进行恢复。故特定的利用未公开信息交易行为只要损害市场效率，就不能再考虑组织效率。

定价准确性与市场流动性是法律与经济分析理论评估利用未公开信息交易对资本市场影响的重要尺度。定价效率是指市场价格及时且准确地反映与

---

① See Roberta S. Karmel, *Reconciling Federal and State Interests in Securities Regulation in the United States and Europe*, 28 Brook. J. Int'l L. 495 (2003).

② See Robert A. Prentice, *The Inevitability of a Strong SEC*, 91 Cornell Law Review 775 (2006).

金融资产有关的所有信息的程度,[①] 是分析金融资产市场价格与内在价值是否相符的指标。特定金融商品的市场交易价格所反映的与该金融商品及其发行人有关的信息越充分，该价格越接近于金融商品真实价值，资本市场的定价就越准确。[②] 市场流动性表现为交易者迅捷地执行交易的市场水平，市场流动性越充分，交易指令执行的速度越快，交易成本越低。[③]

利用未公开信息交易介入市场后金融商品运行价格对基础资产真实价值关联信息的反映程度是判断利用未公开信息交易与市场定价效率关系的基础标准。以股票这种特定的金融商品种类为例，与上市公司未来业绩有关的信息以及市场价格对信息的反映程度是决定市场定价准确性的两大因素。[④] 如果利用未公开信息交易能够向市场释放并推动市场价格反映信息，股票的市场定价与价值之间的偏离度则较低，那么利用未公开信息交易对股票的定价准确性具有积极影响；反之，利用未公开信息交易对股票定价具有消极影响。

从现有的实证研究来看，对于利用未公开信息交易究竟能否提升定价效率问题各方从来没有形成过一致性认识。早期的实证研究认为，利用未公开信息交易行为能够推进价格快速变动并提升市场定价效率。[⑤] 因为资本市场实际上是可以自我察觉潜在的知情交易并将知情交易及其包含的信息整合于市场价格之中。[⑥] 尤其是与财务报告有关的信息，知情人员在信息公开之前的交易是提前反映财务预期利好与利空的重要指标。[⑦] 针对 1998 年至 2006 年美国存托凭证（American Depositary Receipts，ADR）的实证研究发现，利用

---

① See Nuno Fernandes & Miguel A. Ferreira, *Insider Trading Laws and Stock Price Informativeness*, 22 The Review of Financial Studies 1845 (2009).

② See Li Jin & Stewart C. Myers, *R2 Around the World: New Theory and New Tests*, 79 J. FIN. ECON. 257 (2006).

③ See Marcel Kahan, *Securities Laws and the Social Costs of "Inaccurate" Stock Prices*, 41 Duke L. J. 977 (1992).

④ See Merritt B. Fox et al., *Law, Share Price Accuracy, and Economic Performance: The New Evidence*, 102 MICH. L. REV. 331 (2003).

⑤ See Stephen H. Penman, *A Comparison of the Information Content of Insider Trading and Management Earnings Forecasts*, 20 JFQA 1 (1985).

⑥ See L. Meulbrock, *An Empirical Analysis of Illegal Insider Trading*, 47 J Fin 1661 (1992).

⑦ See Stephen H. Penman, *Insider Trading and Dissemination of Firms' Forecast Information*, 55 Journal of Business 479 (1982).

未公开信息交易监管制度得以执行国家或地区的 ADR 具有更好的市场流动性、更低的信息不对称性以及更为准确的定价效率。① 这意味着控制利用未公开信息交易更有利于提升金融商品价格反映市场信息的全面性与准确性。就利用未公开信息交易个案层面的深度实证分析而言，研究显示仍然难以辨识利用未公开信息交易行为与外部投资者所从事的相关金融商品交易行为对于金融商品市场价格的区别性影响。② 例如，伊万·博伊斯基曾于雀巢公司收购康乃馨公司前后买卖后者证券，一项针对该起内幕交易案件的实证分析报告指出，尽管相关证据明确显示伊万·博伊斯基利用并购内幕信息从事相关证券交易，但数量分析工具未能测算出伊万·博伊斯基内幕交易行为与非知情证券交易行为之间在市场价格影响方面的差异。③

从理论上分析，利用未公开信息交易促进金融商品定价的准确性，其根本经济机制在于利用未公开信息交易能够替代信息披露促进市场价格吸收尚未公开的、与金融商品及其基础资产价值具有密切联系的信息。而需要利用未公开信息交易以非信息内容公开的方式促进价格效率的经济前提建筑在信息披露在特定情况下会损害市场效率的事实基础之上。应当承认，绝对性信息披露机制损害市场效率的弊端是现实存在的。资本市场法律制度尽管特别强调通过信息披露提高市场价格效率，但并不要求金融商品发行主体立即、全部披露所有重大信息。以证券为例，上市公司披露重大信息后商业竞争对手可以利用信息的早期知悉从事“搭便车”行为进而损害上市公司在实体经济竞争中的优势地位，导致商业竞争对手从根本上遏制其创新，故有必要在信息披露与证券定价效率之间寻求平衡。④ 具体分析信息披露对上市公司潜在的商业利益损耗——信息披露是由上市公司承担个体成本的方式实现资本

---

① See Kee H. Chung & Hao Zhang, *Insider Trading Regulation and Market Quality: Evidence from American Depositary Receipts*, 39 Asia – Pacific Journal of Financial Studies 340 (2010).

② See Z. Goshen & G. Parchomovsky, *On Insider Trading, Markets and "Negative" Property Rights in Information*, 87 Virginia Law Review 1229 (2001).

③ See Sugato Chakravarty & John J. McConnell, *Does Insider Trading Really Move Stock Prices?*, 34 The Journal of Financial and Quantitative Analysis 191 (1999).

④ See Stephen M. Bainbridge, *Mandatory Disclosure: A Behavioral Analysis*, 68 University of Cincinnati Law Review 1023 (2000).

市场整体利益，但资本市场是一个覆盖上市公司及其投资者和大量的上市公司竞争对手及其投资者的融资与投资平台。上市公司信息披露内容越全面、时间越迅速，竞争者对于上市公司的信息掌控也就越充分。这意味着上市公司信息披露在一定程度上提升了其竞争对手的利益。有利于实现资本市场整体利益的信息披露（市场最优信息披露）程度介于不披露与完全披露之间。但信息披露义务主体显然会倾向于选择低于市场最优信息披露程度的实践操作。这就在相当程度上解释了为什么法律需要通过强制性披露规则推动上市公司信息披露。强制性信息披露补充了上市公司自愿信息披露不足以反映的那部分金融商品价格。然而，尽管强制性信息披露能够直接提升金融商品市场价格精确度，但如果强制性信息披露要求义务主体披露全部信息，会对资本市场制造较高且实际上也难以承受的成本。强制性信息披露制度必须为自愿性信息披露留出制度空间。这便促成了利用未公开信息交易替代信息披露优化市场价格准确性的现实可能。

基于此，法律与经济分析理论中的代表性观点指出，利用未公开信息交易在优化金融工具市场交易价格准确性的同时免去了证券等金融工具发行人披露尚未确定的未公开信息的成本，[①] 利用未公开信息交易行为提升了资本市场定价效率，故禁止利用未公开信息交易的法律制度并不合理。[②] 因为利用未公开信息交易行为本身确实能够向资本市场传递信息、制造市场趋势、影响与特定信息具有关联的金融工具市场价格。这种由利用未公开信息交易引发的交易量增长与价格变动推动相关金融工具市场交易价格趋向于重大未公开信息所内含的真实价值。此外，以利用未公开信息交易替代信息披露对于上市公司实体经营而言具有重要价值。上市公司披露信息将损耗实体创新延伸出的信息价值，信息不确定性也会导致过早披露误导市场的法律责任，而利用未公开信息交易能够有效避免此类经济与法律风险，同时对证券交易

---

① See Henry G. Manne, *Insider Trading: Hayek, Virtual Markets, and the Dog that Did Not Bark*, 31 J. CORP. L. 167, 169 (2005).

② See Henry G. Manne, *Insider Trading and the Stock Market*, Free Press, 1966, p. 80 – 91.

市场注入相当的信息效率。①

二、利用未公开信息交易替代性方案的不足

利用未公开信息交易在实际操作中很难成为信息披露促进市场定价准确性的廉价替代性方案，其主要原因在于利用未公开信息交易与市场定价效率之间的利益冲突以及利用未公开信息交易促进信息效率的不确定性与低效性。

其一，利用未公开信息交易行为主体的个体利益与利用未公开信息交易替代信息披露优化市场定价效率所涉及的市场整体利益之间存在明显的利益冲突。

重大未公开信息知情人员并不会基于追求价格平衡的价值理念实施相关金融交易。利用未公开信息交易能否以及获取多少交易利润的根本机制在于其拥有的信息接触优势。知情人员对于信息的控制力愈强，其获取利润的概率与数额就愈高。这种基于内部人员主观意志足以整体排除外部投资者或者投机者信息竞争能力的优势只有在持续掌握、囤积、利用时才得以实现利益最大化。如果未公开信息通过价格信号的变化转移至公开市场，利用未公开信息交易的利益将会出现折损。如果市场价格充分反映重大未公开信息，将会根本性地限制知情人员利用其掌握的未公开信息实现经济价值的利益程度。即使客观上存在利用未公开信息交易获利与资本市场定价效率优化的双赢空间，但是，利用未公开信息交易利益最大化与资本市场效率最大化的终极层面存在价值冲突。未公开信息知情人员可能基于利益最大化的利己诉求而损害资本市场定价效率与企业运作效率。

其二，利用未公开信息交易是否以及在多大程度上促进金融商品市场价格朝着与其真实价值相应的反向进行运作存在高度的不确定性与相对低效性。

实践中不能排除市场中的专业信息分析人员或者投资者难以辨识由利用未公开信息交易行为所释放的信息与价格信号。因为即使在合法的内部人交易的场合，买卖本公司证券及其衍生品的内部人员也可能基于确保信息利益

① See Dennis W. Carlton & Daniel R. Fischel, *The Regulation of Insider Trading*, 35 Stanford Law Review 857 (1983).

垄断的经济考量而刻意隐藏其交易行为或者控制其对市场的影响。在具体操作中，重大未公开信息知情人员可以通过分散交易量、使用“人头账户”等多种方式隐匿利用未公开信息交易行为本身可能向市场传递的信息内容。经结构化改造后的利用未公开信息交易排除或者模糊了知情人员身份、敏感时间大额交易等可能引起市场进行潜在信息评估的因素，绝大部分利用未公开信息交易被市场理解为流动性或者噪声交易。退一步分析，即使重大未公开信息的知情人员并不刻意对交易事实进行掩盖，利用未公开信息交易也可能难以向市场传递或者充分传递全新的信息内容。毕竟相当部分的利用未公开信息交易在数量上并未在同期市场交易量中占据显著地位，加之噪声交易造成证券价格对新信息进行充分反映的干扰，利用未公开信息交易的信息提示价值与优化定价效率会有很大的局限。[①] 重大未公开信息的内容指向利好（利空），知悉该信息的内部人员在信息尚未披露时做多（做空）金融商品，在其他影响该特定金融商品基本供求关系的条件没有响应变更的情况下，金融商品市场价格会相应上涨（下跌）。但是，资本市场中的金融商品具有高度的可替代性，随着市场产品内容与结构的不断优化，特定金融商品会存在诸多可替代投资品种，有限地利用未公开信息交易数量规模决定了其在绝大多数情形下都会被淹没在众多相类似金融商品整体交易总量之中，很难通过价量“解码”的过程向市场有效传递潜在的价格敏感信息。利用未公开信息交易对于市场信息效率的潜在影响通常是不重要的。此外，利用未公开信息交易影响金融商品市场价格变动的过程缓慢、时间成本过高。其他市场参与者只能通过金融商品价格与交易量的变动解读潜在的利用未公开信息交易及其所指向的未公开信息，进而沿着利用未公开信息交易的方向参与市场交易。这个价量“解码”流程繁琐、复杂、零散、低效。所以，利用未公开信息交易所内含的信息在被市场察觉之前，金融商品市场价格可能会逐渐接近充分反映市场未公开信息的价格水平。但这显然是一个需要耗费相当时间与成本的价格变动过程。加上资本市场中还存在诸多不具有理性投资判断基础的噪

---

① See Stephen M. Bainbridge, *The Insider Trading Prohibition: A Legal and Economic Enigma*, 38 Florida Law Review 35 (1986).

声交易扰乱价格信号的有序释放。经过种种环节弱化之后，利用未公开信息交易引导金融商品市场价格的目标最终很难实现。

可见，实证研究结论与理论分析观点的激烈碰撞决定了利用未公开信息交易与资本市场定价效率关系难题在数十年的纠缠与困惑中仍然处于待解状态。利用未公开信息交易对资本市场流动性影响问题同样如此。实证研究对于利用未公开信息交易行为是否降低市场流动性问题并没有形成确定的结论性意见。有的调查发现，做市商、专业交易者等感觉到内部知情人员针对特定证券或者衍生品实施的交易比较活跃时，其买卖价差①趋于增大。② 有的研究认为，利用未公开信息交易并没有对市场流动性产生影响。③ 也有数据显示，提供流动性的市场交易者短期内受到利用未公开信息交易影响，但长期来看其有能力弥补特定时间节点出现的损失。④ 更有报告指出，利用未公开信息交易等信息不对称交易有益于做市交易等市场流动性因素。⑤

三、利用未公开信息交易与信息效率的关系重构

既然利用未公开信息交易对市场定价与流动性影响性评估的分析路径依赖长期无法解决利用未公开信息交易与市场效率关系问题，并且导致资本市场法律制度始终在没有稳定的金融原理与实证研究结论的支撑下介入利用未公开信息交易违法犯罪规范控制，就完全有必要转换利用未公开信息交易效率问题的评估视角。有利于提升资本市场效率的利用未公开信息交易行为应当去监管化的基本判断显然是正确的。但目前法律与经济分析框架的局限性

---

① 买卖价差是衡量市场流动性的重要标准。买卖价差愈大，交易执行成本愈大，市场流动性愈差。参见孙培源、施东晖：《从流动性与买卖价差看交易机制的改革——一个基于上海股市的实证研究》，载《上市公司》2001 年第 12 期。

② See Nicholas L. Georgakopoulos, *Insider Trading as a Transactional Cost: A Market Microstructure Justification and Optimization of Insider Trading Regulation*, 26 Cornell Law Review 1 (1993).

③ See Kee H. Chung & Charlie Charoenwong, *Insider Trading and the Bid – Ask Spread*, 33 Financial Review 1 (1998).

④ See Walayet A. Khan & H. Kent Baker, *The Impact Of Insider Trading On Market Liquidity In The NASDAQ Market*, 21 The Journal of Applied Business Research 11 (2005).

⑤ See Stanislav Dolgopolov, *Insider Trading and the Bid – Ask Spread: A Critical Evaluation of Adverse Selection in Market Making*, 33 Capital University Law Review 83 (2004).

在于将资本市场效率问题完全等同于定价效率与流动性，而忽略了作为市场效率问题的利用未公开信息交易实质内容在于其对资本市场信息效率的影响。利用未公开信息交易监管或去监管化、利用未公开信息交易犯罪化或非犯罪化的法律问题，归根到底是重大未公开信息产权配置的经济问题与资本市场信息效率保障的金融问题。定价与流动性视角是从资本市场的角度静态地、形式化地分析利用未公开信息交易与市场效率之间的关系，加之法律与经济分析受制于实证研究方法的局限、资本市场的地域化差异、理论抽象的认识分歧等多方面因素，实际上无法解释作为市场效率问题的利用未公开信息交易行为。既然是分析经济行为与市场效率影响与被影响联系问题，就必须从互动、联系的角度进行动态与实质的解释。因此，突破传统研究框架的法律与金融分析应当从利用未公开信息交易与资本市场效率之间的“连接点”——信息——的角度解释利用未公开信息交易效率问题。利用未公开信息交易是基于重大未公开信息实施的获取信息披露前后金融商品价差利益的资本市场交易行为。同时，金融商品市场价格是现有的所有市场参与者就该金融商品预期现金收益折现价值的共识。对于强式效率市场而言，所有信息均体现在金融商品市场价格之中。但是，资本市场事实上无法完美评估所有市场信息、无法完美反映内部人员掌握的未公开重大信息，市场价格普遍性地偏离完美反映所有信息的真实价值或者所谓的正确市场价格，出现市场信息不对称所造成的价差。评估利用未公开信息交易效率问题的核心在于解释利用未公开信息交易行为与资本市场信息效率的关系，即利用未公开信息交易如何影响金融商品市场价格反映市场信息的整体过程。

在解构利用未公开信息交易如何影响市场信息效率时，必须对信息进行类型化，从而进一步明确与强化基于何种信息类型而实施的利用未公开信息交易属于市场效率评价工具所能覆盖的市场滥用行为。[①] 资本市场中对于金融商品定价具有影响的信息可以划分为市场性信息与行政性信息。前者是指在市场竞争与运作过程中形成的、没有公共权力介入的、由市场自发形成的、

① 作为市场效率问题的利用未公开信息交易只是所有利用未公开信息交易违法犯罪统一范畴中的一部分，基于权力监管信息以及代理信息而实施的利用未公开信息交易行为分别归属于权力问题与代理问题，不属于市场效率分析工具评价的范畴。

价格敏感信息。后者是指对于资本市场中的金融商品发行与交易价格具有影响的公共管理信息、金融监管信息等。行政性市场信息不仅包括政府或者国有资本在行政许可、参与资本市场投资或者公司经营过程中基于其组织机构的运作模式而形成的信息（例如，国有资本投资主体或者政府对相关项目进行审批），而且覆盖各种金融监管信息，即监管机构在对金融市场进行管制与调控过程中形成的信息（例如，调整存款准备金率、开征或者取消印花税、对特定机构进行调查或者处罚等）。基于此类信息实施的利用未公开信息交易是权力腐败问题，不仅不会对资本市场效率产生积极影响，而且根本不应当适用效率分析工具进行评估。市场性信息可以进一步地类型化为内生信息与外发信息。[①] 内生信息是指生成于金融商品对应基础资产体内的、在其保值、增值的经济运作中内涵的、与该金融商品定价相关的信息，例如，在证券发行人经营过程中（主要是）由内部高级管理人员筹划、执行、决策等职务行为而生成的营收增长（下降）、公司并购扩张（出让资产）等信息。外发信息是指与金融商品对应基础资产真实实体价值并无直接关联的、由外部供求关系推动的、对金融商品定价具有重要价值的信息。例如，与证券发行人的经营行为无关的、由资本市场中的外部投资行为或者分析意见促成的证券需求量变化信息——基金公司增持特定证券、投资咨询公司发布上市公司分析报告等均属于外发信息。[②] 基于外发信息实施的利用未公开信息交易本质上属于代理成本问题，应当在代理框架下梳理可能涉及的多重利益冲突关系。只有基于内生信息实施的利用未公开信息交易行为归属于市场效率问

---

① 需要说明的是，此处信息类型化的价值在于准确地解释基于不同的未公开信息类型所实施的利用未公开信息交易所对应的经济问题本质是不同的。以不同的视角与标准划分信息，还可以对资本市场信息进行其他完全不同的类型划分。例如，以信息涉及的范围为标准，可以将市场性信息大致区分为特定金融商品信息与特定市场领域信息。前者是指基于金融商品发行人（例如上市公司）自身行为、内部事件等而形成的信息，包括经营状况、管理质量、商业计划、财务动态、历史数据、科研成果、发展策略、证券供求关系等。后者是指与特定金融工具有关的行业、区域、全国乃至全球经济动态等更为广阔的市场领域设定下的信息。

② 外发信息强调信息内容本身并不直接阐释或者说明金融商品基础资产实体价值，但这种外部供求关系因素仍然可能受到基础资产价值的影响或者制约。例如，基金公司大规模增持（减持）特定上市公司股票，该外发信息本身反映市场力量对于特定上市公司股票价格的定价意见，并不直接说明上市公司实体价值，但基金公司做出这一投资决策或者生成这一信息，仍然会受到上市公司基础资产价值的影响。

题。明确效率问题的基本内容与范围，其核心价值在于确定利用未公开信息交易刑事政策的重点指向。利用未公开信息交易对于资本市场信息效率的影响性评估，关键分析在于内部人员利用与金融商品及其基础资产价值有关的未公开内生信息实施相关金融交易，对于金融商品市场价格有效率地（及时、充分地）反映信息究竟会产生何种性质的影响以及这种影响的具体经济机制。①

所以，在分析利用未公开信息交易与市场效率的关系时，不能忽略利用未公开信息交易行为机理的核心——信息。利用未公开信息交易归根到底是信息使用问题——在权力运作的框架下，表现为滥用权力行使过程中获取的信息生产与支配权，以权力的腐败为代价获取个人经济收益。在代理的框架下，表现为在企业内部生成的重大未公开信息的使用权应否让渡给参与创造信息的管理人员。重大未公开信息的使用效果一旦波及资本市场，就出现了一个全新的信息潜在使用权利人，即资本市场中所有的潜在投资者。利用未公开信息交易者使用重大未公开信息不再是一个（在特定情况下）可以通过企业与管理人员进行协商从而实现效率最大化的问题，而是需要在解释信息、资本市场与信息市场以及利用未公开信息交易对市场定价与市场流动性影响等一系列问题的基础上，深度评估利用未公开信息交易与资本市场信息创造、传递、产权配置之间的关系，据此形成以提高市场效率为导向的利用未公开信息交易刑事政策。

---

① 影响性质具体是指积极还是消极影响。利用未公开信息交易行为对于信息效率具有积极影响的，则应当对利用未公开信息交易违法犯罪进行去监管化；相应地，如果是消极影响，则验证了目前的法律制度在介入利用未公开信息交易违法犯罪控制的方向上是正确的。但是，更应当深入剖析利用未公开信息交易与信息效率之间影响与被影响关系的具体运作机制。这是刑事政策真正针对利用未公开信息交易的经济属性进行有效监管、发挥保护市场效率的关键之所在。

第五章

利用未公开信息交易的法律规制政策与合规管理安排

刑法制度应否设置利用未公开信息交易犯罪、如何划定利用未公开信息交易定罪界限、如何配置利用未公开信息交易刑罚以及刑事司法如何介入利用未公开信息交易监管，其理想状态的前提在于证券法等有关资本市场与监管的法律规范禁止利用未公开信息交易行为，且单纯依靠此类法律制度不足以控制利用未公开信息交易行为对于资本市场机制的严重侵害。而资本市场与监管法律制度本身还需要解决利用未公开信息交易应否监管以及如何界定法律禁止范围的问题。利用未公开信息交易管制程度的线性走向[①]（见图1）是以资本市场法治为最强监管措施的政策设定与具体法律制度安排问题最基础的分析脉络。

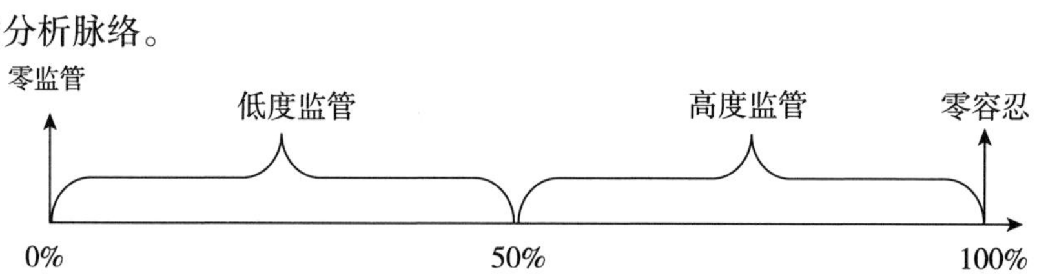

图1　利用未公开信息交易管制程度

---

① 如图1所示，内幕交易管制程度为0%时，即属于内幕交易零监管或者去监管化；管制程度低于50%，大致属于低度监管；管制程度大于50%，大致属于高度监管；法律制度100%介入内幕交易监管，意味着内幕交易零容忍。

尽管中国利用未公开信息交易监管制度在初创时间上滞后于中国资本市场及其配套制度的建构，但相对于其他成熟资本市场利用未公开信息交易监管制度沿革轨迹而言，仍然可以确认这样的历史解释观点，即中国在其资本市场发展的初期便以极其严厉的利用未公开信息交易犯罪刑事立法以及以证券法中的利用未公开信息交易行政责任条款试图控制利用未公开信息交易行为。[①] 2008 年全球金融危机之后，肇始于 2010 年的中国资本市场严厉打击内幕交易、内幕交易“零容忍”等政策导向更是将利用未公开信息交易违法犯罪法律制度控制的形式力度或者规范强度推至历史顶点并由此形成了历时多年的利用未公开信息交易犯罪判例集中爆发。同时，一项从规范文本之外的主体视角分析中国资本市场对于利用未公开信息交易监管态度的实证研究指出：监管（作为行政监管的证监会以及作为自律监管的交易所）、法律（法官、检察官、律师等）、学者（法学、经济学专家等）以及市场人士（金融从业人员、普通市场投资者以及财经媒体从业人员）强烈抵制利用未公开信息交易行为，完全不能认同或者根本无法理解相关论证其对资本市场具有一定积极效应的观点，全面且高度支持严厉打击利用未公开信息交易的法律制度与监管实践。但在上述受访者论及强化利用未公开信息交易监管的理由时，基本上意见集中于“不公平优势”“市场公平性”“投资者信心”“保护中小投资者”“不道德”“不公正”“利用未公开信息交易等于是市场中的舞弊行为”“净化市场”等各种关乎于道德且无法进一步展开纵深性分析的论点。[②]

但是，资本市场法律制度安排并非是单纯地对市场融资与投资的公平与

---

① 财经评论、法律理论以及执法司法实践中比较常见的意见将中国资本市场利用未公开信息交易泛滥归结为长期以来的法律控制不严厉、法律规范惩罚力度不强。参见谢杰：《完善证券法内幕交易防控制度的三项措施》，载《财经》2010 年 12 月 7 日；谢杰：《完善“老鼠仓”的司法应对》，载《财经》2011 年 11 月 7 日。这与本书关于中国资本市场利用未公开信息交易法律控制强度的解释观点存在比较大的分歧。但是，中国资本市场法治对内幕交易、泄露内幕信息罪、利用未公开信息交易罪的刑事责任的规定在整体上处罚较重。我国《刑法》规定的最高刑为有期徒刑 10 年，排除美国内幕交易犯罪刑事责任条款之外，较其他国家和地区均为更重。可见，现有的法律制度已经体现出目前中国对犯罪规定的刑事责任一般均较重，在刑事政策上仍较多地坚持重刑思想。关于中国资本市场法治利用未公开信息交易犯罪法律控制强度的分析，参见刘宪权、谢杰：《证券期货犯罪刑法理论与实务》，上海人民出版社 2012 年版，第 162 ~ 163 页、230 ~ 232 页。

② See Hui Huang, *International Securities Market: Insider Trading Law in China*, Kluwer Law International, 2006, p. 111 – 118.

效率进行价值平衡，或者线性式地通过对利用未公开信息交易等违法犯罪行为进行强化监管保护投资者利益，而是优化资本市场公平与效率之间的结构性关系，基于不同经济问题的本质以及不同法律问题的根源有层次地建构资本市场法律刑事政策应对。① 真实资本市场中的公平与效率不仅不是机械的价值平衡与内容兼顾，更是无时无刻的动态冲突，这就需要资本市场法律规范在制度安排上持续强调结构性调整的重要意义，通过制度安排建构能够维护资本市场诚信并在此基础上促进市场效率的公平的竞争性政策与规则。

由于缺乏足够宽泛的分析视角与足够力度的解释工具，现有的利用未公开信息交易违法犯罪法律监管制度理论与实践总体上偏重于对资本市场制度公平性的评价与分析，在解释方法、内容与结论上无力洞察法律监管制度与资本市场效率之间互为影响的同时，又突显出资本市场道德、伦理、公平正义等基本内容的阐释不足。作为资本市场法律监管制度中更为微观与具体构成的资本市场犯罪刑事法律制度，其介入利用未公开信息交易犯罪监管的是非选择与程度控制，应当超越传统的公平性、道德危害性、纯粹的经济损害性等固有逻辑基础，从资本市场竞争、国家权力管制、资本市场犯罪行为本质、市场参与者自主协商竞争性规则、资本市场信息效率等各种互为关联的角度动态解释与发现资本市场法律监管制度对利用未公开信息交易犯罪行为进行政策调控的合理方式与规范边界。这种利用未公开信息交易犯罪法律刑事政策的反思性建构就是对传统依赖于单纯规范控制、强化监管、严厉刑事处罚的理念、知识以及实践经验的一种超越，并在此基础上形成与真实资本市场以及生成于其中的利用未公开信息交易犯罪行为实际状况相契合的资本市场犯罪法律刑事政策应对方略。

---

① 线性思维模式或者制度介入模式表现为利用未公开信息交易行为有效还是无效或者行为效率大于还是小于行为损害，利用未公开信息交易违法犯罪行为监管还是去监管化，犯罪化还是非犯罪化，强化监管还是弱化监管——从政治治理、市场信心维护、社会公众道德等层面来看，所有的利用未公开信息交易弱化管制线性分析模式之后的政策结论与导向都不可能被市场、公众、监管权力所有者接受。结构性思维模式或者制度介入模式表现为发现利用未公开信息交易行为效率的实质内容、行为损害的本质根源、制度介入与限制介入的动态边界等，在真实的资本市场条件下分析效率与公平的调整方案，同时评估制度安排与改革本身对资本市场的影响。

第一节　行政管制与国有资本过度介入市场的规范限制

利用未公开信息交易刑事政策问题并不局限于制度建构与优化，其更需要着眼于市场与制度的整体安排。资本市场是一个运作无常的机器，其固有的市场风险纵然可能导致市场参与者焦虑与不安，但这毕竟是市场的组成部分。资本市场从来没有向投资者（投机者）保证过其投入的资本资源会有确定的收益与回报。然而，如果是市场中的部分运作环节甚至整个市场制度安排是由国家权力及其代理人支配，则投资者（投机者）对于资本市场将不会具有积极的期待，同时也不存在市场与投资者（投机者）之间的关系问题——国家权力才是决定市场运作以及市场参与者能否获得公正对待的根本所在。

投资者（投机者）没有必要对市场本身进行预期或者评估，只能期待国家权力及其代理人能够基于公平与平等的基础价值对待市场参与者。完全的市场竞争与权力介入下的市场运作是两种截然不同的制度安排。充分竞争的市场固然存在高度的风险性，但其至少是遵循优胜劣汰、适者生存、强者发展的基本竞争法则。权力介入（尤其是权力高度介入）市场运作形式上显然能够高效地控制市场固有的风险，但其本质上是将市场的真实性、完整性以及诚信整体依附于国家权力的公正行使以及国家权力代理人的廉洁性——权力腐败的天然性已经决定了这种制度安排的有效性是次于完全市场竞争机制的。基于权力授予与代理而掌控对于金融商品市场价格具有重大影响的监管信息、政策信息、国有资本运作决策信息的国家工作人员，可以在没有权与钱、受托与请托等直观的腐败性交易关系的情况下，通过资本市场交易获取权力滥用的对价——交易利润。国家权力及其代理权转化为资本市场重大未公开信息价值；国家权力以及国家工作人员的交易对手方由传统的请托人转化为资本市场；直接获取财物的受贿行为转化为在市场中投入资本获取回报与收益的市场行为。从腐败行为风险的角度分析，利用介入资本市场管理的国家权力从市场交易获取个人收益的违法犯罪风险显著低于传统、低端的贿赂等腐败犯罪。从资本市场机制损害的角度分析，基于市场中的权力腐败的影响，投资者（投机者）将从无视市场开始逐渐演变为对整个国家权力公正性的信心崩溃。尽管在该领域中，基于重大未公开信息从事的证券期货交易行为多数情况下属于内幕交易的规制范畴，但仍然需要重点探索利用未公开信息交易的规制领域与合规管理必要路径，尤其是国有资本控制企业中的交易合规与信息风控。

一、限制权力干预资本的市场化运作

国家工作人员利用金融监管、宏观经济政策制定与管理、国有资本投资决策等职务便利获悉的重大未公开信息从事相关金融商品交易，是所有利用未公开信息交易犯罪中制度破坏性最强、市场效率损害性最大、社会与经济负面影响性最为恶劣的行为类型，是利用未公开信息交易刑事政策应当予以“优先”惩治、强化规制、重点监督的资本市场犯罪行为。权力腐败型利用未公开信息交易犯罪规范控制的核心在于形成弱化国家权力直接介入市场运作的制度安排，强化重大未公开信息形成、制定、管理、执行等权力领域的渠道控制。权力型利用未公开信息交易犯罪存在的现实基础在于国家权力深度介入资本市场的信息控制与管理以及国有资本的配置与运作对于资本市场具有重大影响。监管权力不仅没有有效地控制资本市场中的利用未公开信息交易行为，反而成为滋生利用未公开信息交易的源头。国有资本在金融市场中占据的控制性地位成为行使国有资本保值增值管理的权力代理人在市场中牟取交易利润的优势条件。因此，控制权力型利用未公开信息交易犯罪的前提在于调整市场与权力的边界，同时在资本市场内部优化资本产权的结构。

既然监管信息、金融市场政策信息等基于国家权力介入市场管理而形成的价格敏感信息存在非常明确的、难以控制的滥用风险，利用未公开信息交易监管最为有效的策略就是限制、减少、调整政府行为直接介入资本市场管理的程度、次数、措施。对于利用未公开信息交易违法犯罪监管与资本市场信息控制问题，法律理论与实践中的代表性观点通常会强调针对重大未公开信息生成比较集中的环节进行严厉惩治与严格预防。[①] 这种单纯在制度层面寻求突破空间的政策路径实际上无法取得监管效果与效率。在资本市场与权力边界没有进行重新调整的情况下，利用未公开信息交易监管制度至多是一套对资本市场财富进行重新分配的僵硬机制。加强利用未公开信息交易监管力度本身就存在很明显的可操作性疑问。全球资本市场中查处利用未公开信息交易违法犯罪的责任机构名称各不相同，但基本上都是金融监管、证券期货监管机构，属于政府行政部门之一，在政治权力架构下只是众多行政权力的组成部分，权力强度有限。利用未公开信息交易违法犯罪监管机构只能根据政治权力架构下的力量对比根据具体情况做出执法反应，这意味着强化内线监管的制度宣示效应强于实际市场保障效率、选择性执法空间大于制度化执法规范。强大的政府权限以及由于法律规定明确性较低与司法规则阐释力度不足所造成的广泛监管裁量空间容易造成监管权力滥用。利用未公开信息交易在资本市场中广泛存在的现实意味着监管权限滥用在对象规模上甚至危及庞大的资本市场参与者；在监管权限实际上不可能根据反利用未公开信息交易制度整体控制所有违法犯罪行为的情况下，法律制度及其实践操作就会转化为存在权力滥用疑问[②]的选择性执法（司法）机制，或者没有实际效用的政策与法律宣传。并且，金融或者证券监管机构及其代理人本身存在滥用行政权力获取重大未公开信息从事金融交易谋取利润的腐败风险。即使利用未公开信息交易监管权力主体在政治博弈中没有丧失权利能力且具有有效抵

---

① 例如，2011 年之后，随着中国资本市场监管机构对内幕交易查处力度的加强，各级证券监管机构纷纷制定各种类型的加强国有控股上市公司内幕信息管理工作的实施意见，提出国有控股上市公司控股股东和实际控制人、上市公司要按照国家相关规定及意见要求，对内幕信息管理工作开展全面梳理与自查，抓紧完善制度、落实责任，并将本单位内幕信息管理制度、负责机构和联系人报地方国资委、证监局及所属国资监管机构。地方各级纪检、监察部门对地方所属各有关国有控股上市公司建立并执行涉及资本市场内幕信息保密制度和内幕信息知情人登记制度的情况进行监督检查；对泄露内幕信息或从事内幕交易的国家工作人员、国有控股企业工作人员进行严肃处理。参见周芬棉：《建联席会议机制打击内幕交易》，载《法治日报》2011 年 8 月 27 日，第 10 版；江苏省政府国有资产监督管理委员会、中国证券监督管理委员会江苏监管局《关于加强国有控股上市公司内幕信息管理工作的实施意见》（苏国资〔2012〕54 号）。

② 严格查处国家工作人员利用未公开信息交易违法犯罪势必需要追查重大未公开信息的获取渠道与动态流向，这不可避免地涉及对掌握金融监管信息、金融政策信息、国有资本运作决策信息的国家权力代理主体（甚至其近亲属、关系密切人）信息隐私的调查。在法律实践中采取信息追踪等调查或者侦查措施本身存在被滥用的风险。

御自身腐败的防控机制，资本市场法律制度严厉禁止行政权力、金融监管、国有资本管理人员等利用重大未公开信息从事相关交易，也只能在形式上限制此类国家权力代理人直接实施或者其控制下操作的利用未公开信息交易行为，即权力型利用未公开信息交易违法犯罪。基于国家权力而生成的重大未公开信息在金融市场现实运作中具有高度的流动性。严格限制国家权力及其代理人等特定主体基于重大未公开信息从事金融商品交易会诱发信息流动至与权力、市场结合度最为紧密的群体之中，例如，在大型金融机构、投资公司、上市公司等占据核心职务、岗位且不具有国家工作人员身份的高级管理人员。资本市场中的公众投资者仍然不可能在市场交易中获得平等的竞争条件。

所以，控制公务人员利用未公开信息交易或者降低公务人员基于重大未公开信息兑现资本利得最为有效的方式只能是限缩公共权力介入资本市场的深度与广度。政府权力逐渐退出对资本市场运作问题的直接介入，专注于预防与控制金融市场系统性风险而非具体的市场风险与特定经济、金融问题的管理，能够实质性截断政府机构及其工作人员获取或者在其实际控制下使用有价值市场信息的渠道。

二、优化国有资本与资本市场的关系

国有资本控制的资本市场中具有国家工作人员身份的高级管理人员利用职务便利获悉的上市公司重大未公开信息从事相关证券交易行为，与国家工作人员利用行政管理信息、金融监管信息实施的利用未公开信息交易行为，尽管都是国家权力滥用与腐败问题，却具有两种完全不同的信息价值攫取机制。滥用国家行政权力介入市场管理而形成监管信息，其权力腐败特征具有很强的直观性，本质上是国家工作人员在行使国家权力过程中不应当基于职务的便利而获取与实现资本市场信息价值（个人经济利益）的问题。而国有资本控制上市公司中或者上市公司母公司、国有资本投资主体（国资委、国有独资公司等）中的国家工作人员利用国有资本保值增值管理权限行使过程中涉及的重大未公开信息（例如，国有资产撤出或者注入上市公司等）从事相关证券交易，就利用未公开信息交易所依赖信息的内容而言，完全属于前文所述的市场性信息中的内生信息，权力腐败特征并不直观。

但是，随着国有经济布局与结构战略性调整、国有企业改革持续推进，国有企业转制、改制、重组不断深入，各种形式的由国有资本控制的上市公司成为极为重要的市场主体。国有资本通过出资、实际控制等形式在资本市场中控制着相当数量的上市公司，在实践中被称为中国上市公司国有股“一股独大”。经国有单位提名、指派、推荐、任命、批准，在国有资本控股、参股上市公司中从事国有资产保值增值公务的人员，属于国家工作人员，具体的任命机构、授权程序不影响国家工作人员的认定；未经国有单位任命，但由国家出资上市公司中负有监管国有资产职责的组织结构（一般为国有资本控股、参股上市公司的党委、党政联席会、董事会以及各级分支机构党委等）批准或者研究决定，代表国有资本出资上市公司中负有国有资产监管职责的组织机构在国有资本控股、参股上市公司及其分支机构中从事公务的人员，也属于国家工作人员。同时，国有资本参与资本市场中上市公司的经营活动，不仅可以通过直接的股权投资控股、参股相关上市公司，而且可以通过不成为相关上市公司股东的方式，通过股权关系、投资协议安排等实际支配相关上市公司行为。后者的主要形式就是国有投资主体（国资委、国有独资公司）通过其控股公司进一步控股相关上市公司。国有资本实际控制上市公司中的领导人员同样可能成为国有投资主体的股权利益代表。国有资本控股公司进一步出资控股的上市公司中的工作人员并非绝对地不具有从事公务的职责。因为国有资本虽然没有直接对上市公司进行持股，但能够通过其控股公司实现实际控制、负责管理、影响经营等。国有资本实际控制的上市公司所从事的公务，主要体现在对国有投资主体实际控制的资产进行保值增值。实践中，国资委、国有独资企业控股公司，再通过注资控股相关上市公司。国有资本投资主体客观上对于相关上市公司具有绝对控制权，该上市公司完全属于国有资本布局市场的操作平台，无法否认其经营行为包含了履行国有资本保值增值职责的公务内容。

当然，确认国有资本控股、参股公司出资的上市公司中相关人员是否具有国家工作人员主体身份，首先必须对上市公司经营行为是否包含公务内容进行确认，即有关人员的职责是否属于通过从事经营、管理、监督等公务活动实现国有资产的保值增值。这主要可以通过两方面进行考察：（1）经营、管理、监督等职务性活动应当限定在董事、经理、财务主管等国有资本控股公司出资控股的上市公司中的高级管理岗位。（2）国有资本与国有控股公司出资公司之间应当形成实际股权控制关系，即可以根据《公司法》第217条的规定，认定国有资本投资主体虽然不属于国有控股公司出资公司的股东（直接持股关系），但基于股权投资关系能够实际支配国有控股公司出资公司的行为（间接股权控制关系）。在国有资本实际控制上市公司的情况下，在该公司履行高级管理人员职责，客观上就具备了经营、管理、监督国有资产保值增值的职务。通过国有资本实际控制这一资本运作环节，高级管理职务人员与国有资产之间形成主体与对象的连接，使得国有资本控股公司出资上市公司中的经营管理行为包括了公务内容。所以，国有资本掌控下的资本市场中的上市公司及其高级管理人员在从事与国有资产保值增值管理有关的公司事务过程中，其职务行为具备公务属性。相应地，在这种职务履行过程中形成、掌握重大未公开信息并基于此实施相关证券交易行为，就属于国有资本运作权力腐败问题。

中国资本市场中上市公司国有股“一股独大”意味着国有资本是上市公司的控制股东，国有资本的投资主体是中央或者地方国资委、国有独资企业，但具体行使国有资本以及上市公司管理权限的是国有资本投资主体的代理人——国家工作人员以及相关从事国有资产保值增值管理业务的高级经理人员等。掌握国有资本管理权限的国家工作人员、高级经理人员并不是上市公司真正的控制股东，其个人利益与上市公司利益、国有资产安全往往存在利益冲突。上市公司国有股“一股独大”造成的股权与管理权脱离、上市公司高级管理人员不仅造成公司治理效率低下，[①] 而且非常便于与政府官员联合实施包括掏空上市公司、侵占国有资产、利用未公开信息交易等一系列资本市场腐败犯罪行为。其中，国家工作人员利用未公开信息交易获取利益是国有资本过度介入资本市场上市公司运作、国有股“一股独大”最为典型的市

① 参见熊锦秋：《优先股制度有助于解决一股独大》，载《证券时报》2013年6月20日，第A3版。

场危害表现之一。尽管资本市场法律制度对上市公司制定了极为严格的信息披露制度，但上市公司国有投资主体委派、选任的高级管理人员可以通过多种手段进行财务造假并基于对上市公司信息的绝对控制制造业绩波动以及相应的证券市场价格起伏，从信息公开前后的证券交易价差中不断获取利用未公开信息交易的利润。①

因此，从根本上控制国有资本控制上市公司承担国有资产保值增值职责的国家工作人员、高级管理人员利用未公开信息交易行为，除了继续坚守以职务犯罪查处为核心的传统反腐败惩治政策之外，更应当从资本市场中的上市公司产权改革着手，解决国有资本在上市公司中的产权集中性、上市公司国有股权集中性、国有股“一股独大”问题，以市场化的产权结构调整策略控制资本市场中的权力腐败、利用未公开信息交易犯罪行为。具体的政策路径在于上市公司股权分散化或者现有的国有资本控制上市公司退市。上市公司国有股产权去集中化有助于更多的市场参与者能够以符合国有资本真实价值的价格获取上市公司资产，通过多元化的外部投资者分散上市公司股权，减小目前国有控制上市公司股权与管理权分裂严重、高级管理人员不受监管的程度。国有资本控制程度畸高的上市公司，实际上缺乏上市公司的公众公司属性。这只会支撑资本市场权力腐败而不具有正常的上市价值。解决路径可以是公司通过回购流通股使其成为纯粹的国有独资公司。国有资本控制上市公司退市之后相应铲除了国有资本投资主体代理人、国家工作人员滥用信息管理权在资本市场中从事利用未公开信息交易的现实基础；也可以通过混合所有制改革分散股权进而弱化权力对于上市公司的排他性控制，从而避免国家工作人员对重大未公开信息的权力独占。

---

① 例如，在财务造假的操作中，国有资本控制的上市公司高级管理人员虚报公司业绩。业绩提升对于上市公司所在的地方国有资本投资主体、地方政府政绩提振具有积极作用，导致行政监管机构没有规制财务造假行为的政治与经济利益驱动。此外，在国有资本控制上市公司业绩波动操作中，上市公司高级管理人员可以通过成本与时间的计入控制随意“做高”或者“做低”公司业绩，从而通过事先建构相应证券交易仓位反复谋取利用未公开信息交易利润。

第二节 信息产权归属的自主协商

禁止所有类型的利用未公开信息交易对于资本市场法律制度建构而言是成本最低的政策选择。但是，持有重大未公开信息的行为主体是否选择实施利用未公开信息交易行为，归根结底是风险与收益评估问题，在犯罪责任风险不确定且没有其他经济激励促使行为主体选择更优的经济收益获取渠道的情况下，通过资本市场中的交易行为实现重大未公开信息的经济价值始终是经济上最优的选择。行政监管、国有资本等国家权力代理关系中不允许对国家权力运作过程中形成的信息的经济价值进行合约安排，但在国家权力代理之外的市场性代理关系中，以代理成本形式客观存在的利用未公开信息交易违法犯罪行为不是绝对的法律禁止所能控制的。在不涉及资本市场整体效率损害的前提下，重大未公开信息经济价值的协商性安排能够有效地解决利用未公开信息交易违法犯罪问题。证券合规的本质并不完全在于明确法律规范并禁止特定行为、防范特定交易风险，更为重要的是，应当充分关注现行法律规范体系下的逻辑解释，以合法性为指导，通过充分的市场化安排解决规范问题、主动降低交易成本、主动排除交易风险。

一、合理管控代理成本的政策定位

利用未公开信息交易犯罪刑事控制法律制度对于规制作为代理成本的利用未公开信息交易犯罪行为而言在制度效率上很难取得实质效果。刑事控制制度能够被实际评估的效果局限于个案惩罚与资本市场普通投资者安慰。就资产管理公司与经理人之间的代理关系而言，利用未公开信息交易犯罪刑事法律制度的现实介入，只能控制极少数的所谓利用未公开信息交易侵害行为，对于代理成本控制几乎没有影响。即使立法与司法体系有意识地提升个案处罚所能形成的震慑效果，法律实践也只能针对已经查处的利用未公开信息交易犯罪个案中的犯罪人刑罚措施进行不断“加码”，以求在利用未公开信息交易犯罪个案中加强惩罚力度与发挥震慑效应。这不仅意味着个案中的利用未公开信息交易行为人承担了因为制度失控而强加的、不公正的责任，而且完全无法从根本上解决如何让经理人不选择利益冲突行为、金融市场中的资产管理公司免受代理成本损失的问题。在真实的资本市场法律制度运作中，制度安排与执行资源都是有限的。

法律制度简单化地整体禁止利用未公开信息交易，在立法成本上缩减了规范技术优化成本，在执法司法实践操作中又无法实现法律禁止的落实，会对制度与市场产生多重的损害。其一，资本市场法律权威的损害。一旦资本市场中形成利用未公开信息交易犯罪在大多数情况下都没有被作为犯罪处理的认识，立法、执法、司法的权威性则会显著降低。其二，过度安慰效果的释放反而导致投资者利益损害。形式上严格地利用未公开信息交易犯罪刑事控制规范在操作中事实上是无法涵盖绝大部分利用未公开信息交易犯罪行为的，而法律强化控制利用未公开信息交易犯罪的宣传会阶段性地传递至资本市场普通投资者，在短期提振市场参与者信心的同时，造成投资者风险意识落后与偏差。资本市场法律制度应当明确市场风险高、法律规范技术与监管实践的有限性，促进资本市场参与者通过各种自主性的合约安排规避风险。这才是保障资本市场投资者权利的现实路径。阶段性的强化立法与释放严打利用未公开信息交易犯罪政策导向只会非理性地提升市场信心，投资者最终面对的市场风险仍然不会出现实质的改变。其三，遏制制度创新与富有效率的市场化契约安排。以刑事法律制度为核心的利用未公开信息交易规范控制制度名义上的规制范围极广，在实际效果存在疑问的同时，其更重要的制度性危害在于挤压了以其他非强制性、禁止性规范为核心内容的制度安排空间，并且导致各种市场机制无法发挥作用或者没有释放效率的现实路径。

以刑事立法与刑事司法为核心的资本市场违法犯罪行为规制或者资本市场保护实践，在面对资本市场侵害行为问题时，毋庸置疑地会集中思考应当如何阻止资本市场侵害行为，即如何通过资本市场刑事立法与刑事司法惩罚、预防这类侵害行为。如果仅仅局限在法律制度的范畴反思资本市场外部性问题——资本市场侵害行为，即使刑事立法不断完善资本市场法治规范的明确性，刑事司法持续优化资本市场犯罪案件裁判规则的准确性，也只能尽可能地接近罪刑法定这一刑法制度内部的原则性要求以及孤立地维护资本市场的公平性，而无法通过刑法制度安排优化资本市场效率。刑事立法或者司法直接考虑禁止资本市场侵害行为，固然能够在法律条文、类型化案件以及社会心理层面控制资本市场投资者免受侵害行为所产生的损失，但却有可能对所谓的资本市场侵害行为人乃至整个资本市场机制造成损失。事实上，要使资本市场运行以及市场中的投资与融资行为效率最大化或者损耗最小化，合理的制度安排逻辑不应是思考是否有必要通过建构法律制度（显然更不应当是刑法制度）阻止资本市场侵害行为——而是应当考虑资本市场中的侵害行为实施者是否有权损害该侵害行为的承担者，或者该侵害行为的承担者是否有权要求实施者提供侵害行为的对价。对于作为代理成本问题的利用未公开信息交易刑事政策而言，解决问题的核心路径并不在于通过资本市场法律制度强行禁止基金、信托、保险等各种行业类型的资产管理企业中参与投资信息设计、制定与决策的高级管理人员利用信息从事相关交易为个人牟取利润，而是在承认代理成本对企业效率现实损害的基础上思考最大限度控制代理成本的政策选择。

二、信息产权协商的合规管理路径

科斯在《社会成本问题》中指出，假设定价体系顺畅运作（定价体系运作成本为零），损害行为支付所有损失，损害行为无须承担责任，资源配置都将实现最优化。[①] 这意味着在不考虑交易成本的情况下，无论产权如何界定，市场机制都会推动资源配置效率最大化。就解决利用未公开信息交易代理成本问题而言，在交易成本为零的条件下，资产管理公司与内部人员可以通过磋商的方式对重大未公开信息产权分配问题达成符合双方利益诉求与意思表示的合约，没有必要依靠资本市场法律制度介入利用未公开信息交易监管问题。资产管理公司是否许可内部人员基于尚未公开的投资决策信息从事金融交易并优化劳动合约与薪酬结构、内部人员通过让渡部分现金薪酬或者直接性收入换取实施利用未公开信息交易的机会是否能够获取实际利益，取

---

① See Ronald H. Coase, *The Problem of Social Cost*, 3 The Journal of Law and Economics 1 (1960).

决于公司与内部人员之间哪一方经评估认为重大未公开信息产权及其使用价值对于其而言更具有经济价值。不管信息产权最终归属于哪一方，合约协商中的当事人都可以通过磋商与交易达到信息产权配置最优效率，从而最大程度地控制与解决代理成本。① 但是，在真实的市场条件下，交易成本在某些情况下非常昂贵，这使得零交易成本下的定价体系在介入交易成本之后无法完成交易。这就决定了市场交易对法律界定的产权进行重新安排只有在这种配置具有优化性，即产权分配之后的收益超过交易成本的情况下，参与该市场交易的主体才会促使其产生，同时产权的初始界定对于协商效率与交易成本具有重大影响。②

利用未公开信息交易行为所依托的重大未公开信息在资本市场中具有价值实现的能力，应当构成信息财产。③ 特定的市场参与者能否以及如何利用重大未公开信息从事相关金融交易本质上就是信息产权配置问题。法律规制禁止利用未公开信息交易同样也是一种信息产权的解决方案——向知情人员配置重大未公开信息消极产权。重大未公开信息消极产权旨在剥夺信息知情人员使用对于资本市场有价值的信息的权利，设定了禁止信息知情人员使用

① See David D. Haddock & Jonathan R. Macey, *A Coasian Model of Insider Trading*, 80 Northwestern University Law Review 1449 (1986).

② See Ronald H. Coase, *The Problem of Social Cost*, 3 The Journal of Law and Economics 1 (1960). 法律与金融理论中反对科斯式信息产权自主配置的观点认为，交易成本为零的假设是不成立的或者不切实际的，产权优化配置只可能在交易成本为零的非现实条件下才可能形成分配效率。参见张心涕：《从法律经济学与资讯财产权探讨利用未公开信息交易理论：兼论利用未公开信息交易内部人之范围》，载《台大法律学论丛》(2008 年第 3 期；See Zohar Goshen & Gideon Parchomovsky, *On Insider Trading*, *Markets*, *and* "*Negative*" *Property Rights in Information*, 87 Virginia Law Review 1229 (2001). 但这实际上是对科斯定律相关性与逻辑性的误解。科斯分析交易成本为零环境下资源配置均能够经过市场交易达到最优化的价值在于强调产权初始界定的意义。科斯在《社会成本问题》的后续论述中明确提出交易成本高企的现实环境下，不同的产权界定制度对于交易成本的影响，且交易成本的提升或者降低是评价产权制度配置效率的核心。更为重要的是，科斯《社会成本问题》的价值并非局限于交易成本发现与产权制度改革，其宏观方法论意义在于解释问题的思维路径。真实的资本市场最大的问题是资源的有限性与成本的高耗费性。法律制度与市场效率之间的关系优化应当是根据资本市场的真实状况而非理论抽象解释制度选择与产权安排。

③ See Jonathan R. Macey, *Indsider Trading*: *Economics*, *Politics*, and Policy, American Enterprise Institute, 1991, p. 66 - 67.

信息产权的消极权能。[①] 但是，信息产权保护上具有明显的非排他性，即信息内容传导成本极低，即使法律对信息产权进行了制度性的限定，排除他人使用该信息或者对信息进行封闭保护的难度与成本相当高。同时，信息的生产、制造、分析、获取人员耗费相当规模的成本才掌握有价市场信息，如果没有适当的方法转让或者通过交易行为在资本市场中实现信息价值，将会减小其创造信息的驱动力，不利于提升市场整体利益、创新动力与活跃程度。此外，信息产权使用上的非冲突性意味着特定行为主体使用信息的过程中其他市场参与者同样可以对信息进行使用，这为信息在不同市场参与者之间进行分配与流转提供了现实条件。

当然，信息构成产权且存在配置可能的前提在于信息属于资本市场中的有价商品。如果信息完全不属于资本市场或者市场中的任何一方，而是政府在履行公共职能过程中形成的公共产品，则不能作为产权进行分配。[②] 即使重大未公开信息生成于私有市场，信息产权亦并非能够直接进入相关市场参与分配阶段。只有对于资本市场整体效率没有直接影响的重大未公开信息可以在关联主体之间研究产权分配问题。[③]

在法律制度层面认可重大未公开信息构成产权类型之一具有重大的价值。信息产权的确立意味着生成市场有价信息的行为主体能够基于市场化的合约安排实现信息价值。但是，现有的法律制度直接向市场中的信息知悉人员配置信息消极产权既不符合信息产权保护非排他性的特征，也没有在经济效率层面经过深入论证。重大未公开信息的消极产权初始配置意味着资产管理公司与高级管理人员之间无法通过市场交易与协商对信息产权做出分配，也就无法解决作为代理成本的利用未公开信息交易。这对于资本市场中的整个资产管理行业、基金公司收益与资产管理规模、高级管理人员与金融人才个人收益回报、资产单元投资者利益最大化等一系列问题都构成了发展的巨大

---

① See Zohar Goshen & Gideon Parchomovsky, *On Insider Trading*, *Markets*, *and "Negative" Property Rights in Information*, 87 Virginia Law Review 1229 (2001).

② 监管信息或者政府介入市场而主导生成的信息，是权力运作与介入市场的结果，未公开之前必须按照保密法律制度进行“存储”，市场参与者、国家工作人员不得予以使用。

③ 例如，基金公司与基金经理之间未公开信息产权分配问题。

瓶颈。

所幸中国资本市场法律制度从一开始实际上就没有完全对利用未公开信息交易以及重大未公开信息产权问题做出绝对封闭的消极界定。《刑法》利用未公开信息交易罪条款中设置了“违反规定”这一违法性前置性判断要件。在我国《刑法》分则中，以“违反规定”形式出现的空白规范极少，[①]除了利用未公开信息交易罪之外，还有《刑法》第188条违规出具金融票证罪和第442条擅自出卖、转让军队房地产罪采取相同的立法模式。有学者指出，违规出具金融票证罪中的“违反规定”，显然不限于国家法律、行政法规，还应当包括部门规章以及银行或其他金融机构制定的相关规章制度和重要业务规则等行为规范。[②] 由于利用未公开信息交易罪与违规出具金融票证罪的《刑法》条文同属经济刑法规范体系，加之“违反规定”在法条文字表述上也确实明显区别于“违反国家规定”，按照上述经济刑法理论及逻辑展开的一种合理的解释是，利用未公开信息交易罪中的“违反规定”不应当局限于全国人大及其常委会制定的法律和决定、国务院制定的行政法规等，还应当覆盖国家有关部门规章、全国性行业协会规则以及相关金融机构、主管部门规章制度、规范指引等内部规范性文件。然而，更应当强调的是，金融机构、资产管理公司、基金公司、私募投资机构等设置的内部规章制度或者合约等规定同样也能够作为判断相关利用未公开信息交易行为是否“违反规定”的依据。利用未公开信息交易执法与司法实践部门在审查利用未公开信

---

① 纵观我国《刑法》分则的规定，大量个罪的成立以违反相关法律、法规等规范性法律文件为前提，其空白罪状的表述方式迥异——（1）有的概括地表述为“违反国家规定”（例如，《刑法》第137条工程重大安全事故罪）。由于《刑法》第96条在总则部分对国家规定的范围进行了确定性的解释，“国家规定”的最低法律位阶为国务院制定的法规、发布的决定和命令等。（2）有的直接提示了具体的法律（例如，《刑法》第330条妨害传染病防治罪，“违反传染病防治法”），司法机关可以直接对相关个罪违法性的前置规范进行定位。（3）有的归纳了规范性法律文件的类别与位阶（例如，《刑法》第325条非法向外国人出售、赠送珍贵文物罪，“违反文物保护法规”），司法机关同样可以相对明确地确定相关个罪违法性的前置规范。（4）有的则仅规定了前置性规范的类别，但没有明确其法律位阶（例如，《刑法》第126条违规制造、销售枪支罪，“违反枪支管理规定”）。由于法律位阶的明确是司法机关对相关个罪进行违法性判断的前提与依据，《刑法》即使规定了相关规范性文件从属的类别，也难以清晰界定相关规定的范围。但是，纵观上述前置性判断依据，模糊性地表述为“违反规定”的极为少见。

② 参见顾肖荣：《论经济刑法中的几个基本问题》，载《法学》2008年第8期。

息交易行为违法性时，不能直接否定资本市场从事资产管理业务的金融机构的内部制度与规定。这并非因为正式的法律、行政法规、证监会等部委规章、行业协会管理文件等对基于重大未公开信息从事金融交易谋取个人利益的行为的违法性判断规定得比较原则与模糊，而是因为“违反规定”的本意就是为资产管理机构与实施利用未公开信息交易的高级管理人员开启了信息产权配置协商的刑法制度“窗口”。金融机构规章制度、合约条文对于资产管理、投资决策过程中形成的信息使用进行了规范化的设计，应当作为排除利用未公开信息交易行为犯罪性、赋予内部人员信息产权、许可基于重大未公开信息进行交易的“规定”依据。①

同时，我国《证券投资基金法》2012 年修正之后赋予了基金管理人员基于有价信息参与金融交易的制度空间。② 这意味着私募基金可以允许基金经理在向本机构申报的情况下实施包括利用本机构投资决策信息在内的金融商品交易；公募基金在向证监会备案之后可以与基金经理就其从事证券交易问题进行合约安排。对于该法明确创设资产管理机构与基金管理人员协商信息产权配置机制，法律、金融等理论与实务中出现了两种截然不同的意见——支持制度改革的观点认为，基金经理炒股合法化符合基金经理等从业人员意愿，能够通过放松管制的方式实现强化监管的目的，对基金经理金融交易行为进行透明化管理。③ 否定制度改革价值的观点认为，允许基金经理炒股是一个错误的制度开端，会加剧资本市场信息不对称，最终导致市场无法参与、没有投资者愿意参与。④ 从资产管理机构运作基金过程中形成的投资决策、

---

① 《刑法》文本设计“违反规定”的“窗口”意味着利用未公开信息交易执法与司法实践的审查行为安排亦应当进行相应调整。对于举报或者发现具有利用未公开信息交易线索的，法律实践部门应当首先要求机构提供关于信息产权配置与安排的规定文本，分析机构内部规定或者合约是否对于信息产权进行了事先安排并满足了信息披露要求。符合规定内容的利用未公开信息交易行为并不构成违法或者犯罪。

② 2012 年《证券投资基金法》第 18 条规定：公开募集基金的基金管理人的董事、监事、高级管理人员和其他从业人员，其本人、配偶、利害关系人进行证券投资，应当事先向基金管理人申报，并不得与基金份额持有人发生利益冲突。公开募集基金的基金管理人应当建立前款规定人员进行证券投资的申报、登记、审查、处置等管理制度，并报国务院证券监督管理机构备案。

③ 参见皮海洲：《基金经理炒股要透明化》，载《深圳特区报》2013 年 6 月 4 日，第 B02 版。

④ 参见王明彬：《〈基金法〉允许基金经理炒股 这或许是个错误的开始》，载《重庆时报》2012 年 7 月 13 日，第 42 版。

资产配置信息的产权属性与所有权归属的角度分析，我国《证券投资基金法》允许资产管理机构与基金经理协商基于重大未公开信息的金融交易行为具体实施规则，其合理性是非常明显的。我国《刑法》规定的利用未公开信息交易罪所禁止的基于重大未公开信息实施的相关金融交易，涉及代理成本问题的利用未公开信息交易的信息，主要是各种资产管理机构的投资决策、资本配置信息——例如，基金管理机构等将要利用客户资金进行巨额投资的决策信息。在金融实务中，金融机构在证券期货交易过程中形成的未公开信息，其保密要求只是阶段性的，相当部分未公开信息最终向市场予以公开。例如，基金公司依法定期公布季报、半年报、年报，向基金投资者披露极为详尽的投资信息。[①] 对于私募等资产管理机构而言，其持有相当数量的持续保密未公开信息，不存在按照规定进行披露与公开的问题。例如，保险公司、证券公司等金融机构以及利用自有资金进行证券投资，私募基金从事金融商品交易，此类投资经营性决策信息属于公司内部保密信息，在没有泄密的情况下，仅为公司特定人员所掌握，在保密期限内始终处于非公开状态。这些信息的产权均归属于资产管理机构，而不应当以全面禁止利用未公开信息交易的法律规范为依据将重大未公开信息产权解释为一种消极产权。

三、信息产权的合规安排

对于上市公司从事经济行为过程中生成的重大未公开信息而言，现有的信息披露法律制度决定了上市公司内幕信息的产权归属于整个市场，应当由上市公司高级管理人员根据信息披露规则及时向资本市场公开发布。尽管上市公司与内部管理人员、外聘中介服务人员之间存在代理关系，但上市公司运营管理活动中生成的重大未公开信息不仅涉及上市公司、上市公司股东以及高级管理人员的利益，而且影响到证券等金融商品的定价、资本市场整体

① 《证券投资基金法》第 76 条规定："公开披露的基金信息包括：（一）基金招募说明书、基金合同、基金托管协议；（二）基金募集情况；（三）基金份额上市交易公告书；（四）基金资产净值、基金份额净值；（五）基金份额申购、赎回价格；（六）基金财产的资产组合季度报告、财务会计报告及中期和年度基金报告；（七）临时报告；（八）基金份额持有人大会决议；（九）基金管理人、基金托管人的专门基金托管部门的重大人事变动；（十）涉及基金财产、基金管理业务、基金托管业务的诉讼或者仲裁；（十一）国务院证券监督管理机构规定应予披露的其他信息。"

流动性、市场信息探索与分析等信息效率，不能通过上市公司与高级管理人员之间的合约安排对信息产权做出自主性的配置。对于金融市场中的各种资产管理企业从事投资行为过程中生成的重大未公开信息而言，各种研究报告、投资意见、资本配置决策信息等都是为了企业所管理的资产运作利益最大化而耗费成本制造与获取的，信息产权在法律上归属于企业，信息的使用应当以投资于资产管理企业或者相关投资单元的投资者利益为导向。①

信息产权配置决定市场交易成本，同时形成不同效率程度的资源配置结果。重大未公开信息消极产权配置意味着利用未公开信息交易代理成本无法控制与降低，而法律将重大未公开信息产权分配给资产管理机构，则为整个资产管理行业提供了解决代理成本问题的机会与途径。这种制度安排是在确立资产管理机构具有法律赋予的信息产权的基础上，以鼓励资本市场中的参与者创制、生成、交易具有价值的全新市场信息、优化资本市场定价效率为导向思考信息产权配置与代理成本控制。

重大未公开信息产权被界定为资产管理机构所有之后，利用未公开信息交易代理成本问题不再是是否禁止内部人使用重大未公开信息，而是转化为如何通过制度安排使得资产管理机构获得更优的资产管理规模与管理费、向资产管理机构投入资本的投资者利益如何进行保障、基金管理人员个人薪酬如何实现优化等效率安排问题。当然，信息产权配置与资产管理机构也意味着产生相应的交易成本——信息产权与利用未公开信息交易的合约安排至少存在协商与执行两种交易成本。② 契约协商效率以及支付协商成本之后是否能够达成合约，取决于协商双方对于成本、收益、磋商信息、履约条件等问题的确定性。企业与代理人对于许可与接受利用未公开信息交易的风险与收

---

① 上市公司内幕信息与资产管理机构重大未公开信息形式上都是公司或者企业经营过程中形成的信息，似乎应当将信息产权界定为公司或者公司全体股东所有。但是，内幕信息与重大未公开信息的属性是存在明显差异的。内幕信息属于上市公司重大事件的信息反射，其内容是应当向整个资本市场公开的，这意味着信息披露法律规范将这种事件性的信息产权界定给了市场。而重大未公开信息属于纯粹的经营信息产权，完全是以投资者利益最大化、资产管理公司收益最大化为导向，经公司员工研究、制造与分析而形成的，系归属于资产管理机构的信息产权。

② See Laura N. Beny, *Insider Trading Laws and Stock Markets around the World: An Empirical Contribution to the Theoretical Law and Economics Debate*, 32 The Journal of Corporation Law 237, 252 – 255 (2007).

益实际上都处于相当不确定的状态，这种不确定性会造成信息产权与利用未公开信息交易契约的协商成本较高甚至最终无法达成合意。同时，作为信息产权让渡方的企业考察代理人是否有效履行合约的成本相对较高。企业允许代理人从事利用未公开信息交易的前提在于其能够披露并按照事先的约定规则实施利用未公开信息交易，并以折损部分薪酬收益换取实施利用未公开信息交易与信息产权使用的权利。但是，利用未公开信息交易在实践中显然很难由监管机构之外的市场主体进行低成本的考察，加上代理人存在故意隐瞒利用未公开信息交易的可能性，企业执行信息产权与利用未公开信息交易合约必须支付高额成本。[①] 据此，法律与经济理论中有观点认为，信息产权分配在磋商、监督、执行等各个环节的交易成本高企意味着资产管理机构与经理人员很难达成协议，“科斯自由协商模式”或者自主化与市场化的重大未公开信息产权协商机制在现实中无法操作。[②]

信息产权协商的内容无非是资产管理机构中的高级管理人员以降低固定薪酬为对价换取基于其开发、研究、领导、创造、分析的投资决策信息、资本配置信息从事相关金融商品交易的权利。资产管理机构降低薪酬成本，并以其与高级管理人员约定的信息披露规章、建仓时间与规模条件等合同条款完成信息产权分配与许可的知情交易计划。管理人员对于个人经济利益的不确定性主要在于其被许可参与的知情交易所预期获取的利益是否能够超过其放弃的部分固定薪酬利益。应当看到，信息产权分配给企业内部人员会影响企业创新能力。[③] 允许资产管理机构经理人基于重大未公开信息进行相关证券、期货交易赋予其高度的探索信息、提高投资信息质量的确定性激励，[④] 能够极大地激发经理人参与、投入有价值投资信息的挖掘与分析，不仅有助

---

① See Frank H. Easterbrook, *Insider Trading as an Agency Problem*, in John W. Pratt & Richard J. Zeckhauser eds., Principals and Agents: The Structure of Business, Harvard Business School Press, 1985, p. 91 - 93.

② See Laura N. Beny, *Insider Trading Laws and Stock Markets around the World: An Empirical Contribution to the Theoretical Law and Economics Debate*, 32 The Journal of Corporation Law 237, 260 (2007).

③ See Robert Cooter & Thomas Ulen, *Law and Economics*, Addison - Wesley, 2003, p. 120.

④ See Dennis W. Carlton & Daniel R. Fischel, *The Regulation of Insider Trading*, 35 Stanford Law Review 857, 885 (1983).

于企业投资盈利能力上升，而且可以一并促进内部人员从信息价值中实现更高的获利水平。作为各种投资单元的实际管理人员，在资本市场中真正拥有强大专业研究水平、丰富投资经验的金融技术与领导素质兼备的复合型人才，其本身是有足够的能力为资产管理机构发现投资机会与创造资本财富的。金融人才在传统法律制度架构中受到经济激励不足的束缚，并没有充分的利益驱动其创造信息价值，其只能诉诸于需要承担违法犯罪风险的利用未公开信息交易行为填补其现实生活中的实际利益需求。通过资产管理机构与高级管理人员之间的协商寻求信息产权的灵活配置与高级管理人员参与信息利益实现的途径，完全可以激发管理人员创造更高的信息效率，从而折抵甚至超越其获取知情交易资格所支出的薪酬折扣对价。①

正如前文分析作为代理成本问题的利用未公开信息交易所述，中国现行资本市场法律制度禁止的利用未公开信息交易犯罪行为，涉及市场中的三方主体利益——具体负责基金运作的管理人员、基金公司等资产管理机构、将资本要素配置到金融商品图投资单元中的投资者。重大未公开信息产权分配或者是否允许管理人员基于投资决策信息实施知情交易的制度安排，只影响这三方的经济利益，代理成本的控制与资本运作效率的提升都应当在三方利益框架下进行分析。资产管理机构经理人员领导、组织、直接参与创造的有价投资决策信息不仅使得资产管理企业为投资于资产管理单元的资金提供者获取了更高水平的收益、资产管理企业获取更多资产管理费用，而且能够让经理人员本人与投资单元的资金在同时建仓与平仓过程中获取相应的个人金融交易利润。这种经济利益丰厚的激励较好地绑定了管理人员与资产管理企业以及投资者的利益，为资产管理机构与经理人员提供了稳定的收益预期。基于重大未公开信息而实施的知情交易对于管理人员而言获利空间很大，其参与创造的信息价值越高，获利数额越大，企业、投资者、管理人员个人的收益都比没有配置信息产权与知情交易约定之前高。同时，允许管理人员知

---

① 基于风险与收益评估不确定性而无法达成信息产权配置的高级管理人员确实也会在资产管理市场中大量存在。这部分行为主体仍然可以在传统的法律规范框架下禁止其基于企业重大投资决策信息实施相关金融交易。但显然不能因为这部分不选择信息产权的代理人的客观存在整体推论协商成本、收益不确定性过高导致不存在信息产权市场交易的可能性。

情交易降低了企业薪酬成本，相应地压缩了投资者需要支付的管理费。因此，创造具有较高收益价值的信息能力是确保信息产权配置在实际操作中得以顺利运作并达成契约的现实基础。当然，在具体建构信息产权配置与知情交易契约的过程中，资产管理企业应当重点控制利益冲突风险。典型的利益冲突表现为信息价值创造手段过激。信息价值创造手段过激是指管理人员在参与投资决策信息生成与运作过程中，基于知情交易所绑定的个人利益最大化的考虑，本人愿意承担高风险，从而获得更高的收益预期。但资产管理企业的利益表现为管理资产收益的稳定增长，倾向于厌恶高度风险与过于激进的投资决策。这就会出现管理人员以其所管理的资产承担极高投资（投机）风险为代价追求过于激进收益。信息产权配置磋商过程中应当突出这种利益冲突风险的控制，并在日常资产管理业务中对此进行风险监控。

同时，在薪酬协商与经济激励安排层面，应当注意符合相关的监管规则与自律规则。薪酬制度是公司治理的重要内容，构建科学合理的薪酬制度是保持行业核心竞争力的基础，也是保持行业稳健可持续发展的基础。全球监管部门对薪酬激励相关制度比较关注，目的是防范过度投机、过度激励引发的金融风险。金融稳定理事会（FSB）总结 2008 年金融危机教训时指出："大型金融机构的高额薪酬基于短期的高额利润，忽略了金融企业的长期风险，是导致金融危机的主要因素之一。"欧美等国和国际组织先后对金融行业薪酬管理制定了相关监管制度和规则，如金融稳定论坛（FSF）出台《稳健薪酬做法原则》、欧盟出台《第四号资本要求指令》、美联储发布《金融企业薪酬政策监管方案》，对金融从业人员薪酬实施监管，避免高管为取得高薪而采取过度投机行为。为指导行业机构建立稳健的薪酬制度、健全薪酬激励约束机制，促进行业高质量发展，我国监管部门会同行业协会，在充分听取行业意见建议的基础上，由证券业协会、基金业协会分别发布了薪酬管理指引，体现出尊重市场基本规律、立足行业实际情况、压实机构主体责任、防范短期过度激励的基本思路，旨在夯实行业发展的治理基础、风控基础、合规基础、文化基础和人才基础，更好有效服务实体经济、防范金融风险。指引并无设置薪酬限额，也不涉及薪酬总额和具体操作办法；核心制度包括：强化长效激励约束机制，落实薪酬递延支付安排；明确不得通过包干、人员挂靠等方式开展业务，不将从业人员的薪酬收入与其承做或承揽的项目收入直接挂钩；建立完善经营管理层和基金经理等核心员工奖金跟投机制，实施违规责任人员奖金追索扣回制度；支持证券基金行业探索实施多样化长效激励约束机制，弱化规模排名、短期业绩、收入利润等指标的考核比重。①

放弃信息产权配置市场交易并规避资产管理机构利用未公开信息交易监管所承载的极高风险与现实存在得以免除这种风险的机会决定了信息产权配置执行成本在操作中并非完全无法控制进而影响市场交易的缔结、履行与完成。资产管理机构经理人员选择较高的固定报酬并承诺不利用投资决策等重大未公开信息实施利用未公开信息交易，意味着其接受了消极信息产权的限制及其相应的刑事法律责任。即使利用未公开信息交易犯罪刑事追究在实践中数量有限，并不一定最终会导致规避利用未公开信息交易监管的经理人员承担刑事责任，但相对于接受信息产权、主动披露知情交易、完全免除刑事犯罪责任风险的制度安排而言，经理人员所能获取的利用未公开信息交易或者知情交易收益是基本相当的。前者的成本是高度不确定但个人损失极为惨重的刑事犯罪风险，后者的成本却只是有限的固定报酬折让——资产管理机构经理人实际上并没有必要为了“节省”相对有限的薪酬减损成本支出而放弃免责获取高额知情交易收益或者承担极高的刑事责任损失。同时还应当注意到，传统代理成本理论或者对信息产权分配的市场交易成本分析观点主要发生以及发展于信息网络与交易监测技术尚不发达的时期。就当前的金融交易监测技术而言，交易所实际上能够根据重大投资决策信息生成时间与账户交易动态数据监测或者锁定疑似利用未公开信息交易账户，资产管理机构与交易所完全可以通过信息联通的方式掌握高级管理人员规避戒绝利用未公开信息交易承诺的现实情况。所以，信息产权分配之后的执行成本仍然处于可以控制的范围，并不会颠覆信息产权与利用未公开信息交易代理成本市场交易的现实可能性。

① 证监会：《证监会有关部门负责人答记者问》，载中国证券监督管理委员会网 2022 年 6 月 14 日，http：//www. csrc. gov. cn/csrc/c100028/c3607173/ content. shtml。

理论上还有一种质疑信息产权配置自主协商模式的观点认为，即使作为被代理人的资产管理企业与高级管理人员所约定的信息产权使用契约能够有效控制利用未公开信息交易行为所可能影响的重大未公开信息的客观经济价值，企业事实上很难在事先的制度安排中评估允许利用未公开信息交易行为对于企业在整个资产管理行业竞争中的信誉损害。① 因为投资各类基金单元、资产管理池的市场参与者更倾向于不允许对信息产权进行自主配置的资产管理企业。资产管理机构与经理人之间的信息产权市场化交易会导致整个基金、金融资产投资市场缺乏持续的流动性注入、投资者信心不振。② 这种看法的片面性仍然在于其分析问题的工具、方法、视角桎梏于利用未公开信息交易绝对性地损害公平性、损害投资者利益以及法律应当强化利用未公开信息交易监管的传统思维框架之中，没有从真实的资本市场现状出发探索解决核心问题的路径。基金、资产管理等行业的市场信心高涨与资本资源的持续注入最主要的刺激因素是资产管理机构运作大额资金的盈利能力。以中国基金市场为例，在现有的利用未公开信息交易绝对禁止的法律实践架构下，2008 年至 2012 年中国基金行业资金运营收益为负 9589 亿元，而基金公司管理费收入达到 1442 亿元。③ 投资者巨额亏损且完全不影响基金公司营收意味着现有制度安排下的基金行业有价值信息创造效率显著低下、代理成本畸高，这是制约基金市场发展、打击投资者信心、抑制后续资本要素投入基金市场的核心问题。资产管理机构与经理人员之间就信息产权配置问题进行市场交易恰是激发有价值的投资决策信息创造、降低代理成本的重要制度创新而非损害市场流动性与投资者信心的一种改革探索。

曼尼提出，资本市场法律制度没有必要禁止任何形式的利用未公开信息交易，公共性的监管制度应当让位于私营部门的合规制度并由后者监视生成

---

① See Stephen M. Bainbridge, *Incorporating State Law Fiduciary Duties into the Federal Insider Trading Prohibition*, 52 Washington and Lee Law Review 1189, 1225 (1995).

② 中国大众媒体对基金法允许基金经理炒股通俗的质疑表述是“股市今后还该怎样玩？谁来玩？”。参见王明彬：《〈基金法〉允许基金经理炒股 这或许是个错误的开始》，载《重庆时报》2012 年 7 月 13 日，第 42 版。

③ 参见李玲：《基金管理费改革将破冰》，载《深圳商报》2013 年 5 月 16 日，第 B3 版。

于企业内部的未公开信息的流动。[①] 纵然这种利用未公开信息交易去监管化意见过于绝对化，但其合理性在于质疑利用未公开信息交易监管制度的有效性，反思法律监管制度的效率水平是否一定优于市场化的制度与合约安排。当代金融市场中的利用未公开信息交易监管法律制度只是一种现实的存在，其并没有提供充分的证据表明法律制度及其执法、司法实践能够有效地控制利用未公开信息交易。资本市场中绝大多数的尚未披露的重大未公开信息实际上都在影响金融商品交易价格。与其盲目或者虚伪地坚守法律监管制度足以防控重大未公开信息在尚未披露之前不会被相关知情交易者使用的幻想，不如在制度上向具有信息产权使用意向的市场参与者放开具有责任风险的利用未公开信息交易，使其成为仅具有经济评价意义的知情交易，在不涉及权力腐败与损害金融商品发行与交易市场整体效率的前提下允许作为代理成本的利用未公开信息交易经过企业与代理人协商之后成为一种固定的薪酬制度或者其他经济利益安排。基于降低或者剔除代理成本的知情交易合约磋商机制能够向市场传达更为真实的信号：制度的价值在于维护市场的竞争性、信息的效率性、定价的准确性，公开与未公开的信息都通过各种交易行为反映在价格之中，投资（投机）者应当直接根据资本市场整体以及特定金融商品价格参与竞争、寻找利益实现机会。

第三节　信息披露规则优化与信息效率保护

一、利用未公开信息交易与定价

绝大多数经济学理论认可利用未公开信息交易能够推动金融工具市场交易价格，只是无法确认其是否有助于优化定价效率，[②] 但也有相当数量的观点主

---

① See Henry G. Manne, *Insider Trading and the Stock Market*, Free Press, 1966, p. 59 – 75.

② See Hayne E. Leland, *Insider Trading*: *Should It Be Prohibited*?, 100 The Journal of Political Economy 859 (1992).

张利用未公开信息交易无法调整错误定价[①]或者根本不会推动价格变动。[②] 从中国资本市场中发生的内幕交易犯罪案例来看，部分利用未公开信息交易行为[③]确实起到了促进证券交易市场价格逐渐反映重大未公开信息的实际效果。

以李启红等内幕交易、泄露内幕信息案为例，中山公用科技股份公司重大资产重组信息自2007年6月11日形成直至7月4日以公告方式披露并停牌。中山市原市长李启红将该内幕信息泄露并在7月2日至3日，利用该信息累计买入公用科技（现名：中山公用；证券代码：000685）股票近90万股。[④] 公用科技8月20日复牌后直接涨停至9元，直至9月11日，公用科技股票价格连续14个交易日涨停，随后在30元左右震荡，信息价值被市场消耗完毕。但实际上公用科技股票价格连续上涨始于7月2日，当日开盘价为6.7元，当日涨停；李启红控制的账户与资金买入公用科技的行为于7月3日终了时，收盘价为8.18元，接近涨停。可见，基于知悉重大未公开重组信息而实施的利用未公开信息交易行为释放了一定的价格信号，加上资本市场中重组谣言、专业金融信息分析人员针对价格变动提出的买入意见等所助推的流动性介入，在重组信息披露之前，证券交易价格已经（基本）出现了两次连续涨停。这意味着利用未公开信息交易客观上能够促进证券定价调整与优化，使得特定证券的市场交易价格在信息披露之前就进一步接近信息所指向的、该证券所应当具备的真实价值。在上市公司内部经营状况与外部市场环境没有明显变动的情况下，如果在因果链条中抽离利用未公开信息交易行为，与之相伴的价格信号、市场谣言、信息分析等也将相应地在市场中消失，证券交易价格在信息披露之前就不会进行实质性的调整。对于在7月2日、3日卖出公用科技股票的资本市场参与者而言，如果没有利用未公开信息交易

---

① See Morris Mendelson, *The Economics of Insider Trading Reconsidered*, 117 University of Pennsylvania Law Review 470, 475 (1969).

② See Sugato Chakravarty & John J. McConnell, *Does Insider Trading Really Move Stock Prices*?, 34 The Journal of Financial and Quantitative Analysis 191 (1999).

③ 此处的利用未公开信息交易是广义的概念，即基于包括内幕信息、其他重大未公开信息在内的所有重大未公开信息而实施的交易行为。

④ 参见黄建屏、梁美：《李启红等内幕交易、泄露内幕信息案》，载中华人民共和国最高人民法院刑事审判第一、二、三、四、五庭主办：《刑事审判参考》（2011年第6集：总第83集），法律出版社2012年版，第2页。

行为催生的证券交易市场价格朝着证券真实价值接近的发展趋势，其股票出售价格显然会低于当时的实际成交价格，故利用未公开信息交易在优化证券定价的同时，还提升了资本市场参与者的实际收益。

利用未公开信息交易行为推进证券交易市场价格趋近重大未公开信息所内含的证券实际价值的现象在肖时庆内幕交易案中表现得更为明显。中国证监会上市公司监管部原副主任肖时庆从原光大证券财务总监胡某明处获取光大证券正在与中石化就拟借壳其下属上市公司北京化二事宜进行谈判的信息后，于2006年9月21日至29日指使肖爱英、邹国庆利用其控制的多个账户动用3500余万元买入430余万股北京化二股票，并于2007年10月至2008年5月陆续清仓获利1亿余元。① 在肖时庆实施内幕交易期间，北京化二股价从每股6.28元连续上涨至9.57元。后中石化与国元证券公司达成资产重组达成协议，北京化二更名为国元证券于2007年10月复牌，股价冲高至51.88元，至2008年1月，股价基本上在30元至45元区间波动。

尽管前文作为效率问题的利用未公开信息交易部分已经提出了利用未公开信息交易行为与资本市场定价效率之间无法在法律与金融分析理论以及实证研究层面形成确定性意见的基本结论，但不能完全否定的是，理论推断与实例验证都能在一定程度上②确认曼尼最先提出的观点，即利用未公开信息交易可以在不耗费披露尚未成熟信息成本的情况下促进资本市场有效地对金融商品定价，推动市场价格接近真实价值。在利用未公开信息交易介入市场且不存在误导性信息披露的情况下，市场价格尽管不可能随之充分、完整、立即反映重大未公开信息所对应的金融商品的真实价值区间，但利用未公开

① 参见刘晓虎：《肖时庆受贿、内幕交易案》，载中华人民共和国最高人民法院刑事审判第一、二、三、四、五庭主办：《刑事审判参考》（2012年第2集：总第85集），法律出版社2012年版，第1~2页。

② 实践中不能排除市场中的专业信息分析人员或者投资者难以辨识由利用未公开信息交易行为所释放的信息与价格信号。因为即使在合法的内部人交易的场合，买卖本公司证券及其衍生品的内部人员也可能基于确保信息利益垄断的经济考量而刻意隐藏其交易行为或者控制其对市场的影响。退一步分析，即使重大未公开信息的知情人员并不刻意对交易事实进行掩盖，利用未公开信息交易也可能难以向市场传递或者充分传递全新的信息内容。毕竟实践中相当部分的利用未公开信息交易在数量上并未在同期市场交易量中占据显著地位，加之噪声交易对于证券价格对新信息进行充分反映的干扰，利用未公开信息交易的信息提示价值会有所局限。

信息交易行为本身及其引发的市场信息分析机构或者专业人员探测并发布的信息动向，以及噪声交易中与利用未公开信息交易方向相同的买卖行为，至少能够共同推进市场价格朝着金融商品价值的方向运行。并且，信息披露工作的资源耗费、对披露义务主体商业利益的损害、披露信息与最后事件结果的偏离及其引发的虚假陈述法律责任等都是利用未公开信息交易驱动信息释放所无须承担的成本。① 以即时或者早期信息披露的法律责任成本为例，特定时间节点所披露的信息内容与最后发生的事实之间大致存在完全相反、显著偏离、偏离、略微偏离、基本一致、高度一致、完全一致等多种反映与被反映程度的关系。这种反映程度上的差异或者多种可能是由信息本身所具备的不确定性决定的。一旦信息表达与事实内容的偏离程度超过市场预期或者投资者认为信息披露主体存在虚构或者隐瞒真相，承担信息披露义务的上市公司就将面对大规模的潜在法律责任追究风险。披露信息可能导致的虚假陈述责任决定了信息披露义务主体倾向于不披露尚未完全或者相对成熟的信息（对最后发生事实反映程度相对较低的信息），并在事实发生相对确定的时间节点披露信息。因此，新信息形成之后直至披露之前的价格信号似乎可以由利用未公开信息交易向市场进行替代性传递，从而有效控制即时或者早期披露信息的成本。

利用未公开信息交易对促进金融商品定价准确性还具有一定积极的、衍生的市场效率提升效应——在重大未公开信息形成直至披露的时间区间内，利用未公开信息交易行为的介入能够有效控制外部人员实施的市场操纵。市场操纵行为的基本行为样态表现为通过交易行为或信息欺诈等方式，制造虚假的价格信号，控制金融商品交易量或交易价格，或者控制资本投资者对特定金融商品的资本配置，从而使得操纵者本人建构的金融交易能够从金融商品价格波动中获取利润。在排除知悉未公开信息的内部人员参与市场操纵的情况下，利用未公开信息交易的存在将导致市场操纵成本激增。如果操纵者的交易方向与重大未公开信息所指向的价格变动方向相反，例如，外部市场

① See Dennis W. Carlton & Daniel R. Fischel, *The Regulation of Insider Trading*, 35 Stanford Law Review 857, 868 (1983).

操纵者意图制造虚假的利空信号并通过做空特定证券谋取交易利润，但在该特定时间区间内，上市公司内部形成了尚未公开的重大利好信息。那么，操纵者实施的做空交易行为及其释放的价格信号或者其散布的利空信息，将会与利用未公开信息交易者实施的做多交易行为及其释放的价格信号进行竞争与对抗。相对于不存在利用未公开信息交易的市场环境而言，操纵行为要战胜利用未公开信息交易行为显然要支出额外的成本。

二、利用未公开信息交易对信息效率的损害

即使法律与经济分析理论假设与法律实践中发生的真实案例能够主张利用未公开信息交易具有推进定价效率的趋势性效果，但利用未公开信息交易与资本市场定价效率之间的真实关系并非是利用未公开信息交易促进市场价格接近真实价值能够全面概括的。[①] 因为利用未公开信息交易不仅是能够通过非信息披露的方式传递重大信息的渠道、推动价格与价值接轨的动因，而且可以是阻碍信息及时披露，导致虚假陈述，进而间接损害资本市场定价效率的一种非常重要的利益驱动。外部投资者损失与市场效率损害的直接根源不能归咎于利用未公开信息交易，但利用未公开信息交易利润导致了不正常的信息披露。[②] 基于重大未公开利好信息而实施的利用未公开信息交易（买入行为）推动了证券交易市场价格上升，无论价格变动幅度有多大以及信息披露之后资本市场对证券的最终定价是多少，利用未公开信息交易进行期间金融商品的市场价格确实朝着真实价值的方向行进，与之方向相反的交易行为得以在相对（不存在利用未公开信息交易时）更高的价位卖出证券，利用未公开信息交易的对手方非但没有受损反而获利；基于重大未公开利空信息而开展的利用未公开信息交易亦然——但这都只是交易行为与市场定价效率因果链条中的一个片段。一种现实存在的可能性是，真正导致特定时间阶段资本市场对金融商品的定价没有充分反映其真实价值的原因是信息没有及时

---

① 当然更不可能就此推论应当通过放开利用未公开信息交易的管制填补信息披露推动定价效率的不足。

② See James D. Cox, *Insider Trading and Contracting: A Critical Response to the "Chicago School"*, 35 Duke Law Journal 628 (1986).

且充分地被披露，而导致信息无法有效公开的原因正是利用未公开信息交易及其所承载的潜在利润。这意味着与利用未公开信息交易者实施相反方向交易的资本市场投资者造成损失的直接原因是上市公司在该期间内选择不披露已经形成的重大未公开重组信息，但上市公司该项决定背后的实质利益导向是配合利用未公开信息交易完成建仓。

信息披露的透明性与及时性直接决定了资本市场投资者利益的保护水平，上市公司控制信息披露节奏对于投资者可能造成重大影响。但信息披露的节奏牵涉到公司利益评估、信息披露市场影响等需要具体裁量并且很难形成定论的问题。例如，上市公司在利用未公开信息交易实施之前就快速披露正在进行的重组信息，可能会引发资产交易失败进而损害上市公司利益；在利用未公开信息交易实施完毕且市场交易价格剧烈波动之后披露信息，客观上又造成投资者在信息不对称的情况下与利用未公开信息交易者实施了方向相反的证券交易。如果这只是法律强制性信息披露与义务主体自愿性信息披露无法实现信息披露在时间与内容上最优化状态的问题，[①] 则投资者由于资本市场的证券定价偏离实际价值及其自身的信息劣势而出现的经济损失显然与其交易方向相反的利用未公开信息交易并无关联。如果是利用未公开信息交易扭曲了上市公司按照强制性规则与自主评估及时披露信息的资本市场信息传递机制，则利用未公开信息交易及其潜在的获利机会毫无疑问是危害资本市场金融商品定价准确性的原因。利用未公开信息交易者是否能够获取利润以及获取多少利润的经济基础在于其拥有的信息接触优势，其对于信息的控制力愈强，获取利润的概率与数额就愈高。这种基于重大未公开信息知情人员主观意志足以整体排除外部投资者或者投机者信息竞争能力的优势，只有在持续掌握、囤积、利用重大未公开信息时才得以实现利益最大化。如果重大未公开信息转移至公开市场，利用未公开信息交易的利益将会出现折损。即使存在利用未公开信息交易获利与资本市场定价效率优化的双赢空间，但是，在知情交易利益最大化与资本市场效率最大化的终极层面，这两种利益诉求

---

① See Merritt B. Fox, *Retaining Mandatory Securities Disclosure: Why Issuer Choice is Not Investor Empowerment*, 85 VA. L. REV. 1335 (1999).

是存在冲突的。重大未公开信息知情人员可能基于利益最大化的利己诉求而损害资本市场定价效率。其中，最有利于利用未公开信息交易利益最大化的方式就是操控信息披露时间与内容。

信息披露时间操控主要表现为重大未公开信息的违规延迟披露与不披露，从而为利用未公开信息交易在利好信息发布前“抢筹”或者在利空信息发布前减持或者做空谋取时间优势。信息披露内容操控就是法律与金融理论实践中广泛研究的披露重大虚假性或者误导性信息。此处强调的是信息披露时间操控与利用未公开信息交易行为的配合及其对市场效率的影响问题。对于信息披露时间操控，理论上有观点认为，由于资本市场中的金融交易行为非常迅捷，知悉重大未公开信息的行为人只需要通过电话、网络等方式就可以快速进行交易并获利，故实践中操控重大信息披露时间、故意延迟信息披露的情形应当是非常少见的。① 这种意见只观察到了事实的一个侧面，即利用未公开信息交易中执行金融商品买卖行为的方式确实能够在时间上体现出高度迅捷性，但其忽略了基于利好信息提前在市场中“吸筹”（买入大量证券）或者基于利空信息抢先“甩筹”（卖出大量证券）的行为仍然需要和普通投资者一样遵循时间优先、价格优先的竞价交易规则。② 利用未公开信息交易者要吸收足够或者抛售预期数量的“筹码”且尽量避免引发市场关注，通常仍然是需要一段相对充沛的时间。而利用未公开信息交易者建仓、减持等前期布局时间的充沛性显然与信息形成之间的披露节点密切关联，正是延迟信息披露导致了资本市场中的其他参与者在利好或者利空信息已经实际生成时没有相应做多或者做空金融商品，也正是以获取利用未公开信息交易利润为导向的信息披露操控导致了市场信息效率降低以及投资者产生实际损失。

2011 年末上市公司重庆啤酒（600132. SH）“疫苗门”事件因疑似信息操控引起资本市场与社会各界高度关注。③ 市场公开信息显示，2011 年 11 月

---

① See Stephen M. Bainbridge, *Incorporating State Law Fiduciary Duties into the Federal Insider Trading Prohibition*, 52 Wash. & Lee L. Rev. 1189 (1995).

② 此处分析时排除高频交易的介入因素。

③ 参见张珈：《重庆啤酒流通股股东质疑信息操纵》，载《证券时报》2011 年 12 月 15 日，第 B1 版。

23日晚（周三），重庆啤酒公告称，公司控股的重庆佳辰生物工程公司研发将近13年的治疗用（合成肽）乙型肝炎疫苗将于2011年11月27日（周日）召开实验数据揭盲工作会议，公司股票将于11月28日（周一）至12月2日（周五）停牌，在12月5日公告揭盲工作会相关信息后复牌。受此消息刺激，重庆啤酒股价11月24日涨停，11月25日上涨7.28%，两日累计涨幅达18%，卖单基本出自机构席位。12月7日晚，重庆啤酒发布揭盲信息：安慰剂组有效反应率为28.2%；治疗用（合成肽）乙型肝炎疫苗600μg组有效反应率为30.0%；治疗用（合成肽）乙型肝炎疫苗900μg有效反应率29.1%。这组数据意味着疫苗研发几乎等于失败。12月8日重庆啤酒复牌后连续11个交易日跌停，市值蒸发逾260亿元，包括证券投资基金在内的部分机构者以及个人投资者均造成重大损失。（上述时间内的股价波动参见图2）

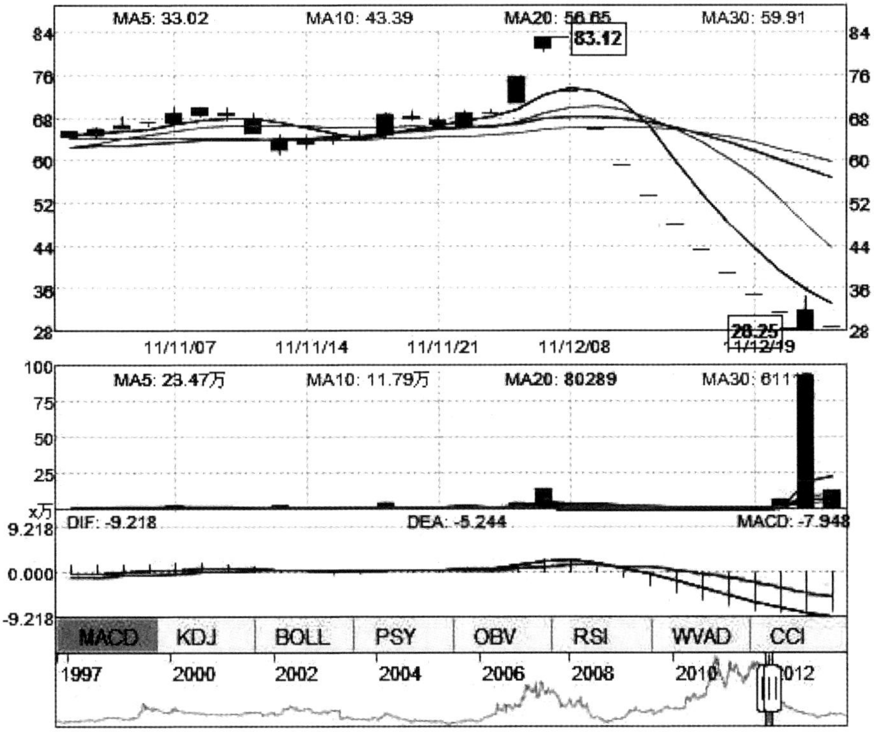

图2　重庆啤酒2011年11月1日至2011年12月22日股价走势图（日K线）

从上述重庆啤酒重大信息披露以及停牌的时间节点来看，11月27日（周日）揭盲工作会议是对乙肝疫苗研发情况的分析和讨论，而上市公司重大研发项目信息的具体内容实际上已经客观形成，没有直接公布实验数据信息为潜在的知情交易提供了实施相应买卖行为的时间机会。在没有停牌机制对于潜在的内幕交易行为进行限制的情况下，11 月 24 日至 25 日两个交易日出现巨幅上涨，难免引发市场对于乙肝疫苗研发信息可能泄露并引发内幕交易的怀疑。[①] 同时，上市公司重庆啤酒在 11 月 23 日晚间公开的疫苗研发数据揭盲工作会议将于 12 月 5 日召开，实际上是将一个高度不确定、不完整且极易引发市场猜想的信息留给市场，加之根据之前的市场惯性，在相关研发数据公开之后均会有一个股价的上升性波动，故这种模糊、不确定、不完整的信息披露对证券市场中的投资者将会产生重大影响，事实上也确实在两天内连续推高了证券交易量和交易价格。整个信息披露过程实际上结合了信息披露时间节点的控制与利用不完整、不确定信息影响投资者决策这两种信息披露行为特征。信息披露之前短期重大未公开信息的绝对控制确保了潜在的利用未公开信息交易行为能够在利空信息发布之前完成所需要实施的卖出交易，信息披露之后的证券交易价格暴跌验证了之前未披露信息对市场影响的重大性以及模糊信息对于投资决策的干扰程度，间接体现了信息操控在利用未公开信息交易过程中隐性却核心的作用力及其对资本市场的影响力。

三、利用未公开信息交易与信息操控的联动

从上述利用未公开信息交易潜在传递市场信息效应、信息操控与利用未公开信息交易配合行动、信息违规对市场信息效率以及投资者利益的重大影响等一系列分析中可以得出比较明确的政策启示——利用未公开信息交易确实存在通过价量“解码”机制传递市场信息的效率供给能力，利用未公开信息交易对市场以及投资者的影响并不直接表现为这种基于未公开信息优势实施交易行为本身的损害，而是利用未公开信息交易利润驱动的信息披露操控直接影响资本市场信息效率以及损害投资者实际经济利益。因此，控制损害

① 从 11 月 24 日至 25 日两个交易日的交易量数据也能看出重庆啤酒股票交易出现了短期放量行情。参见图 4。

市场信息效率的利用未公开信息交易行为的政策重点应当定位于信息披露时间与内容监管规则的优化，而非（在实际监管操作中也不可能）直接惩治利用未公开信息交易违法犯罪行为。对于一般情况下的上市公司利益与重大信息强制性披露权衡问题而言，由于其本身就涉及信息披露公正性与市场运作效率性的价值平衡，在没有证据证明打破原有制度安排与信息产权配置能够改进原有市场效率水平的条件下，没有必要对信息披露制度进行变革性修正。但是，针对结构性的信息披露操控与利用未公开信息交易交织行为而言，这种以利用未公开信息交易利润为导向的信息操控行为严重阻碍市场信息效率，以信息控制为纽带嫁接了利用未公开信息交易谋利与投资者损失之间的因果关系，应当成为资本市场利用未公开信息交易犯罪防控政策的规制重点。

进一步需要强调的是，简单地提出强化信息披露规则是武断与倒退的，因为资本市场信息披露制度建构本身就是通过信息披露的折让提升市场效率。资本市场信息披露理论上最完美的状态是具有信息披露义务的融资者、金融商品发行人（例如，上市公司等）将所有与金融商品定价有关的信息即时性地向市场公开。因为市场价格反映与金融商品基础资产真实价值有关信息的程度决定了市场效率。所有的信息都在资本市场中流动，则市场价格与金融商品价值完全统一，实现理论上的效率最大化。但由于信息披露需要支付相当的成本，资本市场法律制度只能要求对部分重大未公开信息进行强制性披露，其他信息则由信息披露义务主体根据经济效益与商业判断进行自主性披露。同时，完全强制性信息披露制度成本过高会导致资本市场中的融资与投资交易在实际操作中无法完成或者难以有效运作。资本市场法律制度在建构信息披露制度过程中通过部分重大未公开信息强制性信息披露与选择性信息披露结合实现资本市场定价效率、透明度、流动性以及制度成本之间的平衡。

强制性信息披露与自愿性信息披露边界模糊地带本身就是制度平衡的结果。这意味着法律预留了部分选择保障与提高市场效率之后必须承担的信息不对称问题由市场自行解决。正是这部分强制性与自愿性信息披露边界地带的内部人信息控制行为客观上能够成为配合内部人利用未公开重大信息从事知情交易谋取个体利润的现实条件与私有优势。影响资本市场信息效率的利用未公开信息交易问题实际上从一开始便是法律制度通过折损部分信息披露义务要求确保与提升市场效率的衍生性结果。利用未公开信息交易尽管损害市场信息效率，但同时又是制度选择市场效率之后必须付出的社会成本。所以，控制影响信息效率的利用未公开信息交易不能简单地提出强化信息披露，否则就等于颠覆了资本市场法律制度初始安排对效率价值的追求并陷入无意义的循环论证——合理的政策改革路径应当是结构性地优化信息披露制度对基于利用未公开信息交易利益追逐而同步实施的信息披露操控监管，在确保强制性与自愿性信息披露平衡与市场效率的基础上有针对性地重点控制联动操作的利用未公开信息交易与信息操控行为。

发现并锁定以利用未公开信息交易利润为导向的信息披露操控对资本市场信息效率以及投资者利益损害的价值在于引导资本市场法律制度安排跳出传统利用未公开信息交易直接控制的政策框架，集中制度成本与执行资源预防与控制市场中对效率损害最为严重的利用未公开信息交易违法犯罪行为类型与操作模式。同时需要看到，集中力量规制利用未公开信息交易与信息披露操控配合的市场滥用行为是从外部解构利用未公开信息交易与信息效率关系得出的政策性结论——更有必要进一步从利用未公开信息交易行为与信息市场效率之间的内部关系探索利用未公开信息交易对于信息效率损害的实质并准确把握真实的信息竞争与交易竞争市场环境下滋生利用未公开信息交易行为的现实根源。

四、利用未公开信息交易法律规制下的利益格局

从金融商品交易行为与市场信息之间的内部关系分析，交易行为可以被结构性地划分为知情交易、信息交易、流动性交易以及噪声交易。[①] 其中，知情交易是有能力接触未公开信息、评估该信息经济价值的上市公司大股东、实际控制人、高级管理人员、财务或者法律顾问等内部人员从事的相关证券

① See Zohar Goshen & Gideon Parchomovsky, *On Insider Trading*, *Markets*, *and "Negative" Property Rights in Information*, 87 Virginia Law Review 1229 (2001).

及衍生品交易。信息交易是通过调查研究或者向他人购买金融服务的方式发现、分析、解释资本市场中尚未公开且具有价格敏感性的信息，并以此为基础做出金融投资决策的交易行为类型。从事信息交易的市场参与者缺少直接接触未公开信息的渠道，但其具有投资与分析市场信息资源的意愿与能力。资本市场中的信息交易者主要是机构投资者、专业投资者或者具有信息投资能力的成熟个人投资者，其通过下设投资研究部门或者购买金融分析服务，发现相关并未在金融工具交易价格中予以反映的信息。流动性交易是指实施金融商品交易的市场参与者并不收集与评估市场信息，其投资行为是个体资本配置的集中体现，金融交易主体在信息获取与分析层面并不进行资源配置，而是通过持有证券等金融工具组合实施其资本保值增值的策略。流动性交易主要是一种战略性投资或者价值投资行为，流动性交易者通常具有长线投资偏好而排斥短线交易。噪声交易是交易者在误认其知悉市场有用信息或者对信息进行误判的情况下实施的金融投资行为。噪声交易者既不具有信息优势，也没有长线持有金融工具投资组合的计划，在噪声交易数量规模较大的资本市场中，其投资行为往往影响定价效率并造成市场价格困惑。

特定类型的金融交易行为对于流动性交易的影响程度较小。知情交易与信息交易都是通过金融交易兑现其信息优势所内含的价值，即依靠其发现并持有的新信息追踪金融商品价值与市场价格之间的价差。[①] 知情交易者与信息交易者在其持有的信息显示金融商品价格被低估时，均会选择买入金融商品，从而导致市场价格上升；反之，当信息显示金融商品价格被高估时，其卖出金融商品，导致市场价格下跌。流动性交易不考虑资本市场中的新信息，其基于获取现金流动性而卖出金融商品，基于储蓄等保值增值目的而购买金融商品。这种交易价值诉求决定了其不受知情交易或者信息交易的影响，即使在法律上构成利用未公开信息交易的行为也并不会损害流动性交易者的实际利益。流动性交易立足于其持有金融商品的期限获取平均市场收益，实施流动性交易的市场参与者实质上并不预期能够或者需要平等

---

① 经济学理论将这个行为描述为信息整合与价格形成的过程。See Eugene F. Fama, *Random Walks in Stock Market Prices*, 21 Financial Analysts Journal 55 (1965).

或者与知情交易、信息交易者同时接触市场信息。因为流动性交易的获利机制决定了短期信息劣势对于其长期受益并没有实质性影响。所以，资本市场法律制度通过限制短期性地利用未公开信息交易行为实现公平交易或者市场诚信等价值理念对于流动性交易者这样的市场投资者而言并不会产生有效的制度收益。

大量不具有专业金融知识与交易技术的个人投资者的存在决定了噪声交易是资本市场中一股相对活跃的经济力量。噪声交易行为中内含的理性成分较少，其投资（投机）行为并不以特定市场信息与理性认识为基础。理论上，如果噪声交易整体性、随机性地进行资本配置，噪声交易会出现互为抵消的效应——无论资本市场中的金融商品定价如何波动，在概率平均层面所有噪声交易的获利与损失抵消，相对于具有一定损失风险的知情交易或者信息交易而言，有可能在净收益层面战胜知情交易或者信息交易。但是，真实资本市场中的噪声交易不可能以平均分布的形态实施相关金融交易，而是经常作为一个整体以欠缺理性的方式进行相同或者相似的资本配置，即同时作为一个非理性整体做空或做多特定金融商品或者看空或看多整个市场。噪声交易是否在市场竞争中落败于知情交易或者信息交易，其关键在于金融商品市场价格是否按照知情交易者或者信息交易者基于信息优势预先估计的方向运行。例如，知情交易者或者信息交易者根据掌握的重大未公开信息预期特定金融商品市场价格被高估，卖出该金融商品，如果金融商品市场价格最终下跌，在该时间区间购买该金融商品的噪声交易者就产生了经济损失。当然也不能排除在价格变动的全过程中噪声交易者获取阶段性的正收益——知情交易者或者信息交易者抛售金融商品时金融商品市场价格继续向上攀升，同时期买入金融商品的噪声交易者就会出现账面浮盈。但是，从长期收益的角度来看，噪声交易作为一个整体投资（投机）行为类型会在资本市场竞争中落败于知情交易与信息交易。因此，噪声交易在未公开信息具备价格敏感性期间从事与知情交易、信息交易方向相反的金融交易时会出现相当程度的经济损失，但这种利益折损并非知情交易与信息交易行为的法律结果。同时更为重要的是，噪声交易对于资本市场效率造成的现实干扰意味着这种类型的交易行为因为其本身与市场信息的关系而决定了实际上没有必要从制度上对其进行特别的保护，即资本市场法律制度为了保护噪声交易者免受重大经济损失而设计一定的法律规范禁止利用未公开信息交易并赋予与利用未公开信息交易从事相反方向金融商品买卖的噪声交易者求偿权无助于提升资本市场效率。

资本市场中具备信息获取与分析专业技术与能力的参与者或者投资者（主要是机构投资者）通过金融交易获利、发布具有价值的研究报告等方式体现其投入成本所获取的信息优势。信息分析或者信息交易中的一部分专业金融技术人员向其特定的客户披露信息；另一部分则向市场公开一部分信息从而进行金融分析服务推广、提升市场影响等。资本市场及其参与者不仅可以根据专业信息分析人员披露的信息评价其专业能力，更可以使用各种金融专业机构或者人员提供的信息进行资本资源配置。作为资本市场重要内容与构成之一的信息市场便应运而生。财经报刊、电视、电台、金融网站等属于向市场提供免费或者费用较低的金融信息的渠道、媒介或者网络。金融分析师通过访问、专栏、评论、有价转让等信息传播渠道与市场参与者分享其掌握的信息。金融专业机构与人员的信息竞争支撑与促进了信息市场的发展与完善，进而提高了资本市场效率。金融分析师披露的信息为其他专业人员或者机构投资者提供了资本配置的附加信息，能够帮助其进一步优化定价。信息市场提高了资本市场中各类投资行为的水平，使得更为广泛的市场公众能够接触财经或者金融信息，了解金融事件并对金融市场形成直观意见与熟悉环境。资本市场参与者投资水平的提升与金融信息知识的增加提高了市场信心与信任。完全不基于信息而实施金融商品买卖的噪声交易数量会逐步减少，越来越多的市场参与者作为流动性交易者（将资本市场作为储蓄的替代渠道）与信息交易者（通过采纳或者购买信息服务从事金融交易）介入资本市场。稳定且不断增长的投资行为提升了投资者对金融信息及其分析的需求，优化了信息市场与金融信息行业竞争，以丰富的市场信息降低金融商品发行等各类融资成本。

知情交易者对于未公开信息及其获取优势具有天然的独占倾向，在缺乏竞争的市场条件下，上市公司重大未公开信息的知情人员缺少立即或者及时披露未公开信息的激励，同时又无法直接将其信息优势进行合法转让并获取收益，其只能从上市公司业绩增长中以职务或者工作报酬的形式获取上市公司发展过程中的间接利益或者附带收益。如果资本市场法律制度无法合理控制知情交易继而突破法律限制构成利用未公开信息交易，利用未公开信息交易将持续地战胜信息交易。因为信息交易分析市场价格、对市场信息进行商业反映，而利用未公开信息交易创造并控制内生性市场信息——后者始终处于信息控制的优势地位，信息交易一直会处于劣势地位或者成为失败一方。[①] 利用未公开信息交易的信息无（低）成本与信息交易的信息客观成本耗费决定了在利用未公开信息交易盛行的市场环境下，信息交易很难从信息成本投入中获取利益，从而导致市场中的信息交易逐步减少或者退出。利用未公开信息交易损害资本市场效率的内部表征就集中体现为其对信息市场存在与发展的破坏。如果资本市场法律监管制度有效限制利用未公开信息交易，市场效率会因为信息交易的大量存在而得以有效提升。以披露或者戒绝交易规则作为对利用未公开信息交易的限制规定为例，上市公司内部管理人员，必须将其持有的重大未公开信息向市场披露，然后根据该信息，同资本市场中的其他参与者一样进行价格竞争，或者必须戒绝交易，直到相关法律规定对其提出信息披露义务，一旦信息披露，内部人员与信息交易者共同在市场中竞争，共同获取信息价值。在重大信息向市场传递或者被市场吸收的初期，只有一部分信息交易者能够获取信息成本投入之后的高额回报。在这个全新信息介入市场的转轨过程中，相对于利用未公开信息交易者能够直接基于重大未公开信息交易而言，市场效率并不高。然而，随着信息交易者增加，市场竞争会降低从信息投入中获取收益的数额，达到一个高度竞争的水平，进而创造一个有效的、具备充分流动性的市场。信息交易者所具备的信息优势决定了其会战胜流动性交易者，但流动性交易者会认可信息交易的信息优势而购买其专业的金融交易服务，信息交易者之间通过价格与技术竞争进一步深

---

① 例如，金融分析师基于其能够获取与验证的市场信息，认为特定金融商品的市场价格被低估而逐步买入，而此时利用未公开信息交易者基于重大未公开的利空信息做出卖出该金融商品的交易行为，并引起金融商品市场价格下降。在利空信息公开之后，金融分析师才会意识到其买入的金融商品实际上被高估。利好信息时情况相同。

化市场的竞争深度，降低金融市场服务费用水平。①

因此，在具备实体经济支撑的市场条件下，流动性交易本质上不会因为知情交易或者利用未公开信息交易的客观存在而产生重大经济损失，因为流动性交易能够在平均收益层面战胜利用未公开信息交易。噪声交易因为其本身对资本市场效率造成的干扰而决定了其没有必要得到资本市场法律制度的特别保护。利用未公开信息交易设定了信息交易的市场空间并进而影响信息市场效率。当利用未公开信息交易被控制在一定水平时，信息市场能够通过合理竞争得以有序发展，不仅保证信息交易者在信息竞争中获取合理收益，而且促进资本市场的信息传递与透明度提升。反之，当利用未公开信息交易处于相对高发态势时，信息市场受到损害、信息交易利益受到挤压，最终导致资本市场信息效率下降。

信息交易之间高度竞争支持下的信息市场促进市场中的流动性交易与噪声交易以更合理的成本获取更为准确的市场信息——价值投资者购买市场信息优化长期投资利益，噪声交易者在发现持续落败于市场平均水平的情况下部分转投信息交易群体并向其购买信息服务，或者将资金投向信息交易群体并由其进行管理——资本市场逐步发展为高度竞争的信息分析市场。从市场交易者结构及其与市场信息之间的内部关系分析，利用未公开信息交易法律监管制度直接保护的实际上就是信息交易利益以及以机构投资者为代表的信息交易者利益，并且这种制度安排本身确实能够通过提升信息市场效率而优化资本市场整体效率。得出这一结论的价值并不在于简单地肯定利用未公开信息交易法律监管制度的正当性价值，其更为重要的意义在于清晰且中肯地发现推进利用未公开信息交易监管制度最现实、最有力、最直接的动力或者市场力量实际上并不在于虚幻且空泛的中小投资者保护、市场公平性等宣示性、口号性的政策呼吁，而是由信息交易利益群体实际支撑并见机强化推动改革。这个利益博弈过程中并不存在纯粹的公正与否的问题，而只是信息质

① 如果市场中只有一部分有限地利用未公开信息交易，信息交易仍然能够有效运作。有限地利用未公开信息交易一定程度上减少了信息交易的获利，但信息交易仍然具有足够的运作空间，同时一定数量的利用未公开信息交易本身也是流动性供给的重要组成部分。

量、市场运作成本、资源配置是否合理的经济选择。①

五、选择性信息披露的管制

上述利用未公开信息交易对流动性交易、噪声交易、信息交易的影响以及由此造成的对整个资本市场效率损害的分析，仍然停留于静态的理论阐释层面。在法律制度介入对利用未公开信息交易的规范控制之后，真实的资本市场运作中会出现动态的交易行为调试——信息交易与知情交易在资本市场中具有天然联系与自然合作的利益驱动。如果利用未公开信息交易监管制度缺失或者介入效率没有保障信息交易的利益，信息交易会选择与知情交易进行联合或者接触，通过选择性信息披露的渠道降低信息成本投入，提升金融交易利润。信息交易流动至知情交易或者两者互为契合之后，市场直接简化为知情交易者与非知情交易者，信息生产、分析、公布的成本投入与信息市场竞争强度随之降低。在信息交易与知情交易的联合关系体中，并不一定是掌握重大未公开信息的上市公司或者其他金融商品发行主体的内部人员处于绝对的主导或者控制地位，原来的信息交易者基于其在金融交易技术、市场操作手法、专业知识能力上的优势，同样可以激发、引导、积极推进知情交易的整体进程、核心环节以及关键细节。信息交易与知情交易天然地联系在资本市场法律规范介入利用未公开信息交易监管的制度条件下，集中体现为选择性信息披露。

资本市场中并非所有的上市公司都受到机构投资者、金融分析师等具有

---

① 以美国资本市场现实为例，华尔街各大金融机构始终强力支持美国证券与交易委员会严厉打击利用未公开信息交易。从1980年代美国证券与交易委员会开始严厉打击利用未公开信息交易违法犯罪开始，美国机构投资者就构成了反利用未公开信息交易的重要支持性力量。See David D. Haddock & Jonathan R. Macey, *Regulation on Demand: A Private Interest Model, with an Application to Insider Trading Regulation*, 30 Journal of law and economics 311 (1987). 但是。实际上很难相信诸如华尔街“金融巨鳄”等这样的资本市场参与者是因为坚守市场诚信或者公平正义的价值理念而拥护利用未公开信息交易违法犯罪惩治与防范制度。资本市场中阶段性出现的严打利用未公开信息交易制度改革或者执法司法实践是政治博弈之后的法律行为表现，本质上仍然是由背后的经济动因所决定与驱使的。金融机构、机构投资者等是具有信息攫取与分析专业技术优势的信息交易者，法律制度控制利用未公开信息交易意味着实质性地限制了上市公司内部人员利用职务所获取的信息优势在交易竞争中战胜信息交易者、挤压信息交易者获利空间。这种经济利益才是以金融机构为代表的信息交易者支持严打利用未公开信息交易的根本原因。

专业信息分析能力的市场参与者的关注。上市公司规模、行业、所处地域等均有可能成为信息分析人员对其缺乏关注的原因。市场关注度直接决定了特定上市公司证券等金融商品的交投活跃度——市场关注度低的证券流动性一般较低。市场中的专业信息分析人员或者信息交易者收集与处理此类上市公司的信息并据此从事相关金融交易，往往会消散在资本市场中而无法引发投资者关注并从事有针对性的交易行为，导致无法对投入信息成本的信息专业分析人员足够的经济回报。上市公司出于提升本公司市场关注度或者金融商品流动性的经济考量，会主动向券商、投资咨询机构、对冲基金等机构投资者专门就公司业绩等问题进行信息披露。选择性信息披露本质上是市场关注度、流动性等经济需求驱使下的信息披露行为，在经济上并不存在合规疑问，但如果上市公司高级管理人员在尚未向市场披露之前向特定金融信息分析机构及其工作人员传递重大信息，就涉及利用未公开信息交易违法犯罪问题。

在不考虑利用未公开信息交易制度成本与违法犯罪风险成本的抽象市场条件下，包括利用未公开信息交易在内的所有知情交易直接损害的是市场中信息交易者的经济利益乃至整个信息市场的运作效率，资本市场不再通过信息竞争优化金融商品定价效率并维持稳定的市场流动性，而是表现为知情交易者利用职务或者市场地位等既有的非市场竞争性优势所积聚的信息力量挤压市场中最富效率和供给能力的信息交易者的获利空间与机会。在上市公司中知悉重大未公开信息的内部管理人员禁止从事相关金融交易的真实市场制度环境下，内部人员会基于违法犯罪风险控制与分散、资金支持、技术协助等现实需求而向资本市场中特定的信息分析人员进行选择性信息披露，谋求风险规避、成本缩减以及通过相对间接的市场操作持续获取利用未公开信息交易利润；信息交易群体亦会寻求选择性信息披露渠道弱化信息交易与知情交易之间的直接竞争，在市场操作中借助利益捆绑机制控制内部人员直接交易对信息交易的利益损害，稳定信息交易的市场地位。

选择性信息披露是利用未公开信息交易与信息交易在市场竞争过程中进行利益权衡的博弈结果，也是资本市场法律制度介入利用未公开信息交易监管的信息自适性选择行为。从掌握信息优势的内部人员获得未公开信息的金融信息分析人员提前于市场初步掌握了市场定价与真实金融商品价值之间的潜在价差，配合专业的信息解释能力对该潜在价差进行验证，[①] 自然能够通过本人从事相关交易获取利润或者建议客户从事相关金融交易中获取高额信息服务报酬。作为对上市公司及其管理人员的回报，掌握选择性披露信息的特定市场分析人员利益群体会对上市公司进行充分关注与持续信息分析，从而为公司证券提供相对充沛的流动性与有效率的定价。在选择性信息披露与专业信息分析人员关注度提高的过程中，金融信息专业分析人员会为上市公司提供更富有效率的外部评估意见，从而促进公司治理与商业决策。更为重要的是，在选择性信息披露涉及重大未公开信息流转的情况下，知情交易与信息交易组成了形式上更为间接与模糊、查处难度更为困难的利用未公开信息交易利益联合体，其能够通过复杂的信息流转与利益交换在金融交易中排他性地获取重大未公开信息的市场价值。

利用未公开信息交易违法犯罪法律监管制度是一种资本市场财富重新分配机制。既有的资本市场违法犯罪防控体系禁止上市公司内部管理人员等利用重大未公开信息从事相关金融交易，但只能在形式上或者规范层面设定行为规范，资本市场中的重大信息肯定会流动至在现行制度框架下使用风险最低的市场参与者。真实的资本市场是信息竞争性、自适性流动的世界，具有价值的市场信息会根据制度环境的变化以消耗部分成本为代价从上市公司内部人员流转到机构投资者、金融分析专业人员等信息交易者。利用未公开信息交易者与信息交易者依然排他性地构成了在公众投资者之前接触并掌控着重大未公开信息的信息优势群体的绝对多数。就中国资本市场现实而言，被查出的内幕交易案件基本上是并购重组领域的内幕交易，我国亟须有效控制利用选择性信息披露机制将内部重大未公开信息系统化地传递至证券公司、基金公司等专业投资机构，[②] 因为选择性信息披露禁止主要停留在规范条文层面。而事实上机构投资者、券商等通过所谓的调研掌握上市公司重大未公

---

① See Daniel R. Fischel, *Insider Trading and Investment Analysts: An Economic Analysis of Dirks v. Securities and Exchange Commission*, 13 Hofstra Law Review 127, 142 (1984).

② 参见熊锦秋：《堵住上市公司信息选择性披露大漏洞》，载《上海证券报》2012 年 7 月 26 日，第 F11 版。

开信息并进而在二级市场谋利的情况比较普遍。因此，资本市场法律制度不仅需要在规范建构层面设置禁止利用未公开信息交易的行为规范，而且应当在政策实践上根据市场重大未公开信息自适性流动的特点确立监管选择性信息披露的执法与司法重点方向，在维持与优化信息市场竞争效率的基础上防控知情交易与信息交易联合为利用未公开信息交易利益共同体阻碍信息效率。

第六章

利用未公开信息交易的行为构成

利用未公开信息交易罪的犯罪对象是内幕信息之外的其他重大未公开信息，其实行行为包括行为人直接利用未公开信息从事相关证券期货交易或者建议他人从事相关交易活动两种方式，犯罪主体包括金融机构从业人员与监管部机构工作人员两种类型，本罪的主观方面表现为故意。由于利用未公开信息交易罪各个构成要素均属于刑法规范体系中的全新表述，有必要对本罪的构成特征进行论证与分析，从而为司法实践提供一个可供操作的利用未公开信息交易罪法律规范。

第一节　利用未公开信息交易的行为对象

《刑法》第 180 条第 4 款将利用未公开信息交易罪的犯罪对象规定为“内幕信息以外的其他未公开的信息”。未公开信息是证券期货犯罪体系中的一个崭新概念。在立法机关设置利用未公开信息交易罪之前，证券期货违法犯罪语境下的未公开信息并不是一个确定的法律概念。与内幕信息不同，未公开信息的司法认定并没有相关的前置性行政法律、法规、规章等规范基础可以作为判断依据。由于《刑法》条文仅对未公开信息的外延（“内幕信息以外”）进行了原则性规定，未公开信息的内容、范围、特征、实质等完全处于不确定状态，极易造成法律适用上的混乱，进而对合规管理造成障碍，所以有必要予以深入分析。

一、内幕信息以外的其他未公开的信息

刑法理论上，对于未公开信息的定义主要有以下几种观点：第一种观点认为，“内幕信息以外的其他未公开的信息”，主要是指资产管理机构、代客投资理财机构即将用客户资金投资购买某个证券、期货等金融产品的决策信息。[①] 第二种观点认为，未公开信息，是指对证券、期货市场价格变动具有重要影响且在依法披露前限于少数人知悉的未来投资经营信息。[②] 第三种观点认为，未公开信息是指证券期货交易活动中，内幕信息以外的其他对证券、期货的市场价格有重大影响的尚未公开的信息。[③]

上述意见不同程度地对未公开信息的特征进行了概括，但在核心环节上均没有对未公开信息的实质特性进行重点把握：

第一种观点强调未公开信息是资产管理机构即将用客户资金投资金融产品的决策信息，不仅将其局限于客户资金对应的投资决策信息，而且认为未公开信息是即将产生的信息，具有“未然性”。实际上，未公开信息也可以是金融机构利用自有资金投资金融产品的信息，不必限制于客户资金的狭隘范畴。同时，更重要的是，未公开信息还可以是业已形成的信息，不能否定其亦可具有“实然性”的特点。

第二种观点突出未公开信息属于投资性经营信息的特点。但是，并非只有投资性信息才能被认定为内幕信息以外的其他未公开信息。例如，证券公司研究部工作人员在某公司证券投资分析报告已经制作完毕但尚未公开的情况下，利用职务便利获取其中的分析数据与研究信息，买卖相关公司的股票。

---

① 参见黄太云：《〈刑法修正案（七）〉内容解读（一）》，载《人民法院报》2009年4月8日，第6版；卢勤忠：《基金犯罪研究》，北京大学出版社2010年版，第279页；卢勤忠：《利用未公开信息交易罪的认定》，载《政法论丛》2010年第1期。

② 参见缑泽昆：《〈刑法修正案（七）〉中“老鼠仓”犯罪的疑难问题》，载《政治与法律》2009年第12期。

③ 参见赵秉志：《简析〈刑法修正案（七）〉的若干热点罪名》，载《法治日报》2009年10月21日，第12版；赵斌、曹云清：《利用未公开信息交易罪若干问题研究》，载《江西公安专科学校学报》2009年第4期。

此时，该份某公司证券投资分析报告显然属于内幕信息以外的其他未公开信息，但其并不具有投资性，而是属于研究性经营信息。故没有必要将未公开信息框定在投资性经营信息的范围内。此外，由于金融监管部门工作人员利用职务便利获取相关与证券期货相关的执法信息从事证券期货交易同样构成本罪。所以，未公开信息也不局限于经营信息，监管信息也应当纳入未公开信息的范围。

第三种观点模糊地归纳了未公开信息具有未公开性、价格敏感性等特征，实际上等于是重复了《刑法》条文的规定，属于简单的概念整合，对于司法实务分析判断基本没有指导价值。

二、其他未公开信息的规范解释

未公开信息既可以是金融机构开展金融业务过程中的经营信息，也可以是形成于上市公司内部但相关法律法规没有明文规定将其纳入内幕信息范围且对上市公司股票走向具有重大影响的价格敏感信息，更可以是金融监管部门、证券期货交易所以及行业协会在行政执法、业务指导、交易管理、行业自律监督过程中掌握的监管信息、管理信息或者行业信息，甚至可以是利率、汇率、税收等宏观调控政策信息等。

因此，利用未公开信息交易罪中的“内幕信息以外的其他未公开的信息”是指，不为公众所知悉，对相关证券期货交易价格有重要影响，金融机构、监管部门以及行业协会按照规定采取规范管理的投资经营、技术分析、监督管理、行业资讯、调控政策等信息。

第二节　利用未公开信息交易的客观行为

根据《刑法》第 180 条第 4 款的规定，利用未公开信息交易罪的客观行为表现为，行为人实施了利用职务便利获取的内幕信息以外的其他未公开的信息，违反规定，从事与该信息相关的证券交易活动，或者明示、暗示他人从事相关交易活动，情节严重的行为。

一、行为类型与内容

“违反规定，从事与该信息相关的证券、期货交易活动”，不仅包括证券投资基金法等法律、行政法规所规定的禁止基金等资产管理机构的从业人员从事损害客户利益的交易等行为，而且包括所有证券期货市场监管法律法规以及证监会发布的禁止金融机构从业人员从事违背受托义务的利用未公开信息交易活动等行为。

利用未公开信息交易行为一般表现为，金融机构从业人员或者金融监管机构人员在市场一般投资者买入证券或者其衍生品、期货或者期权合约等金融产品前，自己先行买入，或者在市场一般投资者及其投资的基金卖出前，自己先行卖出等行为。同时，构成利用未公开信息交易罪还可以采用明示或暗示他人从事买卖证券、期货合约的行为。当然，利用未公开信息交易行为必须达到“情节严重”程度，才能构成犯罪。“情节严重”的标准应当根据立案标准或者司法解释的规定加以确定。最为重要的是，利用未公开信息交易滥用了应排他性地基于客户利益而使用的信息的经济价值。

二、行为的背信本质与背信行为的非要素性

利用未公开信息交易行为的本质内容之一显然包括背信，即违背委托人对于受托人的信义义务，但利用未公开信息交易行为的内容中并不要求包括背信这一构成要素。这是利用未公开信息交易区别于其他背信犯罪的显著要点。例如，背信运用受托财产罪的行为方式表现为“违背受托义务，擅自运用客户资金或者其他委托、信托的财产”，这里的受托义务是明确的，而非原则性的，具体如何擅自运用客户资金或者其他委托、信托的财产却并未明确限定；而在利用未公开信息交易犯罪中，其最直接的行为方式是自己交易，或者明示、暗示他人从事交易，其虽然也可能违背受托义务，但这里的违背是原则性违背，即违背了忠实义务，而并非具体违背某一项受托的规则。而且在此过程中，其利用基金拉升自己建仓股票的行为，与背信运用受托财产罪的擅自运用客户资金存在明显差别，其利用客户资金购买股票的恶行为并不是擅自运用。

第三节　利用未公开信息交易的行为主体

根据《刑法》第180条第4款的规定，利用未公开信息交易罪的犯罪主体仅限自然人，具体分为两种类型：（1）金融机构从业人员。包括证券交易所、期货交易所、证券公司、期货经纪公司、基金管理公司、商业银行、保险公司等金融机构的从业人员。（2）监管机构工作人员。包括中国人民银行、中国证券监督管理委员会、中国银行保险监督管理委员会等有关承担监管职责的部门的工作人员以及中国证券业协会、中国期货业协会、中国保险行业协会等承担自律性管理职能的协会的工作人员。

由于我国金融市场运行机制正处于不断完善的阶段，金融服务与金融监管体系相对复杂，导致金融机构从业人员与监管机构工作人员的主体的定位、辨识、认定等存在一定的模糊与凌乱。有必要通过利用未公开信息交易罪的犯罪主体研究明确框定构成本罪的主体范围，同时在利用未公开信息交易罪的主体进行类型化分析的基础上，深度透视此类犯罪形成与发展的核心环节。

一、金融机构从业人员

利用未公开信息交易罪中的金融机构从业人员牵涉证券、期货、保险等各大金融行业及其从业人员管理制度，有必要框定金融机构的范围，对有关金融机构进行细化说明以及明晰从业人员判断标准。

（一）金融机构的基本范围

《刑法》第180条第4款已经通过明示方式规定了证券期货交易所、证券期货公司、基金管理公司、商业银行、保险公司中的从业人员可以构成本罪的犯罪主体。但利用未公开信息交易罪中的“金融机构”显然并非严格局限于上述范围，有必要对其他金融机构进行梳理。实际上，在具体金融服务活动中生成与控制未公开信息的金融机构均可归入利用未公开信息交易罪中“金融机构”的范畴，除了本罪条文明确列举的金融机构之外，还包括信托公司与财务公司。

实践中存在较大争议的是私募证券投资基金中的从业人员，利用重大且未公开的基金投资信息，同期或者先期从事相关证券、期货交易，是否构成利用未公开信息交易的行为主体。从执法实践情况来看，此类情况并未认定为利用未公开信息交易。

例如，在证券领域的王某方行政处罚案①——

经查明，王某方存在以下违法事实：

一、王某方知悉海通期货 - 中南 1 号资产管理计划（以下简称中南 1 号）投资建议、交易执行等未公开信息

2016 年 5 月 24 日，中南投资与海通期货股份有限公司（以下简称海通期货）签署《投资顾问合作协议》。7 月 7 日中南 1 号成立，中南投资负责中南 1 号的日常操作建议。中南 1 号存续期间，中南投资方面由王某方实际履行投资经理职责。

从双方投资顾问合同约定及实际操作过程看，海通期货根据合同约定的风控要素在中信证券提供的恒生 PB 系统中设定相应的风控阈值。中南投资在资产管理合同和投资顾问合同约定的投资范围内，通过恒生 PB 系统投顾端发出投资建议，系统风控端自动审核，符合风控指标要求的投资建议指令直接发送报单至券商柜台下单。王某方能够即时查询投资建议指令的执行情况。根据相关证据，中南 1 号实际由王某方前往海通期货洽谈后成立，劣后方为王某方募集，系统设定的投顾端用户名为“投资顾问—王某方”，且实际由王某方负责投资决策及发送投资建议。综上，王某方知悉中南 1 号投资建议、交易执行等未公开信息。

二、王某方控制使用“陈某初”“李某”“中南 1 号”证券账户

（一）证券账户的开立情况

“陈某初”证券账户于 2016 年 8 月 1 日开立于渤海证券上海大连路营业部。“李某”证券账户于 2016 年 7 月 25 日开立于太平洋证券长沙韶山路营业部。“中南 1 号”证券账户于 2016 年 7 月开立于中信证券上海环球金融中心

---

① 参见中国证监会行政处罚决定书（王某方）（〔2020〕6 号）。

证券营业部。

（二）证券账户的资金来源

“陈某初”证券账户三方存管银行为尾号2370建设银行账户。账户资金来源为王某方向陈某初、杨某恩等的借款。2016年8月1日至2017年2月，“杨某春”“王某珩”“刘某凯”“杨某恩”“姜某平”“王某峰”等账户陆续向陈某初上述银行账户转入资金约2990万元，王某方向该账户转入保证金340万元，上述资金全部转入“陈某初”证券账户。

“李某”证券账户三方存管银行为尾号7905招商银行账户。根据李某提供的情况说明，其与王某方商议共同投资股票生意，按照出资比例共同承担相应的盈利与亏损，投资过程主要由王某方完成，2017年5月将资金全部撤出。2016年7月26日李某将3000万元资金全部转入“李某”证券账户，7月27日王某方向李某银行账户转入500万元，并于当日转入“李某”证券账户。

（三）王某方控制使用“陈某初”“李某”“中南1号”证券账户

1. 王某方、陈某初、刘某凯、杨某恩、李某、王某松分别承认了王某方控制使用“李某”“陈某初”“中南1号”证券账户。

2. “陈某初”“李某”证券账户下单地址与“中南1号”下单地址存在重合。王某方主要使用笔记本电脑（配备多个无线网卡）下单操作“陈某初”“李某”“中南1号”证券账户，三账户存在下单交易地址重合。

综上，王某方控制使用“陈某初”“李某”“中南1号”证券账户。

三、王某方利用未公开信息交易股票

（一）“陈某初”证券账户与“中南1号”证券账户趋同交易情况

自“陈某初”证券账户开立日2016年8月1日至中南1号到期日2017年7月6日，该账户共交易沪深两市12只股票，买入金额9665.47万元，卖出金额10 248.71万元。“陈某初”证券账户与“中南1号”证券账户趋同交易“ST狮头”“ST亚太”“猛狮科技”“香梨股份”“精伦电子”等5只股票，占其账户交易股票数量的41.67%；趋同买入交易金额合计5832.78万元，占账户买入金额的60.35%，趋同交易获利677.23万元。

（二）“李某”证券账户与“中南1号”证券账户趋同交易情况

自“李某”证券账户开立日2016年7月25日至中南1号到期日2017年

7月6日，“李某”证券账户共交易沪深两市12只股票，买入金额13 379. 21万元、卖出金额14 545. 55万元。“李某”证券账户与“中南1号”证券账户趋同交易“猛狮科技”“ST狮头”“香梨股份”等3只股票，占其账户交易股票数量的25%；趋同买入交易金额5615. 03万元，占账户买入成交金额的41. 97%，趋同交易盈利655. 89万元。

以上事实，有海通期货提供的相关协议、中南投资工商资料、相关证券账户交易流水、银行账户流水、中信证券提供的情况说明、相关人员询问笔录等证据证明，足以认定。

《证券投资基金法》第2条规定“在中华人民共和国境内，公开或者非公开募集资金设立证券投资基金（以下简称基金），由基金管理人管理，基金托管人托管，为基金份额持有人的利益，进行证券投资活动，适用本法……”。该法第31条规定“对非公开募集基金的基金管理人进行规范的具体办法，由国务院金融监督管理机构依照本章的原则制定”。

王某方在担任中南投资实际控制人和实际经营管理中南投资期间，虽然名义为中南投资顾问，但实际履行投资经理职能，负责“中南1号”证券账户的投资决策和下单操作，知悉中南1号未公开的交易信息，于2016年8月1日至2017年7月6日期间使用“陈某初”“李某”证券账户，稍早于、同步于或稍晚于“中南1号”证券账户趋同交易有关股票，获利1333. 12万元。王某方的上述行为违反《证券投资基金法》第123条第1款和《私募投资基金监督管理暂行办法》（证监会令第105号，以下简称《私募基金管理办法》）第23条第5项、第40条的相关规定，构成利用未公开信息交易股票违法行为。

王某方提出如下申辩意见：（1）其买入股票以长期持有为目的，实际交易情况完全不同于一般的“老鼠仓”或利用非公开信息案的交易行为，并没有损害中南1号账户的利益。（2）其不具有利用未公开信息的主观故意，仅是借用账户从事配资炒股。（3）中南投资不属于私募基金管理人。（4）王某方的主体身份是投资顾问的工作人员。王某方未有担任基金管理人职务的事实。（5）王某方行为不适用《证券投资基金法》第123条，应依据《私募基金管理办法》相关规定。

经复核，我会认为：(1) 相关人员询问笔录、交易地址等证据可以证明王某方控制使用“陈某初”“李某”证券账户，并在获悉了中南 1 号证券交易的未公开信息后，利用上述账户实施了趋同交易，该行为损害了中南 1 号其他持有人的利益。(2) 配资炒股的说法不能解释其趋同交易的异常性，即使是配资炒股也不得利用未公开信息进行交易。(3) 中南投资虽为中南 1 号的投资顾问，但实际负责中南 1 号的投资决策，并安排投资经理具体实施决策的制定和指令下达，从中南投资的工作内容实质看，其行为属于私募基金管理人行为。(4) 王某方作为中南投资指派的投资经理，具体负责中南 1 号的投资决策和指令下达，本案中其行为实质为私募证券投资基金经理行为，应按照当事人实际履行职责的身份和行为进行认定和处罚。(5) 首先，根据《证券投资基金法》第 2 条的规定，该法的适用范围不仅包括公开募集资金设立证券投资基金，也包括非公开募集资金设立证券投资基金。根据《证券投资基金法》第 31 条的规定，《私募基金管理办法》对非公开募集基金的基金管理人进行了具体规范，其中第 23 条第 5 项明确规定私募基金管理人及其从业人员不得利用未公开信息从事相关交易活动。《私募基金管理办法》第 40 条还明确规定，私募证券基金管理人及其从业人员违反《证券投资基金法》有关规定的，按照《证券投资基金法》有关规定处罚。其次，从上述《证券投资基金法》的调整范围看，《证券投资基金法》第 123 条中规定的“基金管理人”除包括公开募集基金的基金管理人外，还应包括非公开募集基金的证券投资基金管理人。最后，《证券投资基金法》第 123 条罚则指向的是基金管理人及其他从业人员有该法第 20 条所列的行为，而非指违反该法第 20 条的规定。因此无论是公开募集基金的证券投资基金管理人及其从业人员，还是非公开募集基金的证券投资基金管理人及其从业人员，只要实施了该法第 20 条所列行为之一的，就应当适用第 123 条罚则。综上，《证券投资基金法》第 123 条既适用于公募证券投资基金管理人及其他从业人员，也适用于私募证券投资基金管理人及其他从业人员，在《证券投资基金法》第 123 条对私募证券投资基金管理人及其他从业人员利用未公开信息交易证券行为有明确处罚规定的情况下，应适用该条进行处罚。

王某方的行为实质是私募证券投资基金经理利用未公开信息交易证券的

行为，该行为破坏了资本市场三公原则，严重损害了中南 1 号其他持有人的利益，依据《证券投资基金法》进行处罚于法有据。

根据当事人违法行为的事实、性质、情节与社会危害程度，依据《证券投资基金法》第 123 条第 1 款和《私募基金管理办法》第 40 条的规定，我会决定：对王某方责令改正，没收违法所得 1333.12 万元，并处以 1333.12 万元罚款。

再如，期货领域的杨某东行政处罚案①——中国证监会做出行政处罚决定，认定时任中联金储（上海）投资管理有限公司（以下简称中联金储）期货投资总监及中联金储 - 国金证券 - 中联金储先锋组合 1 号私募证券投资基金（以下简称先锋组合 1 号）原经理杨某东存在以下违法事实：先锋组合 1 号期货账户于 2017 年 8 月 2 日开立于海证期货有限公司，中联金储是该基金管理人，杨某东担任基金经理负责交易决策，日盘交易由中联金储交易员负责下单，夜盘交易经中联金储授权由杨某东本人下单操作。“王某才”期货账户于 2016 年 11 月 23 日开立于东航期货有限责任公司，王某才与杨某东系同学关系，该期货账户资金主要来源于杨某东，且开户后一直由杨某东实际控制使用，由杨某东决策并使用中联金储办公电脑或其个人电脑下单。2016 年 12 月至 2018 年 5 月期间，在“bu1809”“ag1809”“zn1809”“zn1810”“zn1812”“zn1904”“sn1809”“sn1901”“cu1812”“cu1902”“au1804”“pb1809”“pb1810”“ni1812”“ni1810”“sm1809”“sr1905”“j1901”“jd1808”“jd1810”“jm1809”“jm1901”等 22 个合约上，杨某东实际控制案涉账户于当日日盘交易时间建仓，然后于夜盘交易时间，利用其管理的账户从事方向相反的对向交易。从资金进出情况看，其个人实际控制账户在对向交易中获利，基金管理账户平仓亏损。上述期间，“王某才”与“先锋组合 1 号”对上述合约相互交易共 918 手，导致“先锋组合 1 号”账户亏损 1 147 261.14 元。证监会认定，杨某东的上述行为违反证券监管部门的监管规则，构成利益输送违法行为。

根据证监会发布的《私募基金管理办法》第 2 条第 1 款、第 2 款的规定，“本办法所称私募投资基金（以下简称私募基金），是指在中华人民共和国境

---

① 参见中国证监会行政处罚决定书（杨某东）（〔2020〕2 号）。

内，以非公开方式向投资者募集资金设立的投资基金。私募基金财产的投资包括买卖股票、股权、债券、期货、期权、基金份额及投资合同约定的其他投资标的”。利用未公开信息交易犯罪的主体是：证券交易所、期货交易所、证券公司、期货经纪公司、基金管理公司、商业银行、保险公司等金融机构的从业人员以及有关监管部门或者行业协会的工作人员。针对上述规定，我们可以将其分为三个层面来理解，即金融机构的从业人员、有关监管部门的工作人员、有关行业协会的工作人员。私募基金从业人员不可能属于上述有关监管部门的工作人员或者行业协会的工作人员，其行为如果有可能入罪，即只可能属于第一部分的金融机构的从业人员。而金融机构是指证券交易所、期货交易所、证券公司、期货经纪公司、基金管理公司、商业银行、保险公司。基金管理公司应当仅指公开募集方式设立的证券投资基金公司即公募基金公司，而并不包含私募基金，也即私募资金从业人员不是法定的基金公司从业人员，进而无法构成利用未公开信息交易犯罪①。

（二）若干金融机构的具体分析

虽然利用未公开信息交易罪《刑法》条文明确了作为本罪主体的金融从业人员所属的各类金融机构，但由于金融机构体系与内容本身的复杂性，仍有必要对本罪实践中容易出现混淆、遗漏的若干金融机构类型进行具体说明：一是关于“期货交易所”。2010 年我国证券期货市场推出沪深 300 指数期货交易品种。故除了传统的商品期货交易所之外，本罪中的期货交易所还包括金融期货交易所。二是关于“证券公司”。利用未公开信息交易罪中的“证券公司”，不仅指根据《公司法》《证券法》成立的经营证券（经纪、自营、承销、财务顾问、投资咨询、资产管理等业务）的券商，② 还包括证券登记结算公司、证券资信评级公司以及各类国际投行等合格境外机构投资者（QFII）。三是关于“期货经纪公司”。本罪《刑法》条文的表述是“期货经纪公司”，单纯从刑法规范文义解释角度分析，只有期货经纪公司从业人员

---

① 参见刘宪权、林雨佳：《利用未公开信息交易共同犯罪的认定》，载《政治与法律》2019 年第 4 期。

② 有的证券公司将咨询业务、资产管理业务拆分后成立证券投资咨询公司、证券资产管理公司，其应当属于本罪中的证券公司。

才能构成利用未公开信息交易罪的主体，从事投资咨询业务、资产管理业务的期货公司从业人员无法构成本罪主体。但是，《期货交易管理条例》明确规定期货业务还包括咨询业务以及国务院期货监督管理机构批准的其他业务。从我国期货公司的实际情况来看，“期货有限责任公司”与“期货经纪有限公司”的注册量基本相当。[①] 同时，从事期货经纪业务之外的期货投资咨询业务、资产管理业务的期货公司人员掌握大量客户交易信息及与证券期货投资关联的未公开信息，此类期货公司从业人员显然应当纳入利用未公开信息交易罪的主体范围。因此，在对“期货经纪公司”进行刑法解释的过程中，应当以延展性的视角将其内涵合理确定为所有期货公司而非局限于仅从事商品、金融期货经纪业务的期货公司。

（三）从业人员的判断标准

作为利用未公开信息交易罪的行为主体，金融机构从业人员具有明确的规范性内涵，即必须按照法律、法规、部门规章等规范性文件判断相关主体是否属于在依法从事金融业务的单位中从事具体金融业务的专业人员。

金融机构中与实际金融业务无关的非专业性工作人员不能构成利用未公开信息交易罪的犯罪主体。例如，金融机构中的文秘、复印员、保洁员、资料保管员等工作中可能接触重要信息的人员，可以成为内幕交易罪中的信息非法获取者，[②] 但由于其显然不是金融从业人员，即使获取未公开信息且从事金融交易，也无法认定为利用未公开信息交易罪，只能根据侵犯商业秘密罪进行法律评价。

金融机构从业人员的判断应当定位于实质性标准而非形式化尺度。我国

---

① 关于我国期货公司信息情况，参见中国期货业协会网站期货公司公示系统，载中国期货业协会网，http：//www. cfachina. org/infodisclosure. php，（访问日期：2011 年 1 月 11 日）。

② 内幕交易刑法理论与司法实践对此问题仍有争议。肯定的意见认为，非法获取应作宽泛解释，其意指不该获得而获得，故上述“中性人员”属于内幕交易罪的主体。参见陈海鹰、朱卫明、叶建平：《泄露内幕信息罪、内幕交易罪的若干问题探析——由“杭萧钢构案”展开》，载《法治研究》2008 年第 3 期；刘宪权：《证券期货犯罪理论与实务》，商务印书馆 2005 年版，第 349 ~ 351 页。否定的意见认为，偶然、被动、消极地获取内幕信息的人员不属于内幕交易罪的主体，无论其是否进一步从事证券期货交易。参见最高人民检察院法律政策研究室、中国证券监督管理委员会法律部编著：《证券期货犯罪司法认定指南》，中国人民公安大学出版社 2009 年版，第 49 页；李宇先、贺小电：《证券犯罪的定罪与量刑》，人民法院出版社 2009 年版，第 159 ~ 160 页。

对各类金融机构从业人员均设定了资格管理制度，相关人员必须通过考试取得证券、期货、保险等行业的从业资格才能在金融机构中从事相关金融业务。[①] 但这并不意味着形式上的金融从业资格是金融机构专业人员构成利用未公开信息交易罪主体的必要条件。由于部分金融行业尚未建立起全面的从业资格管理制度，且有的金融机构存在无证上岗等违规操作问题，故实践中分析相关主体是否属于金融机构从业人员，必须进行实质判断，客观上从事专业性金融业务的人员，应当被认定为金融机构从业人员。

二、监管机构工作人员

《刑法》第 180 条第 4 款的表述为“有关监管部门或者行业协会的工作人员”，如何合理解释“有关”所指向的具体范围，有必要结合我国金融监管体制及其运作实践进行分析。

（一）有关监管部门工作人员的界定

有关监管部门显然包括直接负责金融监管职能的机构，主要是中国人民银行、证监会、银保监会及其各地派出机构。由于我国金融行业具有“多头监管”的特点，其他承担部分金融监管职能的部委也应当属于有关监管部门。例如，财政部金融司的职责范围涵盖了：协调执行货币政策；拟订并监督执行银行、保险、证券、信托等非银行金融机构的资产与财务管理制度；对主权信用进行评级等。[②] 上述金融监管职责不仅直接影响金融政策进而作用于证券期货市场，而且涉及相关金融机构资产配置信息，相关工作人员利用此类政策信息与监管信息，可以从事相关金融交易谋取个人利益。因此，国家发改委、财政部、审计署及其派出机构等承担部分金融监管职能的机构，也属于利用未公开信息交易罪中的“有关监管部门”。

根据法律法规规定不具有金融监管职能的行政机构工作人员是否当然地

---

① 相关金融机构从业人员资格管理规定参见：《证券业从业人员资格管理办法》《期货业从业人员资格管理办法》《基金从业人员资格管理暂行规定》《保险资产管理从业人员管理办法》等。

② 财政部金融司主要职责参见财政部网站公布的政务信息，载中华人民共和国财政部网，http://jrs.mof.gov.cn/zhengwuxinxi/guanyuwomen/zhongyaozhineng/200805/t20080522_33463.html，（访问日期：2011 年 1 月 12 日）。

被排除在利用未公开信息交易罪的犯罪主体之外？笔者持否定意见。因为“有关”并不是指监管机构与金融监管之间的关联性，其本质上代表的是监管机构所承担的监管职责与证券期货产品交易价格之间的相关性。没有金融监管职能的行政机构也可能通过行政监管行为直接影响证券期货产品的交易价格。例如，上市公司紫金矿业因严重环境违法行为被福建省原环境保护厅处以罚款956万余元的行政处罚。[①] 由于该行政处罚数额远远低于紫金矿业年净利润与证券期货市场对该事件的预期，消除了环境污染事故对其盈利预期所产生的不确定性，紫金矿业A股当日封住涨停，2010年9月底至10月中旬紫金矿业A股与H股分别累计上涨约50%和35%。[②] 可见，不具备金融监管职责的行政机构的执法信息同样能够对证券市场价格产生重大影响，在执法信息未公开前利用此类监管信息从事金融产品买卖，具有相当的严重社会危害性。

所以，对利用未公开信息交易罪中“有关监管部门”的范围进行解释，不能将“有关监管部门”简单等同于与金融监管有关的行政机构，而应当以一种开放性的解释视角研判相关行政机构的具体监管职责与行政行为是否能够实质上影响特定证券期货产品的交易价格。行政机构行使具体监管职能对特定证券期货交易走向产生实际作用与影响效果的，应认定属于本罪中的“有关监管部门”，其工作人员利用职务便利获取相关执法信息从事金融交易的，完全应纳入利用未公开信息交易罪的主体范围。这种金融犯罪刑法解释内在逻辑及结论，不仅符合行政监管信息与证券期货市场反映之间的互动关系，而且有利于对滥用行政监管信息从事金融交易谋取私利的行为进行有效震慑。

（二）有关行业协会工作人员的确定

中国证券业、期货业、保险业、银行业、信托业协会及其地区性协会等属于接受金融主管部门监督管理与业务指导的自律性金融行业协会，根据行

---

① 参见徐锐、邱江：《紫金矿业被罚款近千万元》，载《上海证券报》2010年10月8日，第5版。

② 参见童芬芬：《“环保门”企业的利益跷跷板》，载《中华工商时报》2010年10月15日，第B07版。

政法规、金融主管部门的规章及规范性文件，主要负责各类金融信息的收集、管理与交流，对金融机构会员进行管理、监督、检查及服务。上述行业协会工作人员属于利用未公开信息交易罪的犯罪主体。

在对本罪中“有关行业协会”的范围进行解释的过程中，同样不能忽略无法归类于金融领域的行业协会。虽然有的行业协会的会员均非金融机构，其主管单位亦非金融监管机构，但其在履行行业自律性监管职能过程中掌握大量与金融产品交易市场（特别是商品期货市场）具有密切关系的行业信息。例如，中国有色金属工业协会、中国农产品市场协会等行业协会，其主要职责包括了根据政府主管部门的授权与委托，开展行业数据统计调查，采集、整理、加工及分析行业信息。此类行业信息准确反映了有色金属、农产品等供求基本面，对于我国期货市场中铜、锌、棉花、白糖等大宗商品期货交易价格具有重要影响。此类行业协会中的工作人员，在决定大宗商品期货交易价格变动的行业信息处于保密阶段时，利用行业信息优势从事私利交易或者违规抢先将信息提供给他人，也应依据利用未公开信息交易罪追究其刑事责任。所以，自律管理中掌握金融产品交易价格关联信息的非金融领域行业协会工作人员，属于利用未公开信息交易罪的主体。

三、立法完善

根据《刑法》第180条第4款的规定，只有“金融机构”的从业人员可以构成利用未公开信息交易罪。但是，在金融市场从业人员中，非金融机构从业人员同样能够利用职务接触未公开信息进而利用该信息实施相关证券期货交易。例如，从事证券法律服务、证券审计服务的律师、会计师等不仅能够接触大量上市公司的内幕信息，而且其证券法律服务、审计服务范围包括证券投资基金募集管理，证券公司集合资产管理计划，出具证券公司、证券投资基金公司审计报告等多项能够接触内幕信息之外的其他未公开信息的业务。

因此，利用未公开信息交易罪的犯罪主体要件的范围，有必要根据金融行业各类结构及其从业人员的职务便利与未公开信息的接触程度进行设置。金融行业中能够接触未公开信息的主体均应纳入利用未公开信息交易罪的主体范围，没有必要局限于金融机构从业人员。

同时，利用未公开信息交易罪的犯罪主体还包括监管机构工作人员，但该工作人员必须隶属于"有关"主管部门或行业协会。在社会公众对于"有关"部门的用语规范性、明确性、合理性已经提出普遍质疑的背景下，利用未公开信息交易罪的主体要件仍然使用"有关"这一模糊限定，不仅在刑法规范用语明确性层面存在疑问，而且导致利用未公开信息交易罪的规范含义无法涵盖具有相当社会危害性的行为。

实践中，不只是"有关"监管部门工作人员能够利用直接性的职务便利接触未公开信息，"无关"部门的公职人员同样可以基于其重要职权、地位及影响形成的便利条件，从"有关"监管部门工作人员处获取未公开信息。利用未公开信息交易罪的刑事可罚性基础之一便是行为人实施的违规交易违背了职务忠诚义务，故利用未公开信息交易罪属于职务犯罪在金融领域的一种表现形式。在职务犯罪领域，构成受贿罪不仅可以是基于利用职务便利的直接受贿（《刑法》第385条），而且可以利用本人职权或者地位形成的便利条件的斡旋受贿（《刑法》第388条），甚至可以是利用其他国家工作人员职务行为的利用影响力受贿（《刑法》第388条之一）而在利用未公开信息交易罪现有的刑法规范评价框架下，对于"无关"部门的公职人员利用其职权、地位及影响力形成的便利条件，通过"有关"监管部门工作人员获取未公开信息，从事相关证券期货交易的行为，无法进行刑事归责。刑法理论与实践中可能有观点认为，可以通过共犯追究其利用未公开信息交易罪的刑事责任。但是，如果没有相关证据能够证明存在共谋与分取交易利益，"有关"主管部门工作人员将未公开信息告知"无关"部门的公职人员，前者构成建议型利用未公开信息交易罪，而后者属于被建议者，仅可追缴违规交易所得，不能认定其构成利用未公开信息交易罪。但是，相对于有关监管机构工作人员而言，此类"无关"部门的公职人员利用未公开信息从事非法交易对证券期货市场交易公平秩序的破坏及其对职务权力的滥用有过之而无不及。

所以，基于未公开信息可以借助不同形式的职务便利、职权、地位以及职务影响力进行恶性传递的特点，有必要将利用未公开信息交易罪的第二类主体，监管机构工作人员进一步完善为国家工作人员，使国家工作人员利用因职务便利、职权或者地位、职务影响力所形成的便利条件获取未公开信息并从事相关证券期货交易活动的行为，能够根据利用未公开信息交易罪进行公正评价。

第四节　利用未公开信息交易的主观罪过

利用未公开信息交易罪属于故意犯罪。本罪行为主体的金融专业性以及金融行业合规管理的严密性决定了违法性认识司法推定的合理性，其故意的内容在于对明知的信息利益冲突禁止的违反。

一、故意

我国刑法理论对内幕交易罪主观方面定位问题存在不同的认识，存在目的犯说、直接故意说、故意说、可以包括过失说等多达 8 种不同意见。[①] 利用未公开信息交易罪是否仍有必要延续主观方面归属问题的争议？

以利用未公开信息交易罪为代表的证券期货内幕交易犯罪本质上是以欺诈手段违规侵犯证券期货市场金融交易的公平性，其欺诈性、违规性的罪质特征决定了其当然地属于故意犯罪。故意犯罪的基本定位能够使利用未公开信息交易犯罪与利用未公开信息交易违法之间形成明确的界限。[②] 同时，区分直接故意与间接故意对于利用未公开信息交易罪而言并没有理论意义与实践价值。刑法规范没有限定利用未公开信息交易罪属于直接故意犯罪（以获取利益或者规避损失为目的），故其故意内容应当是一种相对宽泛的范围覆盖——行为人明知其利用职务便利获取未公开信息从事或者建议他人从事相关证券期货交易对证券期货市场公平交易秩序制造了不允许的风险却仍然实施该种行为。实践中，获取利益或规避损失的主观目的往往在利用未公开信

---

① 参见卢勤忠：《基金犯罪研究》，北京大学出版社 2010 年版，第 267 ~ 270 页；刘宪权：《证券期货犯罪理论与实务》，商务印书馆 2005 年版，第 351 ~ 355 页。

② 在英美刑法内幕交易犯罪理论中，犯罪故意（willfulness）甚至是内幕交易犯罪与违法（侵权）之间的唯一界限。See Kathleen F. Brickey, *Corporate and White Collar Crime: Cases and Materials*, Aspen Publishers, Inc., 2002, p. 204; Wendy G. Couture, *White Collar Crime's Gray Area: The Anomaly of Criminalizing Conduct Not Civilly Actionable*, 72 Alabama Law Review 1, (2009).

息交易犯罪数额认定中客观体现，无须控方就主观目的（直接故意）进行证明。因此，在刑法理论上对利用未公开信息交易罪进行故意犯罪的基础定位依据充分且无深究直接或间接故意的必要，关键在于对违法性认识问题作进一步的刑法原理阐释。

由于金融法律规范体系极为庞杂，对于部分证券期货交易合规性问题，法律专业人士尚且存在争议，要求非法律专业的金融机构从业人员、监管部门或者行业协会工作人员对自身行为的违法性具备具体的认识，显然过于苛刻。在刑法理论上，不知法律不免责原则已经在法定犯层面得以修正，法定犯中需要行为人具备违法性认识。① 在利用未公开信息交易罪中，金融机构从业人员、监管部门或行业协会工作人员对于自己行为的违法性应当具备认识，但不要求证明行为人认识到违反具体法律。因此，利用未公开信息交易罪的违法性认识具有概括性特征。

由于金融机构从业人员、有关监管部门或行业协会工作人员属于金融专业人员，且利用未公开信息交易罪属于职务型犯罪，行为主体的身份与职务特质决定了司法实践可以合理推定其对哪些利用未公开信息交易行为属于违反规定具有专业性认知。该种司法推定的合理性依据还在于，金融实务领域相对于其他社会经济活动环节而言，其合规性管理极为严格。金融机构、金融监管单位、金融行业协会等组织体系内建构了相对完备的合规实体规范与合规执行程序，利用未公开信息交易罪中规定的行为主体在实践中都需要按照单位合规管理的要求进行业务操作。故利用未公开信息交易罪违法性认识推定规则具有较强的合理性。

二、目的

需要引起注意的是，实践中一直有观点认为，利用未公开信息交易罪等证券期货犯罪属于目的犯，尽管在条文中没有明确表述，但“盈利”或者“减少、避免损失”作为条文的隐性要件暗含其中，既然没有“盈利”或“减少、避免损失”就不应该构成利用未公开信息交易罪。从司法实践中的

---

① 参见于洪伟：《违法性认识理论研究》，中国人民公安大学出版社 2007 年版，第 31 页。

实际情况来看，确实存在这样的事实，即证券交易所、期货交易所、证券公司、期货经纪公司、基金管理公司、商业银行、保险公司等金融机构的从业人员以及有关监管部门或者行业协会的工作人员利用未公开的信息从事与该信息相关的证券、期货交易活动，往往是为了使本人或者其亲友“盈利”或者“减少、避免损失”，但结果是不但没有盈利或者减少、避免损失，反而自己也被“套住了”。

从犯罪构成理论的角度分析，目的犯之目的是故意之外的主观要素，它与故意之内的目的是有所不同的，对此应当加以区分。[①] 此处“盈利”或者“减少、避免损失”是故意之内的目的，更确切地说是一种动机。相同的犯罪目的可能有不同的犯罪动机，相同的犯罪动机也可能产生不同的犯罪目的，进而实施不同的犯罪行为，符合不同的犯罪构成。因此，犯罪动机不是犯罪构成的必要要件。“盈利”或者“减少、避免损失”这一动机对是否构成本罪没有影响。另外，在证券期货市场中，决定是否实际盈利的因素多且复杂，除了自身的原因外，还受大盘、政策、市场资金充裕程度、欧美股市的走势等因素的影响。[②] 因此，尽管行为人以盈利或避免损失为目的而利用未公开信息进行交易，但由于诸多因素的影响，也可能出现与其主观预期相违背的结果。只要行为人的交易行为完成了，且达到了情节严重的程度，就应当以本罪追究其刑事责任。

---

① 参见陈兴良：《走向规范的刑法学》，法律出版社2008年版，第213页。

② 参见赵斌、曹云清：《利用未公开信息交易罪若干问题研究》，载《江西公安专科学校学报》2009年第4期。

第七章

利用未公开信息交易的实践判断规则与合规管理建议（一）：基于重大未公开信息的行为认定与风险管理

利用未公开信息交易罪在司法实务中存在一系列疑难问题，其逻辑起点均源于重大未公开信息。因此，有必要综合运用证券期货犯罪刑法原理与金融知识论证与重大未公开信息有关的疑难问题的司法判断规则，使利用未公开信息交易罪不只是停留在理论评价层面，而是在实践中真正得以充分适用。这些具体问题的判断规则亟须在司法实践中予以明确，同时这也是合规管理需要相应调整的重要内容。

第一节　重大未公开信息的认定与管理

未公开信息的认定无疑是利用未公开信息交易罪中最为重要的问题之一。“内幕信息以外的其他未公开的信息”这一刑法语言文字表述在规范解释层面存在明显的不确定性，导致司法实务较难精准地认定行为人从事相关证券期货交易所利用的是否属于未公开信息。因此，在刑法理论上极有必要细致地分析未公开信息的特征，为司法实务部门认定未公开信息提供参考标准。同时，各类机构在管理中需要对未公开信息的内容、范围及其管理方式进行明确。

一、信息特征

从《刑法》第 180 条第 4 款的规定来看，“未公开信息”应具备以下基本特性：一是差别性，即未公开信息必须是内幕信息之外的其他信息；二是未公开性，即“未公开信息”尚未通过法定渠道或其他以公众熟知方式向社会大众和广大投资者公布；三是关联性，即未公开信息必须是与证券、期货合约的市场价格有关的重大信息，而不能是其他一切信息；四是价格敏感性，即未公开信息对于证券、期货合约的价格具有重要影响；五是可利用性，即未公开信息被行为人所掌握后，行为人或其亲友可从中受益之信息。在上述“未公开信息”的五个特性中，尤为值得探讨的是未公开性与价格敏感性。

（一）未公开性

未公开性是指，金融机构、监管部门以及行业协会按照规定采取规范管理的投资经营、技术分析、监督管理、行业资讯等信息未在公开市场上被公布或者尚未被证券期货投资者知悉。未公开信息处于秘密状态时，该信息的使用、管理等必须按照规定进行操作。此类信息一旦按照规定进行公布或者被市场人士通过技术分析合法公开，相关人员利用该信息从事相关的证券期货交易并不为法律所禁止，没有戒绝交易的法律义务。

未公开性实际上意味着相关信息处于一种秘密状态，此种状态具体可以分为依法保密与内控保密。依法保密主要是指金融监管部门、行业协会按照法律、法规等规定必须保证相关信息的未公开性，未经许可不得使用、披露相关信息。例如，根据《中国证监会工作人员行为准则》第 18 条、第 21 条的规定，工作人员应当遵守国家关于证券期货监管机构工作人员不得买卖股票和从事期货交易的规定。工作人员公开发表言论和文字材料时，不得涉及证券期货监管未公开信息；内容涉及资本市场信息的，应当真实、客观。非因工作需要，不得与他人谈论证券期货监管未公开信息。可见，金融监管机构、行业协会等单位在执法过程中形成的金融监管未公开信息依法处于保密状态。内控保密主要是指证券公司、期货公司、基金公司、保险公司等金融机构按照证监会内部风险控制指引、保守秘密规定等文件的规定保证公司相关经营信息处于秘密状态。例如，中诚信证券评估有限公司是经中国人民银行上海分行核准从事信用评级等业务的非银行金融机构。该公司的信息保密制度规定，公司或公司职员在开展证券评级业务活动中获取的国家秘密、关于项目或与项目有关的、关于客户或与客户业务相关的不被公众领域所知的信息、资料、文件，或客户声明必须保密的信息、资料、文件，不论是纸面形式、磁记录形式、光学记录形式、电子记录形式还是其他记录形式都属于保密对象。公司附属组织和分支机构以及职员都有保守前述秘密的义务。接触到前述秘密的员工，例如：管理人员、技术人员、财务人员、销售人员、秘书、保安人员等对保守前述秘密均负有责任。可见，证券公司、期货公司、保险公司等金融机构在开展业务、经营管理过程中形成的经营性信息按照内控规范处于保密状态。

（二）价格敏感性

价格敏感性是指，金融机构、监管部门以及行业协会按照规定采取规范管理的投资经营、技术分析、监督管理、行业资讯等信息对证券、期货交易价格有重大影响。对于未公开信息价格敏感性的判断与分析，实践中存在疑问的主要有以下问题：

一是价格敏感性的必备性问题。

《证券法》《刑法》均明确规定对证券、期货交易价格有重大影响的信息才能被认定为内幕信息，而《刑法》第 180 条第 4 款并没有明确规定未公开信息必须具备价格敏感性的特征。但是，这显然并不意味着未公开信息不必具有价格敏感性。因为如果某金融机构工作人员利用职务便利非法利用不可能对证券期货交易价格产生重要影响或者影响极为有限的未公开信息从事相关交易，其不仅无法实现谋取利益或者规避损失的行为目的，而且也不会对其所在金融机构以及相关客户的利益产生实际损害。此类行为的社会危害性不足以构成利用未公开信息交易罪。

因此，在利用未公开信息交易罪中，价格敏感性是认定未公开信息的重要客观标准。行为人只有在其利用的未公开信息达到可能对证券期货交易价格具有重大影响的客观标准才承担刑事责任。未公开信息可能会影响相关的证券期货的市场价格，进而对证券期货市场上的投资者是否愿意以当前的价格购买或者出售相关金融资产产生重要影响，并且，投资者的对应性行为会再次反作用于证券期货交易价格。利用符合价格敏感性特征的未公开信息非法从事证券期货交易，才能适用利用未公开信息罪追究非法交易者的刑事责任。

二是价格敏感性的确定性问题。

未公开信息对于相关证券期货交易价格的重要影响存在可能性重要影响与确定性重要影响的区别。有的未公开信息对于有关证券期货交易价格的重要影响表现为一种合理预期，但这种预期会因为其他因素的介入导致对于证券期货交易价格没有产生重要影响；有的未公开信息的证券期货交易价格的重要影响通过客观交易数据确定地予以显现。这里存在的问题是，利用未公开信息交易罪中的“其他未公开的信息”是否以该信息对证券期货交易价格具有确定性的重要影响为必要？《刑法》第180条第4款对此问题显然没有进行规定，这就需要通过刑法解释理论予以明确。笔者认为，行为人利用的信息只有对相关证券期货交易价格产生确定性的重要影响，才能被认定为本罪中的未公开信息。

从刑法体系解释的角度分析，内幕信息与未公开信息在基本特征层面具有等同性，既然构成内幕信息以该信息对证券期货价格有重大影响为必要，则未公开信息应当与其保持一致。由于内幕交易罪与利用未公开信交易罪归属于《刑法》同一法条内部，两罪的社会危害性相当，内幕交易与利用未公开信息交易犯罪的行为样态、构成要件配置、法定刑设定等均相同，故在内幕信息与未公开信息的基本特征层面，不应当有超越刑法证券期货犯罪中内幕交易类犯罪体系一致性的明显差异。在《刑法》第180条第1款已经明确规定内幕信息是“对证券、期货交易价格有重大影响的信息”的情况下，构成未公开信息亦应以对证券期货交易价格产生确定性影响为必要。

从证券期货犯罪违法与犯罪界限的角度分析，利用未公开信息交易违法行为与犯罪行为之间应当有所区别，行为人利用可能对证券期货交易价格产生重要影响的未公开信息从事证券期货交易，可以构成违法，但不能认定为犯罪。构成利用未公开信息罪的前提是该信息对于证券期货交易价格具有确定性影响，这不仅是利用未公开信息违法与犯罪之间合理边界的重要体现，而且有利于有效控制利用未公开信息交易罪的刑事法网，避免本罪打击范围过大。

二、未公开信息与内幕信息

证券期货犯罪刑法理论以及证券法理论通说将内幕信息核心特征概括为秘密性与重大性。[①] 由于秘密性即指内幕信息未公开，重大性是指内幕信息对于证券期货价格有重大影响，故内幕信息的基本特征本质上与未公开信息的未公开性与价格敏感性并无二致。虽然未公开性与价格敏感性在概括的层面属于未公开信息与内幕信息共同具备的基本特征，但必须廓清两者的界限——首先，未公开信息与内幕信息基本特征上的共性只是处于抽象、静止的概括层面，在司法实践具体、动态的分析判断层面，未公开信息与内幕信息在未公开性、价格敏感性问题上的判断标准与法律依据截然不同。其次，未公开信息具有明显区别于内幕信息的独立性特征与差异化标志。在刑法理论上清晰地划定未公开信息与内幕信息之间的边界具有重大意义，其不仅能够精细化地解释“内幕信息以外的其他未公开的信息”的刑法规范含义，梳理未公开信息的外延，而且有利于在司法实务中丰富与深化未公开信息的认定标准。

（一）信息具体内容的差异化表现

内幕信息以外的对证券期货交易价格有重要影响且不为公开市场知悉的信息才属于未公开信息，这就决定了未公开信息与内幕信息在具体内容上具有非此即彼的逻辑关系。

内幕信息的具体内容及其范围具有明确的前置性行政法律、法规、规章、行业规则等作为规范依据，司法机关在实践中可以根据相对确定的行政法律、

① 参见刘宪权：《证券期货犯罪理论与实务》，商务印书馆2005年版，第320~328页；刘宪权：《内幕交易、泄露内幕信息罪若干疑难问题探析》，载《犯罪研究》2003年第2期；刘宪权、卢勤忠：《金融犯罪理论专题研究》，复旦大学出版社2002年版，第436~441页；范健、王建文：《证券法》（第2版），法律出版社2010年版，第358~360页。

法规、规章、行业规则等规范所设定的具体要求填充刑法中内幕信息的具体内容。我国《证券法》、《公司法》、《期货交易管理条例》、证监会发布的《上市公司信息披露管理办法》、《上市公司重大资产重组管理办法》以及上海证券交易所、深圳证券交易所发布的最新版的股票上市规则等一系列法律、法规、规章、行业文件等，对各类法定内幕信息，有关公司分配股利或者增资的信息，有关公司债务担保、相关资产重大变动的信息，有关公司收购的信息等不同种类的内幕信息进行了具体规定。上述内幕信息范围之外的其他对证券期货交易价格具有重大影响且不为公开市场所知悉的信息均为未公开信息。可见，利用未公开信息罪中的未公开信息与内幕交易罪中的内幕信息在具体内容上形成非此即彼的逻辑关系，在刑法证券期货犯罪体系内共同搭建了互为补充的“未公开的信息”的逻辑范畴与概念结构，使得原本在解释上不甚明确的内幕信息兜底性规定“对证券交易价格有显著影响的其他重要信息”能够用未公开信息进行填充，强化了证券期货犯罪核心概念刑法解释的明确性。

与内幕信息的具体内容具有规范明确界定性截然相反的是，未公开信息的具体内容基本没有前置性法律、法规、规章等规范性文件进行明确规定。因此，具体哪些内容可以划入刑法规定的未公开信息的范畴，是一个需要通过对主要信息内容进行列举的开放性问题。笔者认为，以下对于证券期货交易价格有重要影响的信息可以被纳入刑法未公开信息的范围：一是证券期货交易所、证券期货公司的非公开交易业务数据信息。例如，在证券交易中，证券交易所将行情信息、证券指数、成交概况、证券交易排名、会员交易排名等基本数据信息予以公开，但是，对于机构投资者的持仓量、新近建仓量、加仓减仓量、资金进出量等具体交易数据以及相关清算数据按照严格的信息数据管理制度进行保密。此类未公开交易业务数据中对证券期货交易价格有重大影响的信息，属于刑法中的未公开信息。二是证券公司、期货公司在从事自营业务、资产管理业务、投资咨询业务等过程中形成的经营性信息。例如，证券公司在利用自有资金从事自营业务时，证券公司自营业务账户动态、交易席位情况、自营业务规模、资产配置决策等经营过程中形成的信息，实际上对于该信息所指向的证券期货供求关系具有实质性影响，此类信息按照证监会有关证券期货公司业务风险管理指引的规定必须采取信息保密措施进行信息风险控制，属于刑法中的未公开信息。三是基金管理机构等将要利用客户资金进行巨额投资的决策信息。基金管理公司、全国性以及地方性社会保险基金管理机构、托管机构运作管理的基金数量巨大，其对于证券期货市场的影响深远，此类投资性决策信息，属于刑法中的未公开信息。四是商业银行、保险公司、信托公司等金融机构在从事与证券期货投资相关的经营活动中形成的投资决策、资金动向数据、投资咨询等综合性信息。例如，商业银行中间业务包括了金融期货交易业务、证券投资分析业务、基金托管业务等与证券期货相关的业务，其中涵盖了大量影响证券期货交易价格的决策信息、数据信息、咨询信息；保险公司、信托公司从事的证券回购、基金投资、资产管理等业务涉及影响相关证券产品交易价格的投资信息。五是证券业、基金业、期货业、保险业、银行业等监管部门以及相关行业协会在行政执法与行业管理中形成的执法监管信息、政策信息、经济态势数据信息以及行业管理信息等。例如，中国人民银行调整利率、存款准备金率，或者统计局每月公布物价指数信息等，此类对证券期货交易价格具有极为重要影响的行政部门政策信息与数据信息在公布之前均严格按照国家保密法律规定执行信息数据保密，属于刑法中的未公开信息。

（二）信息是否公开的区别化判断

利用未公开信息交易罪侵犯法律所保护利益的手段本质上是一种证券期货市场信息的非法获取与使用——行为人利用职务便利获取内幕交易以外的其他“未公开的信息”从而在证券期货市场中形成不正当信息优势，在信息配置不公平的情况下通过相关证券期货交易攫取巨额利益。故信息是否公开直接决定了利用相关信息从事交易行为是否具有犯罪性。在如何认定对证券期货交易价格具有重要影响的信息是否公开的问题上，利用未公开信息罪与内幕信息罪具有不同的司法判断规则。

证券发行人、上市公司必须严格按照《证券法》、证监会《上市公司信息披露管理办法》等规定依法真实、准确、完整地披露信息，所以，在证券发行、交易过程中对证券价格有重大影响的内幕信息的披露规则具有明确的法律规定性。根据《证券法》的相关规定，对上市公司股票交易价格产生较大影响的内幕信息，上市公司应当按照规定将有关该重大事件的情况向国务院证券监督管理机构和证券交易所报送临时报告，并予公告，说明事件的起因、目前的状态和可能产生的法律后果。依法披露的信息，应当在证券交易场所的网站和符合国务院证券监督管理机构规定条件的媒体发布，同时将其置备于公司住所、证券交易所，供社会公众查阅。基于《证券法》关于信息披露的规定，刑法理论上一般主张适用内幕信息的形式公开标准，即尚未被公众知晓的重大信息在证券监管机构指定的媒体予以发布之时，应当认定内幕信息业已公开。① 实践中也有观点认为应当采纳实质公开标准，即内幕信息按照法定形式被披露之后，必须经过一定时间被市场消化，才能认定为内幕信息已经公开。② 但是，无论是形式公开还是实质公开，判断内幕信息是否公开必须严格围绕重大信息披露的法定时间节点进行法律分析。

相对于内幕信息具有明确的法定披露时间节点而言，未公开信息没有持续信息公开的法定要求，甚至关于未公开信息本身能否公开问题，刑法理论上仍然存在较大争议。有学者认为：“内幕信息是应该到时公开的，而基金从业人员掌握的投资信息则是自始至终都不能公开的，相当于商业秘密，这是两者的根本区别。”③ 不同意见认为：“在金融市场中，根据相关法律法规，经相关机构采取保密措施的各种信息，有的要求必须对外公布，而有的则要求定期或定时对外披露。”④

未公开信息本身具体内容的复杂性意味着其披露规则具有不同的法律要求，这决定了司法实务中判断未公开信息是否公开必须综合不同的分析标准并结合不同的信息特点予以认定。

---

① 参见张小宁：《论内幕交易罪中“内幕信息”的界定》，载《昆明理工大学学报（社会科学版）》2009 年第 3 期；顾肖荣、张国炎：《证券期货犯罪比较研究》，法律出版社 2003 年版，第 403～404 页。

② 参见陈海鹰、朱卫明、叶建平：《泄露内幕信息罪、内幕交易罪的若干问题探析——由“杭萧钢构案”展开》，载《法治研究》2008 年第 3 期；刘宪权：《内幕交易、泄露内幕信息罪若干疑难问题探析》，载《犯罪研究》2003 年第 2 期。

③ 卢勤忠：《利用未公开信息交易罪的认定》，载《政法论丛》2010 年第 1 期。

④ 缑泽昆：《〈刑法修正案（七）〉中“老鼠仓”犯罪的疑难问题》，载《政治与法律》2009 年第 12 期。

首先，对于按规定进行披露的未公开信息，应以其公布时间作为未公开信息业已公开的初步判断基点。未公开信息显然具有披露的要求。虽然在《刑法》条文结构与文字表述上，《刑法》第180条第4款并没有采取与本条第1款相同的方式明确规定在信息“尚未公开前”行为人从事相关证券期货交易的行为构成本罪，但这并不代表未公开信息不存在公开的问题。在金融实务中，金融机构以及相关监管部门在证券期货交易以及执法过程中形成的未公开信息，其保密要求只是阶段性的，相当部分未公开信息最终向市场予以公开。典型事例：基金公司依法定期公布季报、半年报、年报，向基金投资者披露详尽的投资信息；[①] 国家统计局定期公布宏观经济数据；央行宣布调整利率、存款准备金率；等等。此类信息对于证券期货交易价格具有显著影响，超过保密期限后即向市场公开。故未公开信息的正式公布日期可以作为判断该信息是否公开的时间基准。

其次，在正式公布之前未公开信息已经实际公开的，应当将实际公开日期认定为公开时间。未公开信息并不仅是静态的概念表达与资讯堆砌，其具有明显的动态执行性。未公开信息被执行后所产生的实际效果很可能已经深刻地对证券期货市场的交易价格产生影响。价格的显著变动会引起市场分析人士的关注，从而将信息概括地传递至整个证券期货市场。例如，2010年第二季度，各大基金调仓后新近大量购入的股票中，中天科技、远兴能源和S仪化于2010年7月19日分别大涨6.13%、4.96%和4.61%。同时，基金大幅加仓的浙江龙盛、东方航空和信达地产的当日涨幅也分别达到5.76%、4.85%和3.59%。各大证券媒体对此投资讯息进行了广泛的报道。[②] 基金新建仓位的信息经由媒体传播已经被公众所知晓。因此，如果相关信息在有关金融机构、金融监管部门按照法律规定的形式正式公布之前，已经通过价格

---

① 《证券投资基金法》第76条规定，公开披露的基金信息包括：(1) 基金招募说明书、基金合同、基金托管协议；(2) 基金募集情况；(3) 基金份额上市交易公告书；(4) 基金资产净值、基金份额净值；(5) 基金份额申购、赎回价格；(6) 基金财产的资产组合季度报告、财务会计报告及中期和年度基金报告；(7) 临时报告；(8) 基金份额持有人大会决议；(9) 基金管理人、基金托管人的专门基金托管部门的重大人事变动；(10) 涉及基金财产、基金管理业务、基金托管业务的诉讼或者仲裁；(11) 国务院证券监督管理机构规定应予披露的其他信息。

② 参见吴倩：《基金骑牛股散户慎追捧》，载《广州日报》2010年7月24日，第A17版。

波动规律被市场分析人士以及投资者消化，则不能以信息正式公布之日作为公开时间，而应当将实质公开时间认定为未公开信息也已公开。

最后，对于金融机构持续保密的未公开信息，不存在按照规定进行披露与公开的问题。保险公司、证券公司等金融机构利用自有资金进行证券期货投资，此类投资经营性决策信息属于公司内部保密信息，在没有泄密的情况下，仅为公司特定人员所掌握，在保密期限内始终处于非公开状态。

综上，判断未公开信息是否已经公开，应当根据未公开信息的不同性质及其披露要求，综合以下标准进行认定：定期按照规定的时间与约定的方式通过公众媒体（新闻发布会、网络、报纸、期刊等）向社会公开；未公开信息执行之后相关证券期货交易价格明显异常波动，已被市场消化公开；证券期货专业分析人员通过技术分析推断相关信息，向客户或者公众公开分析结论；等等。行为人在未公开信息公开之后从事相关证券期货交易的，不构成利用未公开信息交易罪。对于自始至终不公开的未公开信息，不存在信息正当公开问题，除了未公开信息非法泄露并公开之外，行为人利用此类信息从事证券期货交易的，符合利用未公开信息交易罪的构成要件。

第二节　利用未公开信息从事金融交易的司法认定与行为管理

金融机构从业人员、有关监管部门工作人员等利用因职务便利获取的未公开信息，自己从事相关证券期货交易，是利用未公开信息交易罪典型的实行行为。实践性难点问题集中体现为利用未公开信息与本人从事证券期货交易有关的认定。

一、利用未公开信息的推定与反驳

由于《刑法》第 180 条第 1 款内幕交易罪只规定了证券期货交易行为必须发生在内幕信息公开之前，证券期货犯罪理论对于利用内幕信息这一要素的必备性问题存在争议。[①]《刑法修正案（七）（草案）》征求意见时，理论上就有观点建议取消“利用”要件。[②] 但是，最后《刑法》第 180 条第 4 款利用未公开信息交易罪仍明确规定构成本罪必须“利用”未公开信息。实践中普遍性的观点是，在证券期货内幕交易犯罪案件中，直接证明行为人利用未公开信息、内幕信息具有相当难度，应当通过推定方式进行认定。[③] 内幕交易刑事案件审判实践已经对推定行为人利用内幕信息的有效性予以确认，但是，司法实务中不乏反对推定的意见。[④] 在利用未公开信息交易罪的语境下，能否对“利用”这一要素进行推定？如果认可推定，则在完成基础事实证明的情况下，控方即完成证明责任；如果不认可推定，则控方必须对“利用”行为进行直接证明。两种不同的判断规则直接影响交易行为合规管理的强度与细则。

在行为人始终不承认利用未公开信息从事相关证券期货交易的情况下，根据一系列形成证据链条的环境证据推定其实际上利用了未公开信息是合法且合理的。

根据证据法原理，“刑事推定本身就是一种证明规则”[⑤]。在基础事实客观确实的情况下，可以据此作出推定。推定行为人基于未公开信息实施证券期货交易并不意味着在利用未公开信息交易刑事案件中放弃了无罪推定原则。在没有明显的否定性解释、经验所认可的范围内，司法机关可以通过推定对刑事案件的相关事实作出留有余地的保守估计。[⑥]

---

① 参见卢勤忠：《基金犯罪研究》，北京大学出版社 2010 年版，第 262 ~ 265 页；刘宪权：《证券期货犯罪理论与实务》，商务印书馆 2005 年版，第 333 ~ 338 页。

② 参见顾肖荣：《对〈刑法修正案（七）〉（草案）三个条文的修改建议》，载《政治与法律》2009 年第 1 期。

③ 参见赵斌、曹云清：《利用未公开信息交易罪若干问题研究》，载《江西公安专科学校学报》2009 年第 4 期；杨冬：《证据推定 监管层严打内幕交易》，载《证券时报》2011 年 1 月 24 日，第 2 版；最高人民检察院法律政策研究室、中国证券监督管理委员会法律部编著：《证券期货犯罪司法认定指南》，中国人民公安大学出版社 2009 年版，第 54 页。

④ 参见苏江：《涨停王高淳陶瓷内幕交易真相》，载《21 世纪经济报道》2011 年 1 月 5 日，第 13 版。

⑤ Michael H. Graham, *Burden of Proof and Presumptions in Criminal Cases*, 45 Criminal Law Bulletin 6 (2009).

⑥ 参见邓子滨：《刑事法中的推定》，中国人民公安大学出版社 2003 年版，第 115 ~ 118 页。

根据利用未公开信息交易违法犯罪的实际情况分析，具有接触未公开信息职务便利的金融机构从业人员以及监管部门工作人员本身就具有禁止买卖与未公开信息相关的证券期货的戒绝交易义务，故完全可以基于其违背法定义务的交易事实推定其利用未公开信息。以证券从业人员、证券监管部门工作人员为例——根据《证券法》第 40 条的规定，证券交易所、证券公司和证券登记结算机构的从业人员、证券监督管理机构的工作人员以及法律、行政法规禁止参与股票交易的其他人员，在任期或者法定限期内，不得直接或者以化名、借他人名义持有、买卖股票或者其他具有股权性质的证券，也不得收受他人赠送的股票或者其他具有股权性质的证券；根据 2011 年 1 月 1 日实施的《证券公司信息隔离墙制度指引》规定，在证券公司业务经营过程中掌握或知悉的内幕信息或者可能对投资决策产生重大影响的尚未公开的其他信息的人员，禁止违规买卖列入观察名单、限制名单的投资产品。可见，证券行业从业人员与证券监管工作人员具有绝对的证券交易戒绝义务；对于其他投资产品的买卖，必须严格按照内控规定进行操作。所以，在证券从业人员、证券监管工作人员掌握未公开信息、从事相关证券期货交易的基础上，推定其交易行为系利用未公开信息实施的结论，不仅处于常理范围之内，而且能够得到合规管理制度的验证。

因此，控方提供证据证明存在符合下列要素的证券期货交易行为，可以推定行为人实际利用了未公开信息——（1）行为主体依职责或者经授权，掌握或知悉可能对证券期货交易价格产生重大影响的尚未公开的信息；（2）行为主体在掌握或知悉上述信息期间，且在该信息公开之前买卖相关证券期货。必须重视的是，推定可以反驳，当反驳的合理性强度超越推定强度时，可以认定行为主体并非基于未公开信息从事相关证券期货交易。行为人有足够证据证明存在以下情形之一的，推定其利用未公开信息交易的意见不能成立——（1）其在掌握或者知悉未公开信息之前，已经凭借对市场公开资料、数据等信息的分析作出相关投资判断与交易策略；（2）有正当理由相信行为人虽然依职责或经授权能够掌握但客观上确实没有接触未公开信息；（3）根据证券期货市场有关状况、操作规律、发展趋势，按照经验法则与证券期货知识，结合证券期货监管部门组织的专家委员会或者证券期货交易所的专业认定意见，能够认定行为人从事的证券期货投资品种与未公开信息无关等。

二、本人从事相关证券期货交易

金融机构从业人员、有关主管部门、行业协会工作人员以其个人的证券期货交易账户、资金账户自行或者委托经纪人实施金融交易，或者以其近亲属等具有共同利益关系人员的交易账户、资金账户从事相关证券期货买卖，当然应当认定为本人从事相关证券期货交易。但是，上述交易样态通过直观判断就能够加以认定，显然属于"低端"的利用未公开信息交易违法犯罪形式，在金融从业人员或者监管工作人员违规案例中较为罕见。

实际上，利用职务便利获取未公开信息的行为主体本人实施相关金融交易，本质上是对与未公开信息有关的证券期货交易行为的一种控制，其不仅是形式控制（以本人名义直接或者委托他人买卖证券、期货合约），而且表现为实质控制（控制他人或者利用他人账户从事相关交易）。以实质控制形态表征的利用未公开信息交易行为多发且较难认定，更有必要研究判断标准。

笔者建议，具有以下情形之一的，可以认定相关证券期货交易受到行为人的实际控制——（1）向他人提供购买证券、期货合约的资金，且他人买卖证券、期货合约的利益或者损失，全部或者部分由本人占有或者承担；（2）对他人的证券期货交易账户、资金账户或者他人所持有的证券、期货合约具有使用、管理、收益、处分等权限；（3）本人的近亲属等具有共同利益关系的人从事相关证券期货交易。上述认定标准决定了实务部门在查处利用未公开信息交易案件时，绝不能遗漏任何有关资金走向、人际关系、异动账户等要点的分析。

三、利用未公开证券市场信息从事期货交易

2010 年 4 月起，随着上海证券交易所推出沪深 300 股指期货合约，我国证券期货市场正式进入了金融期货时代。但是，股指期货交易在丰富金融交易品种的同时，对利用未公开信息交易的规范应对提出了全新挑战。由于《证券法》《证券投资基金法》及相关配套行政法规、规章等文件明确禁止证

券公司、基金公司等从业人员从事证券交易，相关从业人员本人或者利用他人名义从事证券交易必须承担相应的法律责任。同时，根据《期货和衍生品法》第53条规定，期货从业人员不得进行期货交易。但是，现有的法律、法规、规章等文件均没有规定证券公司、基金公司从业人员能否从事股指期货交易。由于沪深300指数期货涨跌直接与证券市场多空信息挂钩，证券公司、基金公司等直接接触证券交易市场的从业人员显然有条件利用其所在公司的职务行为掌握的未公开信息，判断沪深300指数期货的涨跌走向，通过多空选择进行套利。尤其是规模极为庞大的基金公司管理人员，其利用投资者基金从事大盘股的操作，对于股指具有实质性影响，其利用基金公司未公开的证券投资信息，在股指期货市场上建仓谋取个人利益，在金融实践中是存在实现可能的。

对于利用证券市场未公开信息从事金融期货交易的行为是否构成利用未公开信息交易违法犯罪，实践中有的观点持肯定的态度。但也有不少反对意见认为，沪深300指数期货合约指数标的的广泛性实际上已经在技术上控制了部分证券公司、基金公司等从业人员利用未公开信息从事股指期货交易的非公平性交易风险。利用证券现货市场的未公开投资信息在股指期货市场进行跨市场的交易，虽然具有利用未公开信息交易的行为特征，但由于证券现货市场与股指期货市场的关联度难以论证，这种行为不宜作为犯罪处理。

笔者认为，证券、基金公司、证券交易所等从业人员存在利用未公开信息从事股指期货交易牟取个人利益的行为风险，有必要通过刑法规范进行震慑与规制。在股市呈单边下挫状态下，这种利用未公开信息交易的行为具有严重的社会危害性，容易引发系统性风险。在市场行情不利时，券商、基金公司等从业人员，特别是主要负责人员利用证券现货市场的抛售信息，选择在股指期货交易中做空，容易获取巨额利益。其主要原因在于，此类证券市场从业人员的职务行为决定了其具有交易信息优势，在证券市场通过职务行为抛售股票，同时自己在股指期货做空套利，交易的公平性荡然无存。所以，坚持股指期货指数标的的广泛性能够消解证券从业人员利用未公开信息从事股指期货交易套利风险的观点有待商榷。

同时，我们应当看到，在金融期货交易领域，应当完善相关交易制度，对利用未公开信息交易行为形成完备且一致的法律规制体系。《刑法修正案（七）》全新设置了利用未公开信息交易罪，证券交易所、期货交易所、证券公司、期货经纪公司、基金管理公司、商业银行、保险公司等金融机构的从业人员以及有关监管部门或者行业协会的工作人员，利用因职务便利获取的内幕信息以外的其他未公开的信息，违反规定，从事与该信息相关的证券、期货交易活动，或者明示、暗示他人从事相关交易活动，情节严重的，依照第一款的规定处罚。对于利用未公开信息从事股指期货交易情节严重的行为，显然构成利用未公开信息交易罪。在《刑法》已经明确规定利用未公开信息交易罪的情况下，有必要对于此类利用未公开信息交易行为进行规范震慑。当然，由于前置性行政法律、法规、规章等文件没有对股指期货市场中证券公司、基金公司、证券交易所等从业人员利用职务行为获取的未公开信息从事交易行为作出具体的禁止性规定，实际上造成了法律体系一致性阙如。这是证券期货法律规范应当进行完善的方向。

在明确利用未公开证券市场信息从事金融期货交易行为具有刑事可罚性的基础上，我们也应当注意到，证券现货市场与股指期货市场毕竟只是关联市场而非同一市场，对于跨市场的利用未公开信息交易行为，在司法认定上，显然应当与同一市场的利用未公开信息交易行为有所区别。刑法重在震慑而非积极介入证券期货市场的监管。关键在于要求证券公司、基金公司、证券交易所等建立有效的内控机制，切实减小证券从业人员利用未公开信息从事股指期货交易谋取个人利益的风险。在监管部门尚未出台规范从业人员从事股指期货交易的具体细则之前，相关证券业机构应当率先建立严格的内部交易报告制度，要求核心业务部门人员以及专业人员全面向本单位披露其从事的股指期货交易内容；对于高级管理人员，其从事股指期货交易应当接受合规部门的审查，在核准之后才能进行股指期货交易。特别是基金公司，应当通过严格的内控机制防止从业人员违背信义义务利用交易权限，无视基金投资者利益，通过相关股指期货交易谋取私利。

第三节 建议他人从事金融交易的司法认定与行为管理

在原来的内幕交易罪刑法规范架构内，并没有规定利用内幕信息建议他人从事相关金融交易的行为构成犯罪，这主要是考虑到建议行为在实践中认定难度很大，建议行为入罪打击面过大。[①]《刑法修正案（七）》则在利用未公开信息交易罪、内幕交易罪中同步增设了建议行为这种内幕交易犯罪新类型。根据《刑法》第180条第4款的规定，行为人利用基于职务便利获取的未公开信息明示、暗示他人从事相关金融交易，同样构成利用未公开信息交易罪。

然而，建议他人从事相关金融交易本质上是一种言语的表达，根据维特根斯坦的“语言游戏”理论，同样的言语完全可以形成截然不同的用法与意义，必须通过静态语言符号发现背后动态人类活动的建设性内容；[②] 建议他人从事相关证券期货交易不可避免地牵涉金融技术性判断问题；《刑法》规范没有对行为人泄露未公开信息与被建议者实际从事相关交易的必要性问题进行明确规定。这都对实务部门精准认定建议行为制造了障碍，有必要在厘定相关疑难问题的过程中明确“明示、暗示他人从事相关交易活动”的内涵，从而明确信息流转行为的具体合规路径与管理规则。

一、关于被建议者是否实际从事相关证券期货交易问题

行为人建议他人从事相关证券期货交易之后，有的被建议者按照意见对相关证券期货品种进行了买卖，有的被建议者却没有实际从事相关金融交易。对于后一种情况，能否认定未公开信息知悉人符合利用未公开信息交易罪“明示、暗示他人从事相关交易活动”的行为标准？

利用职务便利获取未公开信息的行为人明示、暗示他人从事相关金融交

---

① 参见刘宪权：《金融犯罪刑法理论与实践》，北京大学出版社2008年版，第331页。

② 参见［德］维特根斯坦：《哲学研究》，汤潮、范光棣译，三联书店1992年版，第75页。

易，他人没有从事相关交易的，一般情况下不能认定其构成利用未公开信息交易罪。因为不管是利用未公开信息交易罪，还是内幕交易罪，本质上都属于证券期货市场中的内幕交易犯罪，既然在整个案件的犯罪行为体系中没有客观体现交易属性，就不能认为相关行为符合利用未公开信息交易罪的罪质。同时，由于利用未公开信息交易罪的成立必须符合“情节严重”的标准，而知悉未公开信息的行为人建议他人从事相关交易，他人没有实施证券期货交易行为，客观上不会扰乱证券期货市场的交易秩序。如果建议行为没有造成未公开信息泄露，建议他人交易行为所产生的恶劣影响处于可控状态，不符合利用未公开信息交易罪“情节严重”的实质标准；如果造成未公开信息泄露甚至大规模泄露，对于利用职务便利获取未公开信息并建议他人从事相关金融交易的行为主体，可以按照侵犯商业秘密罪、故意泄露国家秘密罪等泄密类犯罪进行定罪处罚，没有必要强行通过利用未公开信息交易罪处理。

二、关于泄露未公开信息问题

行为人在获知未公开信息的情况下，明示或者暗示他人买卖相关证券、期货合约构成利用未公开信息交易罪，是否以实际向对方泄露未公开信息为必要？

刑法理论上有观点认为，明示或者暗示他人买卖相关证券、期货合约，本质上均使他人在一定程度上了解了有关未公开信息；如果金融机构从业人员、监管部门工作人员单纯提供不确定的交易意见，他人没有知悉未公开信息，也不能认定其行为属于明示或者暗示他人买卖相关证券、期货合约。[①]可见，上述意见主张没有透露未公开信息具体内容的建议行为就意味着证券期货交易意见并不确定，故明示或者暗示他人买卖相关证券、期货合约必须以向他人透漏未公开信息为前提。

但是，明示或暗示他人买卖相关证券、期货合约构成利用未公开信息交易罪，不以向对方泄露未公开信息为必要。因为刑法体系解释可以证明透漏

---

① 参见缑泽昆：《〈刑法修正案（七）〉中“老鼠仓”犯罪的疑难问题》，载《政治与法律》2009 年第 12 期。

未公开信息的非必要性。利用未公开信息交易罪行为要件体系中包含了两种实行行为，一是本人利用未公开信息从事相关金融交易，二是本人在知悉未公开信息的基础上建议他人从事相关金融交易。既然两种行为同属于利用未公开信息交易罪的实行行为，其在要素配置上应当具有等量性——知悉未公开信息＋基于未公开信息发生的相关金融交易；在危害结果层面也具有等量性——基于未公开信息产生的内幕交易扰乱了相关证券期货交易市场的公平秩序。两种行为模式的差异性仅仅在于，前一种实行行为中违规交易的原因是未公开信息知悉人自己直接实施，后一种实行行为中违规交易的原因是未公开信息知悉人建议他人实施。因此，未公开信息是否透漏并不具有构成要件要素的实体意义，充其量只能作为进一步判断行为人通过何种具体方式建议他人从事相关交易活动的客观情形。

行为人向特定对象透漏未公开信息，应当将其认定为明示行为，还是暗示行为，抑或单纯地透漏未公开信息不符合利用未公开信息交易罪建议行为的特征？

有学者指出，内幕交易罪中的明示就是内幕信息知情人员在知悉内幕信息后直接明确将内幕信息告诉交易者，提示其从事相关证券期货交易；利用未公开信息交易罪中的明示具有相同的含义。① 不同意见认为，金融从业人员、监管机构工作人员等故意告知特定对象未公开信息，此种行为本质上属于暗示他人从事相关交易。② 更有意见认为，只要具备建议他人从事相关证券期货交易的目的，向他人透漏未公开信息不区分明示与暗示，均构成利用未公开信息交易罪。③

在利用未公开信息交易罪的语境下，知悉未公开信息的行为人向特定对象透漏未公开信息，属于明示还是暗示抑或两者皆非，无法设置一个封闭性的认定标准，必须根据个案中未公开信息的特质进行具体判断。

① 参见卢勤忠：《基金犯罪研究》，北京大学出版社2010年版，第260、279页。

② 参见缑泽昆：《〈刑法修正案（七）〉中“老鼠仓”犯罪的疑难问题》，载《政治与法律》2009年第12期。

③ 参见赵斌、曹云清：《利用未公开信息交易罪若干问题研究》，载《江西公安专科学校学报》2009年第4期。

利用未公开信息交易罪不同于内幕交易罪，在后者的刑法规范与犯罪行为框架中，绝大部分内幕信息都属于上市公司并购重组、资产增减、利润走向等影响特定证券交易价格的重大消息，内幕人员告知特定对象内幕信息的内容，直接等同于提供一个确定且可信的交易策略。因此，在内幕交易罪中，告知特定内幕信息就是明示他人从事相关证券期货交易。利用未公开信息交易罪则不然。有的未公开信息能够直接锁定对应的证券期货交易对象与方法。例如，基金公司对某只特定股票大量建仓或者加仓。有的未公开信息无法明确框定证券期货交易品种，甚至连操作方向都无法确定。例如，金融机构一年期存贷款基准利率上调若干百分点，可能引起股价齐跌，完全也可能属于“利空出尽”反而引发股价齐涨。行为人即使将此信息明确告知特定对象，如果没有告知其在股指期货市场中的操作方向（买还是卖），实际上无法认定其行为属于明示；同时，由于此类金融政策性信息没有对应的证券交易品种，更不可能认定其明示他人从事相关证券交易。因此，判断行为人向特定对象透漏未公开信息的行为性质，应当在一个原则性与开放性的基本尺度下结合个案情形与当时的证券市场状况作具体分析——未公开信息具有确定的证券期货交易品种指向与操作方向的，行为人向特定对象透漏未公开信息可以认定为明示；特定对象根据未公开信息结合证券期货市场知识，基本能够确定交易品种与操作方向的，行为人向特定对象透漏未公开信息可以认定为暗示；行为人向特定对象透漏未公开信息之后，特定对象根据证券期货市场一般投资者知识标准无法确定证券期货交易策略的，不能认为其透漏行为符合利用未公开信息交易罪“明示、暗示他人从事相关交易活动”的特征。

三、关于明示、暗示的认定问题

在明确被建议者实际从事相关交易、透漏未公开信息等因素如何影响“明示、暗示他人从事相关交易活动”司法判断的基础上，论述明示、暗示司法认定标准问题则相对顺畅。

明示他人从事相关证券期货交易是指，未公开信息知悉者明确告知特定对象相关证券交易品种及操作方向，或透漏未公开信息内容且该信息能够明确指向相关证券交易品种及操作方向，或既告知未公开信息又提示相关证券交易品种及操作方向。

暗示他人从事相关证券期货交易具有间接性与互动性，前者表现为未公开信息持有人没有直白地告知确定的证券期货交易策略，后者需要被建议者通过主观能动性的发挥来理解如何从事相关证券期货交易。因此，司法实践中认定暗示行为具有一定难度。笔者认为，暗示行为的本质在于心照不宣。根据当时证券期货市场的实际状况与发展规律、证券期货常识以及经验法则进行判断，未公开信息知悉人间接提出的倾向性意见（“不宣”）能够使证券期货市场正常投资者领悟相关证券期货交易活动（“心照”）的，可以认定为未公开信息知悉者暗示他人从事相关证券期货交易。

第八章

利用未公开信息交易的实践判断规则与合规管理建议（二）：违法性、关联性、时态性与边界性问题

在利用未公开信息交易案件中，与违法性、关联性、时态性、边界性有关的问题属于重点难点问题，有必要在深度规则解释的基础上明确证券合规的重点举措与路径。

第一节　利用未公开信息交易的违法性判断与合规管理

根据《刑法》第 180 条第 4 款的规定，金融机构的从业人员以及有关监管部门或者行业协会的工作人员利用通过职务便利获取的未公开信息从事证券期货交易或者建议他人从事证券期货交易，只有在“违反规定”的前提下才构成利用未公开信息交易罪。《刑法》为利用未公开信息交易罪明确设置“违反规定”的构成要件，决定了违法性分析是司法机关判断涉案行为是否构成本罪极为重要的工作。利用未公开信息交易的违法性判断主要涉及“违反规定”的范围界定、前置性规范的内容分析以及“违反规定”的判断依据等具体问题。

一、“违反规定”的范围

纵观我国《刑法》分则的规定，大量个罪的成立以违反相关法律、法规等规范性法律文件为前提，但其空白罪状的表述方式迥异——（1）有的概括地表述为“违反国家规定”（例如，《刑法》第137条工程重大安全事故罪）。由于《刑法》第96条在总则部分对国家规定的范围进行了确定性的解释，“国家规定”的最低法律位阶为国务院制定的法规，发布的决定、命令等。(2) 有的直接提示了具体的法律（例如，《刑法》第330条妨害传染病防治罪，“违反传染病防治法”），司法机关可以直接对相关个罪违法性的前置规范进行定位。（3）有的归纳了规范性法律文件的类别与位阶（例如，《刑法》第325条非法向外国人出售、赠送珍贵文物罪，“违反文物保护法规”），司法机关同样可以相对明确地确定相关个罪违法性的前置规范。（4）有的则仅规定了前置性规范的类别，但没有明确其法律位阶（例如，《刑法》第126条违规制造、销售枪支罪，“违反枪支管理规定”）。由于法律位阶的明确是司法机关对相关个罪进行违法性判断的前提与依据，《刑法》即使规定了相关规范性文件从属的类别，也难以清晰界定相关规定的范围。

构成利用未公开信息交易罪的前提是“违反规定”。在我国《刑法》分则中，以“违反规定”形式出现的空白规范极少，除了利用未公开信息交易罪之外，只有《刑法》第188条违规出具金融票证罪以及第442条擅自出卖、转让军队房地产罪采取相同的立法模式。

有学者指出，违规出具金融票证罪中的“违反规定”，显然不限于国家法律、行政法规，还应当包括部门规章以及银行或其他金融机构制定的相关规章制度和重要业务规则等行为规范。① 由于利用未公开信息交易罪与违规出具金融票证罪的刑法条文同属经济刑法规范体系，加之“违反规定”在法条文字表述上也确实明显区别于“违反国家规定”，按照上述经济刑法理论及逻辑展开的一种合理的解释是，利用未公开信息交易罪中的“违反规定”不应当局限于全国人大及其常委会制定的法律和决定、国务院制定的行政法规等规定，还应当覆盖国家有关部门规章、全国性行业协会规则以及相关金融机构、主管部门规章制度、规范指引等内部规范性文件。

---

① 参见顾肖荣：《论经济刑法中的几个基本问题》，载《法学》2008年第8期。

最高人民法院、最高人民检察院《关于办理利用未公开信息交易刑事案件适用法律若干问题的解释》第 3 条规定：《刑法》第 180 条第 4 款规定的“违反规定”，是指违反法律、行政法规、部门规章、全国性行业规范有关证券、期货未公开信息保护的规定，以及行为人所在的金融机构有关信息保密、禁止交易、禁止利益输送等规定。

犯罪的违法性始终被认为是理所当然的特征。[①]“违反规定”只是对利用未公开信息交易罪客观违法行为判断的一种特别提示，而并非刻意强调本罪只需以具有一定规范形式的文件而不需要规范性法律文件对涉案行为进行违法性判断。由于证券期货犯罪合法与违法的界限认定非常困难，必须通过对“违反规定”的细致分析实现利用未公开信息交易违法与犯罪界限的清晰界分。犯罪的成立应当具有统一性，故法律、法规、部门规章等国家统一性规范性法律文件显然可以是认定利用未公开信息交易罪的前置性规范。国家关于证券期货等金融行业的政策是制定相关法律、法规、规章的指导基础，也可以作为判断相关利用未公开信息交易行为是否违反规定的规范依据。证券、期货、基金、信托、保险、银行等全国性行业协会，是相关法律、法规、规章授权对行业进行管理与业务指导的组织，其指定的行业规范具有指导效力，同样应当作为判断利用未公开信息交易行为是否违反规定的基础。

刑法只允许保护法律所预先设定的利益。[②] 对于利用未公开信息交易罪等证券期货犯罪而言，其违法性判断依据必须通过明显的方式被吸收到犯罪构成的罪状表述之中，故利用未公开信息交易罪必须具有明确的形式违法性。“违反规定”不可能是一种违规性的、宽泛的、松散的范围指向，而应当是一个违法性的判断问题。根据犯罪二次违法性理论，刑法具有二次性规范的属性，犯罪具有二次性违法的基本特征。[③] 在认定犯罪的过程中，涉案行为

---

① 参见［德］李斯特：《德国刑法教科书》（修订译本），徐久生译，法律出版社 2006 年版，第 202 页。

② 参见［德］克劳斯·罗克辛：《德国刑法学总论（第 1 卷）：犯罪原理的基础构造》，王世洲译，法律出版社 2005 年版，第 12 页。

③ 参见杨兴培：《“许霆案”的技术分析及其法理思考》，载《法学》2008 年第 3 期；杨兴培：《犯罪构成的三个层面分析》，载《法学》2005 年第 5 期；杨兴培：《一起夫妻争吵引起自杀案的刑法思考和伦理思考》，载《华东政法学院学报》2004 年第 6 期；杨兴培：《犯罪的二次性违法理论探究》，载本书编辑委员会编：《社会转型时期的刑事法理论》，法律出版社 2004 年版，第 415 页。

的违法性依据根植于前置性规范，违法行为只有在超越其他法律规范的情况下，才能通过刑法规范进行二次评价与检讨。这种违法性判断应当是一种根据广义的法进行的法律评价，而非根据各式各样的规定进行的违规性分析。

法律、法规、规章等对于金融机构、主管部门、行业协会工作人员利用未公开信息提前进行证券期货交易牟利行为的违法性规定，通常是一种原则性、概括性、宣示性的禁止，司法机关很大程度上只能根据此类前置性法律规范对行为的违法性进行一般化的把握。而单位内部规章制度或者合同约定，是一种具体化的规则设计，可以成为司法机关在办案过程中细致分析利用未公开信息交易行为违法性的重要参考资料。在具体适用过程中，司法机关可以先行分析单位内部规章以及合同约定是否与前置性法律规范相抵触。如果单位内部规章及合同约定是前置性法律文件框架下的细化解释与应用，不属于对法律没有明确禁止的违法交易行为设置内部约束，则司法机关可以充分运用内部规定具体性的优势更加精确地分析涉案交易行为的违法性，从而实现利用未公开信息交易罪违法性司法审查的精确化。

二、前置性法律规范的内容

在明确了“违反规定”的范围之后，应当进一步考察“规定”的具体内容。司法机关只有在搜索到“规定”具体内容的基础上，才能根据前置性规范判断利用未公开信息交易行为的违法性。然而，证券、期货、银行、保险、基金等领域的法律、法规、规章、行业规则等前置性规范对于利用未公开信息交易行为的违法性规定实际上处于极度不完善的状态。

在法律这一位阶层面，《证券法》《保险法》《社会保险法》《商业银行法》都没有对证券公司、证券交易所、保险公司、商业银行、社保基金投资管理机构等工作人员利用未公开信息从事证券期货交易的违法性作出明确规定，完全没有相关的禁止性条款，甚至根本没有“未公开信息”的法律概念。《证券投资基金法》《信托法》只是从禁止背信行为的角度规定基金管理人、受托人不得利用基金财产或者信托财产为基金份额持有人或者信托人之外的其他主体谋取利益，没有明确禁止利用未公开信息交易行为。[①] 在法规这一位阶层面，《期货交易管理条例》只规定了禁止内幕交易，没有设置未公开信息的法律概念，没有禁止利用未公开信息交易行为的任何规定。在部门规章这一位阶层面，证券、期货、保险、基金、银行等金融部门规章对于各类金融机构及其工作人员的行为规范进行了细致的规定，但在利用未公开信息交易禁止性规定的内容设置上，仍然存在严重的规范缺位问题。尽管修订后的证监会《基金管理公司投资管理人员管理指导意见》第 21 条第 2 款明确规定，投资管理人员应当严格遵守公司信息管理的有关规定以及聘用合同中的保密条款，不得利用未公开信息为自己或者他人谋取利益。这为司法机关根据行政部门规章认定基金公司管理人员利用未公开信息交易行为是否违反规定提供了重要的规范依据。但是，其他金融领域的部门规章存在大面积的空白。例如，在保险规章领域，原中国保险监督管理委员会制定的，中国银行保险监督管理委员会制定的《保险公司董事、监事和高级管理人员任职资格管理规定》，原中国保险监督管理委员会制定的《保险公司管理规定》等一系列涉及保险资金投资信息管理的规定均未明确提及禁止保险公司工作人员利用未公开信息交易谋取利益的行为。

可见，现阶段司法机关不可能根据法律、法规、规章等前置性规范设置的相关内容来判断涉嫌利用未公开信息交易的行为是否“违反规定”，因为此类前置性法律规范处于集体性阙如状态。利用未公开信息交易罪违法性判断的前置性规范内容真空的原因在于：《刑法修正案（七）》采取能动的立法进路应对证券期货市场中具有严重社会危害性的行为——金融机构、金融主管部门工作人员利用职务地位优势及其产生的未公开信息优势攫取证券期货市场投资者利益行为。而刑法能动的结果便是：在行政性法律、法规、规章等规范性法律文件没有就利用未公开信息交易行为的违法性设置具体的内容

---

① 《证券投资基金法》第 20 条第 3 项规定，基金管理人不得利用基金财产为基金份额持有人以外的第三人牟取利益；《证券投资基金法》第 59 条第 1 款第 6 项规定，基金财产不得用于从事内幕交易、操纵证券交易价格及其他不正当的证券交易活动。《信托法》第 26 条规定，受托人除依照本法规定取得报酬外，不得利用信托财产为自己谋取利益。受托人违反前款规定，利用信托财产为自己牟取利益的，所得利益归入信托财产。

规定之前，利用未公开信息交易罪很大程度上只具有刑法规范的宣示意义，处于无法进行司法适用的法条虚置状态。

前置性规范具体内容真空问题反映了利用未公开信息交易罪存在逆向立法问题。对于一般证券期货犯罪等经济刑法立法而言，前置性行政法律法规的具体规范先行设置证券期货违法行为的禁止性规定，刑法将其中最为严重的部分行为纳入犯罪圈。刑法理论上将这种证券期货犯罪立法模式归纳为"以证券期货法律法规为刑事立法基础原则"①。按照这种正向的刑事立法思路，前置性行政法律法规应当在禁止性规定中明确利用未公开信息交易行为的违法性，或者在罚则中规定利用未公开信息交易行为行政责任与刑事责任的基本条款，刑法随后跟进，配置利用未公开信息交易罪的构成要件。但是，在利用未公开信息交易罪中，《刑法修正案（七）》先行提出证券期货交易中的未公开信息的概念，并设置利用未公开信息交易犯罪行为的罪状，而相关的行政法律法规在《刑法修正案（七）》施行后的较长时间内没有及时进行调整。"刑法先行"与"行政未变"的立法现状使得利用未公开信息交易罪具有明显的逆向立法特征。由于《刑法修正案（七）》增设的出售、非法提供公民个人信息罪和非法获取公民个人信息罪也具有刑法反逼行政法律法规设置前置性规范的特点，② 故以利用未公开信息交易罪逆向立法为代表的非典型经济犯罪立法模式实际上已经成为一种不容忽视的趋势。

在传统刑法理论中，无论是大陆刑法理论强调的法益保护的"辅助性"③，还是英美刑法认可的刑法的"最后手段性"④，都一致性地主张刑法只能在民法、行政法等损伤性较弱的制裁手段不足以保护法益的情况下才能够予以适用。⑤ 利用未公开信息交易罪逆向立法、倒逼前置性法律规范保护

---

① 刘宪权：《证券、期货犯罪的刑事立法及其完善》，载《法学》2004 年第 5 期。

② 参见陈晓英：《刑法亮剑"倒逼"个人信息保护法出台》，载《法制日报》2008 年 9 月 8 日，第 5 版。

③ ［德］克劳斯·罗克辛：《德国刑法学总论（第 1 卷）：犯罪原理的基础构造》，王世洲译，法律出版社 2005 年版，第 23 ~ 24 页。

④ Douglas Husak, "*The Criminal Law as Last Resort*", 24 Oxford Journal of Legal Studies 207, (2004).

⑤ 参见［德］约翰内斯·韦塞尔斯：《德国刑法总论》，李昌珂译，法律出版社 2008 年版，第 6 页。

法益的刑法能动现象似乎在合理性层面存在极大的疑问。

但是，刑法在前置性规范具体内容缺位的情况下，先行设置利用未公开信息交易罪，是刑法在风险社会中对传统刑法谦抑性原则的一种微调，是在合理的限制中对于经济生活中的出现的严重危害证券期货市场秩序行为的能动反应。这不仅是理性的呼唤，而且是在更高的层次上符合传统刑法理论的实践性思考。随着经济迅猛发展，金融市场与金融创新已经成为经济社会生活中极为重要的组成部分。风险刑法的政策重心，正从原来的危害公共安全犯罪带来的危险应对，逐渐转变为证券期货犯罪等金融犯罪带来的风险预防。金融创新的指数级增长模式决定了金融违法犯罪行为千变万化。面对金融违法犯罪行为千变万化及其对证券期货市场产生的严重风险，刑法在民法、行政法没有及时跟进的情况下迫不得已进行提前反应，促使法律体系全面保护证券期货市场安全稳定，对具有严重社会危害性的金融违法犯罪行为进行整体性的规范控制。

同时，根据李斯特的违法性理论①，犯罪是一种违法行为，对犯罪的法律评价包括形式违法与实质违法。形式违法指向违反法律的禁止性规定；实质违法意味着一种社会危害性或者反社会性。形式违法与实质违法之间可能出现矛盾，即有关行为没有违反现有法制的要求却具有严重的反社会性。对于司法适用而言，司法机关必须严格按照现有的规定认定其是否构成犯罪，包括严格审查前置性规范判断犯罪行为的违法性，没有违反前置性法律法规，就不存在构成相关证券期货犯罪的基础。对于《刑法》修改而言，其完全可以超越现有民法、行政法的制裁范围对危害社会的行为进行理性应对。

经过上述理论分析可知，虽然《刑法》在前置性规范尚未对利用未公开信息交易行为的违法性进行明确禁止的情况下提前设置了利用未公开信息交易罪的罪状，但其本质上符合风险刑法应对证券期货市场危害社会行为的现实要求与传统刑法的违法性理论。利用未公开信息交易罪超前立法，同时，采用“违反规定”的空白罪状，强调利用未公开信息交易罪的犯罪性仍然应

---

① 参见［德］李斯特：《德国刑法教科书》（修订译本），徐久生译，法律出版社2006年版，第200～201页。

当以前置性法律规范规定的违法性为前提。这与金融犯罪具有行政违法与刑事违法双重性特征相吻合，符合经济法律法规与经济刑法之间规范协调性与一致性的要求。[①] 以利用未公开信息交易罪为代表的金融犯罪逆向立法为今后刑法修正应对实践挑战树立了具有重要意义的标杆。对于司法实践而言，《证券投资基金法》《信托法》等法律已经对背信行为设定概括性禁止规定，证监会《基金管理公司投资管理人员管理指导意见》在基金部门规章层面明确禁止利用未公开信息交易行为，司法机关可以将此类前置性规范的具体内容作为考察行为违法性的依据。故基金公司、信托公司工作人员利用本单位投资信息从事相关证券期货交易谋取利益的，可以认定为利用未公开信息交易罪。但是，对于《证券法》《期货交易管理条例》《商业银行法》《保险法》等大部分没有对“违反规定”的具体内容进行填充的金融法律、法规等规范领域，我国必须尽快制定禁止利用未公开信息交易行为的规定。

三、“违反规定”的判断依据

利用未公开信息交易罪中的“违反规定”并不是一个孤立的构成要件要素，其本质上是对利用未公开信息交易行为违法性问题设定一个整体性的法律规范。故“违反规定”的司法认定不能仅仅是对相关规定的援引，而是必须对整个利用未公开信息交易过程中行为的违法性进行全面的证明，即通过严格的司法审查论证利用未公开信息交易行为的违法事实及其规范依据。

在当前的证券期货犯罪司法实践中，对于涉案行为违法性判断的依据主要是证监会的行政处罚决定书、违法行为认定函等行政法律文书以及证监会在行政程序中搜集的书证、物证、证言等证据。例如，在非法经营类证券期货犯罪案件中，司法机关通常将证监会对非法经营证券期货业务的性质所出具的书面结论、复函等作为认定行政违法性的核心依据甚至是唯一依据。但是，理论界普遍认为，证监会行政程序中形成的处罚决定、书面复函、调查笔录等文件材料，在刑事司法程序中不具有司法效力，不应以此为依据认定

① 关于证券期货行政规范与证券期货刑法规范之间关系的详细论述，参见刘宪权：《证券、期货犯罪的刑事立法及其完善》，载《法学》2004年第5期。

证券期货犯罪行为违法性。[①]

实际上，“违反规定”是利用未公开信息交易罪的构成要件，这就决定了司法机关必须对金融机构、相关主管部门等单位的工作人员利用未公开信息从事金融交易行为的违法性进行独立且全面的司法审查与判断，行政处罚决定书、行政复函等只能作为司法审查的参考材料而非判断依据。证监会对利用未公开信息交易行为违法性进行确认的行政法律文件具有的既定效力仅覆盖行政程序环节。这意味着司法机关不得以节省司法资源、金融技术性知识能力低于证券期货执法部门等理由直接将行政法律文件作为认定相关利用未公开信息交易行为“违反规定”的依据。

司法实践中，证券期货犯罪案件通常由行政执法部门在调查结束后移送司法机关。利用未公开信息交易罪的司法审查必然滞后于行政调查。大量的能够证明利用未公开信息交易行为违法性的证据势必都由证监会等行政执法部门先行调取、采集、固定、制作。[②] 证券期货犯罪涉及大量交易数据、资金流动、账户信息等证据材料，司法机关只能在经过审查认可这些证据合法性的基础上，对涉案行为的违法性进行判断，不可能作为取证主体重新采集证券期货犯罪的证据。因此，认定利用未公开信息交易罪“违反规定”的具体依据应当是证券期货执法部门移送公安机关的证据。此类能够证明利用未公开信息交易行为违法性的依据进一步可以区分为直接依据与间接依据——（1）证券期货执法机构向证券期货公司、证券期货交易所等机构调取的记录证券期货交易流水数据、资金走向、账户资料等信息的书证、物证、电子证据等客观性材料，经司法机关确认具备证据合法性的，可以直接作为判断利用未公开信息交易行为违法性的依据。（2）证券期货执法机构在办案过程中形成的涉案人员供述、证人证言、调查笔录等主观性材料，在刑事司法中不具有证据合法性，必须经过司法机关依法转换为刑事诉讼证据，从而成为判

---

① 参见吕蕾：《资产注入遭遇“暗礁”行政认定函能否推定其罪——专家热议证券内幕交易的“罪与非罪”》，载《上海法治报》2010 年 7 月 9 日，第 A8 版。

② 例如，在朱某明操纵证券市场犯罪案件中，涉案的交易行为涉及全国 48 家证券营业部、273 个资金账户、6509 个证券账户，证监会总共制定了 58 卷证据材料移送公安机关，办案工作量极大。参见吴卫军：《操纵证券市场罪的理论与实务难点分析》，陈辐宽主编：《金融证券犯罪疑难问题解析》，中国检察出版社 2009 年版，第 22 页。

断利用未公开信息交易行为是否违法的间接依据。

四、“违反规定”的规范填充

要求前置性金融法律规范在短时间内系统性地增设利用未公开信息交易行为违法性的具体内容显然是不切实际的。因此，以《证券法》《保险法》《信托法》《证券投资基金法》等为代表的法律应当最先进行原则性修改，[①]为行政法规、部门规章、行业规范等规范性文件的逐步修改提供明确的规范设立依据，进而对利用未公开信息交易行为设置体系性的违法性判断依据。

以《证券法》为例，具体的立法建议是——（1）在总则中概括性地规定禁止利用未公开信息交易行为。将《证券法》第 5 条修改为，证券的发行、交易活动，必须遵守法律、行政法规；禁止欺诈、内幕交易、利用未公开信息交易和操纵证券市场的行为。（2）在第三章“证券交易”第三节禁止的交易行为中规定禁止利用未公开信息交易行为的具体内容。在《证券法》内幕交易行为与操纵市场行为之间增设一条：禁止证券监督管理机构、证券交易所、证券公司、证券交易结算机构等单位工作人员利用内幕信息之外的其他未公开信息从事证券交易活动。证券监督管理机构、证券业协会、证券交易所、证券公司、证券交易结算机构中，涉及证券供求关系、投资经营决策、证券监管等对证券市场价格有重大影响且尚未公开的信息，是内幕信息之外的其他未公开信息。（3）在法律责任部分规定利用未公开信息交易行为的行政违法责任与刑事犯罪责任。

其他金融领域的法律可以参照上述标准与思路增设利用未公开信息交易行为的禁止性规定，从而相对完整地填充利用未公开信息交易罪“违反规定”的具体内容，保证司法机关准确根据前置性规范认定相关利用未公开信息交易行为的违法性。

---

① 相关立法修订工作已经渐次展开。例如，《证券投资基金法》的修订草案业已形成，拟将利用巨额基金资金投资信息牟取证券交易利益的行为明确纳入违法行为的范畴。参见刁晓琼、曲艳丽：《基金法修订进行时》，载《财经》2010 年第 26 期。

第二节　利用未公开信息交易关联性的司法判断与行为管理

关联性判断是利用未公开信息交易罪司法实践中极为重要的问题。因为如果行为人利用不是通过职务便利获取的未公开信息从事相关交易活动，或者违规从事的证券期货交易与未公开信息没有关联，则不能成立利用未公开信息交易罪。所以，明确利用未公开信息交易行为的关联性判断规则对于本罪而言具有重大意义。

一、职务便利与未公开信息的关联性分析

根据《刑法》第180条第4款的规定，行为人从事违规交易所利用的未公开信息，必须“因职务便利获取”。对于如何理解“因职务便利获取”，刑法理论上有观点提出如下认定规则：一是利用工作地点、工作环境的便利条件获取的内幕信息以外的其他未公开的信息，如基金管理公司的工作人员趁总经理办公室无人之机看到的公司拟建仓的证券品种的决定；二是利用职务身份、影响的便利条件获取的内幕信息以外的其他未公开的信息，如某甲基金管理公司的经理和某乙基金管理公司的经理通过告知对方自己所在基金管理公司拟建仓的证券品种，从而获悉对方公司拟建仓的证券品种。①

应该看到，上述观点侧重对利用职务便利的两种方式即“直接利用”和“间接利用”的论述，并没有揭示“职务便利”与“未公开信息”的关系。为了更好地打击和预防犯罪，笔者认为，利用未公开信息交易罪中的职务便利，应当是指证券交易所、期货交易所、证券公司、期货经纪公司、基金管理公司、商业银行、保险公司等金融机构的从业人员以及有关监管部门或者行业协会的工作人员，主管、管理、从事、履行本职工作、义务或者其他一切与职务有关的便利条件。在此基础上，“职务便利”与“未公开信息”之

---

① 参见赵斌、曹云清：《利用未公开信息交易罪若干问题研究》，载《江西公安专科学校学报》2009年第4期。

间必须具有因果关系，也就是说行为人获取“未公开信息”必须是利用“职务便利”获取。这意味着未公开信息的获取路径具有严格限定性，必须与职务便利具有因果关系。职务便利与未公开信息之间的因果关联性要求决定了金融机构从业人员、有关监管部门或行业协会工作人员利用基于工作便利等原因而获取未公开信息从事违规交易，不受利用未公开信息交易罪的法律规制。

之所以强调两者之间必须具备因果关系是因为司法实践中存在无意获取“未公开信息”的情形，如在某基金公司职员饭馆会客时，无意中听到自己公司的领导谈论本公司将重仓持有某只股票的信息并加以利用的情形。笔者认为，在此种情形下，行为人并不是利用职务便利而获取到信息的，两者之间没有因果关系，故应该被排除在刑法规制范围之外。强调“职务便利”与“未公开信息”之间的因果关系，是罪刑法定原则的精神要旨所向。

应当注意到，刑法理论业已对职务便利的规范内涵进行深度解读，相关贪污贿赂犯罪司法解释也为实务部门提供了职务便利的判断标准。目前刑法理论对利用未公开信息交易罪“职务便利”的解读基本沿用了传统职务犯罪理论的内容与结构。[①] 实际上，在利用未公开信息交易罪中，无须继续静止性地诠释何谓职务便利，但仍有必要结合证券期货交易、金融业务、金融监管、未公开信息及本罪行为主体等特点，梳理职务便利与未公开信息的因果关联。

金融机构、有关监管部门及行业协会中的职务范围具有广泛性。《刑法》规范明确规定“因职务便利获取的内幕信息以外的其他未公开的信息”，这意味着职务便利必须具有管理未公开信息的属性。根据金融机构与金融监管的实践特点，未公开信息管理主要涵盖以下内容：（1）金融单位、有关监管部门、行业协会及其相关派出机构、分支机构高级管理职务。金融机构中的董事、经理、监事以及监管部门、行业协会中的主要负责岗位承担金融单位中的整体管理任务，在主管、分管范围内对未公开信息进行管理，显然属于

① 参见徐春：《利用未公开信息交易罪的司法认定》，载《南昌大学学报（人文社会科学版）》2010 年第 6 期；赵斌、曹云清：《利用未公开信息交易罪若干问题研究》，载《江西公安专科学校学报》2009 年第 4 期。

获取未公开信息的职务便利途径。（2）金融机构中负责证券期货交易经纪、自营、投资管理、研究咨询、证券承销、交易结算等具体金融业务的职务。上述职务在各自负责的金融业务环节对生成的未公开信息承担管理职能，应当属于获取未公开信息的职务便利途径。（3）金融机构中负责合规管理、信息隔离、跨墙监督、金融信息技术管理等综合性金融业务的职务。虽然上述职务运作过程中不会主动生成未公开信息，但职责内容是对金融机构中的未公开信息进行监管管理，其履行职务的前提必然是知悉未公开信息。（4）有关监管部门、行业协会在履行监管职责、行业管理职责过程中接触未公开信息的管理岗位。基于不具有未公开信息管理属性的工作便利获取未公开信息进而从事相关证券期货交易的，由于不存在职务便利与未公开信息的因果关联，不能构成利用未公开信息交易罪，可以通过侵犯商业秘密罪等刑法规范进行评价。

二、交易活动与未公开信息的关联性

根据《刑法》第 180 条第 4 款的规定，行为人构成利用未公开信息交易罪，必须是从事与该信息“相关”的证券、期货交易活动，或者明示、暗示他人从事“相关”交易活动。实践中如何认定交易活动与未公开信息之间的关联性？刑法理论尚未对未公开信息与交易行为的相关性问题进行论证，故有必要综合金融实务与刑法理论设定相关性判断规则。

行为人买卖与未公开信息直接对应的证券期货交易品种的，可以认定为交易行为与未公开信息具有关联性。例如，证券公司自营业务负责人员利用公司拟卖空 A 股票的未公开决策信息建议他人提前卖出 A 股票；再如，成品油定价政策制定部门工作人员在成品油涨价信息公布之前做多燃料油期货合约。未公开信息内容的覆盖面与影响力各不相同，交易品种与未公开信息之间的直接关联性并不局限于“一对一”的对应关系。一条未公开信息可以形成多项与之直接关联的金融交易。例如，房产调控政策信息对于证券期货交易具有广泛影响，行为人利用此类未公开信息买卖地产行业股票、螺纹钢期货合约、沪深 300 股指期货均可认定为与未公开信息直接关联。

由于证券期货市场中的资金、交易品种、信息等要素之间具有高度的交互性，行为人完全可以规避与未公开信息具有直接关联的交易品种，转而选取形式上关联性不明显却实质相关的交易品种进行买卖谋利。例如，基金管理公司经理基于职务便利知悉公司计划使用基金资金大量买入中国石油H股。如果其抢先使用自己控制的账户买入中国石油H股，则该交易行为与未公开信息直接相关。如果其抢先使用控制账户购买中国石油A股，或做多沪深300股指期货，虽然交易行为指向的证券期货产品与未公开信息指向的证券标的仅具有间接关联，但由于H股与A股联动，中国石油权重股的定位决定了其股票价格攀升带动股指期货价格上升，故其仍可以获取巨额利益。美国证券犯罪理论将此类行为称作“替代性交易”（substitute trading）。① 但并不是所有的替代性交易均具有刑事可责性，这就需要实务部门在交易行为与未公开信息的间接关系中准确筛选出具有刑事犯罪性质的情形。笔者认为，司法机关无法按照一个固定的原则对间接关联是否具有犯罪性进行判断，而应根据证券期货市场正常投资者所具备的证券期货常识以及经验法则进行个案分析。如果根据证券期货常识能够认为行为人所从事或者建议他人从事的证券期货交易与未公开信息实质相关且所获利益明显违背证券期货交易公平性准则，可以认定该交易活动与未公开信息“相关”。

第三节 时态性情境下利用未公开信息交易的司法判断与行为管理

通常情况下，利用未公开信息犯罪案件一般是在行为人实施全部的交易行为之后被稽查机构发现，在达到构成犯罪标准的情况下，移动司法机关进行刑事追究。但是，随着证券期货市场稽查技术的不断升级，实践中也存在一些特殊的时态性情境，即行为人在建仓过程中即被证券监督机构发现，在行为人跑仓前，相关部门及时制止了行为人的非法行为。也就是说，利用未

① See Ian Ayres & Joe Bankman, “*Substitutes for Insider Trading*”, 54 Stanford Law Review 235, (2001).

公开信息交易行为处于“进行时”，由于意志以外的原因停顿下来，终止于未完成时。一般来说，利用未公开信息交易行为需要经历一个完整的过程，即建仓到跑仓的过程。在这种特殊情况下，行为人通过利用未公开信息交易而获得巨额利益的设想并没有得逞。对此能否认定行为人为利用未公开信息交易罪未遂，理论与实践中存在较大争议。

一、未完成的行为时态

典型案例表现为：张某在担任某基金的基金经理期间，利用职务便利获取该基金的基金投资与研究信息，并操作名为他人但由其实际控制的“Z”账户，先行买入某股票，投资金额达400多万元，但在建仓过程中，引起了证券监督管理机构的注意和警惕。相关部门跟踪掌握了张某的具体行为后，在张某准备跑仓前，禁止其行为。张某具体的操作方式是，其在参加融通公司投资决策委员会会议、基金晨会、投研例会、研究月度会、外部券商推介会及与该公司基金经理、研究员交流的过程中，获取了该公司旗下基金投资及推荐相关个股的非公开信息，通过网络下单的方式，操作其实际控制的“Z”账户从事股票交易。张某还通过网络下单方式，操作其妻的同名账户进行交易。根据计算，若相关部门未予以禁止，使其成功卖出该股票，其可获利200多万元。

对于张某是否属于利用未公开信息交易罪的未遂形态主要存在两种不同意见：第一种意见认为，张某由于没有获得利益，因此张某的行为只是违反了相关经济法规，只要进行相关行政处罚即可，其根本不构成犯罪。第二种意见认为，张某实际上已经着手实施相关的犯罪行为，其没有获得利益是由于意志以外的原因所导致的，符合刑法上未遂的概念。因此张某属于利用未公开信息交易罪的未遂形态。

就本案而言，张某作为基金公司经理，利用职务便利获取该基金的基金投资与研究信息，操作他人名下的“Z”账户，先行买入某股票，投资金额达400多万元。张某符合本罪特殊主体的要求，也符合本罪客观行为的表现形式，对犯罪行为及结果表现为故意的心理态度，侵害了基金管理秩序、投资者利益、单位利益和单位信誉，实际上已经符合利用未公开信息交易罪的构成要件，因此可以排除上述无罪的观点。这种意见实际上是将“未得逞”与“不具备全部构成要件”相混淆，这两个概念是两个层面的问题，“得逞”与否是判断犯罪停止形态所要认定的事实，而是否具备构成要件则是犯罪是否成立所要认定的事实。比如，在故意杀人中，行为人向犯罪对象开枪，但未打中要害，仅造成伤害的结果，其杀人目的并未得逞，这种情况下，还是应当认定为构成故意杀人罪，而不能认定为不构成犯罪。同理，在本案中，犯罪是否得逞并不是区分犯罪是否成立的要件，只要具备了利用未公开信息交易罪的构成要件，行为人就构成利用未公开信息交易罪。那么，张某究竟是否构成利用未公开信息交易罪的未遂？笔者认为，解决该问题的关键在于论证利用未公开信息交易罪是否存在未遂形态。

实践中有观点认为，利用未公开信息罪存在未遂的可能性。该观点首先证明本罪属于情节犯，从本罪行为特点来看，从行为着手到行为得逞存在一定的时间差，这就给未遂提供了极大的空间；从法定刑角度来看，本罪基本犯的最高法定刑是5年，因此当本罪的社会危害性达到了应该判3年以上有期徒刑的时候，本罪就可能具有未遂的可罚性；从司法实践角度来看，倒卖车票罪的罪状与本罪罪状在情节严重上存在相同意义的规定，类比认为存在未遂的可能性。① 不同意见认为，情节犯不存在未遂形态。因为，在未达到法定情节要求的情况下，情节犯本身就不成立，情节犯的犯罪未遂更无从谈起。立法者对某些行为成立犯罪在罪状中之所以列明“情节严重”或“情节恶劣”的要求，是由于对这些行为如果不提出这样的要求，就不能使其社会危害性达到应当追究刑事责任的程度。因此，情节犯在犯罪构成上的特点是，在具备犯罪构成的四个要件之外，还必须符合“情节严重”或“情节恶劣”的要求，否则就不成立犯罪。而犯罪未遂是以犯罪的成立为前提的。在情节犯尚未成立的情况下，自然不存在讨论情节犯的犯罪未遂问题的余地。②

界定一个罪名是否存在未遂的可能性，还应当从既遂与未遂的本质出发。关于犯罪既遂与未遂问题，刑法通说认为，犯罪既遂是指着手实行的犯罪行

① 参见王睿：《浅析利用未公开信息交易罪的未遂》，载《学理论》2010年第7期。

② 参见王志祥：《情节犯基本问题研究》，载《保定学院学报》2008年1月第1期。

为具备了具体犯罪构成全部要件的情况。既遂与未遂区别的标志，就是犯罪实行行为是否具备了犯罪构成的全部要件。至于犯罪构成要件是否完全具备，在各类犯罪中则可以有不同的表现①。犯罪构成要件齐备，是指犯罪主体、主观方面、客观方面、客体全部齐备。在有些犯罪中，行为人实施犯罪后虽然没有达到犯罪目的，但在法律上已经完全具备了犯罪构成的要件，应为犯罪既遂，而不是犯罪未遂。我国《刑法》中虽然有不少犯罪是以法律规定的犯罪结果的发生与否作为区分犯罪既遂与未遂的标准，但犯罪结果是否发生，尚不能作为一切犯罪既遂与否的区分标准。上述否定情节犯存在未遂形态的观点，实际上是混淆了犯罪构成要件齐备与犯罪构成要件具备的界限。犯罪构成要件具备是犯罪成立与否的标准，一个行为符合犯罪构成要件，就表明犯罪构成要件已“具备”，但我们不能认为该行为就是犯罪构成要件“齐备”。例如故意杀人未遂的行为，行为人已经具备了故意杀人的构成要件，但有可能因为对象未死亡，而使得故意杀人中的“死亡”要件缺乏，导致构成要件并不齐备。

二、司法规则与合规指引

判断利用未公开信息交易罪是否存在未遂形态，除了正确理解犯罪齐备的意义，还必须从以下两个方面把握：

其一，“停顿”是犯罪未遂的前提。

故意犯罪的停止形态应该以行为过程中产生“停顿”为成立的前提条件，没有停顿也就不会有故意犯罪的停止形态。一个故意犯罪行为只有一个形态，而行为形态的确认是以行为最后的停顿点作为标准的。我们不能在分析案件过程中对行为人的完整行为人为地进行分割，也不能将行为人行为过程中的“暂时停顿”作为判断故意犯罪停止形态的标准。故意犯罪的停止形态是行为人在犯罪过程中由于某种原因停止下来所呈现的状态。我们考察一种犯罪的停止形态只能以一种行为结局性的停止作为参考依据，而不能以行为的暂时停止来确定犯罪预备、未遂或中止。另外，故意犯罪停止形态是一

① 参见赵秉志：《犯罪未遂的理论与实践》，中国人民大学出版社1987年版，第95~98页。

个静止的犯罪行为状态。就同一犯罪行为而言，出现了一种犯罪形态后，不可能再出现另一种犯罪形态。

犯罪未遂就属于行为最后停顿时犯罪由于意志以外的原因停顿下来而没有完成的未完成形态。本案中的停顿点在于证券监督管理机构发现张某利用职务之便，获取相关信息后“建仓待撤”，及时予以禁止这种行为。这种停止是终结性质的，对于张某而言是意志以外的原因。

其二，犯罪实行行为是否着手是重要标志。

《刑法》第23条第1款规定：“已经着手实行犯罪，由于犯罪分子意志以外的原因而未得逞的，是犯罪未遂。”这里的“着手”，是指行为人已经开始实施《刑法》分则条文规定的某种犯罪构成要件中的具体行为。对于“着手”认定的标准，我国刑法理论界有不同的认识：“接触对象说”，认为犯罪着手与否应以是否接触对象为标准；“接近对象说”，认为犯罪着手与否应以是否接近对象为标准；“引发结果说”，认为着手行为对犯罪结果的发生具有原因力，因此把是否有可能直接引起犯罪结果的发生作为认定着手的标准；“时间、地点紧接说”，认为与犯罪的时间、地点紧密结合的是犯罪着手，否则便是犯罪行为的着手，在不同场合，其表现形式也不一样，因此具体认定犯罪是否着手，没有一个固定不变的标准和模式，需要根据具体案情作出具体分析判断。①

笔者认为，“着手”的认定存在一种概括标准，这一标准应根据主客观相统一的原则，结合我国《刑法》分则中对每一个具体犯罪的规定来加以确定。我国刑法中着手的标准是“开始实施使刑法所保护的犯罪客体面临现实危险性的侵害或威胁的行为”。按照主客观相一致的原则来理解：客观上具体表现为“开始实施使刑法所保护的犯罪客体面临现实危险性的侵害或威胁的行为”；主观上表现为“行为人明显地表现出使刑法所保护的犯罪客体面临现实危险性的侵害或威胁的意志”。

犯罪行为的着手认定还应当结合我国的刑事政策加以确定。我国《刑法》只规定着手实行犯罪以后，由于犯罪分子意志以外的原因而未得逞的，

---

① 参见刘宪权主编：《中国刑法理论前沿问题研究》，人民出版社2005年版，第165页。

属于未遂。但对于何谓“着手”，则没有也无法进行明确规定。

因此，利用未公开信息交易罪的着手应当是行为人实施使基金管理秩序、投资者利益、单位利益及基金行业信誉面临现实危险性的侵害或威胁的行为，具体而言，既可以是资产管理机构的从业人员在用客户资金买入证券或其衍生品、期货或者期权合约等金融产品前，自行先买入证券的行为；也可以是明示或者暗示他人买入证券的行为。一旦行为人实施这种买入行为，就构成了对基金管理秩序、投资者利益、单位利益及基金行业信誉的侵害和威胁。因为这种买入行为是基金市场所排斥的行为，一旦实施这种行为，对于其他投资者来说其投资风险就大大提高，随着时间的推移，若行为人提前“撤仓”，将资金撤走，投资者将面临巨大损失。因此，合规管理实践中，监管机构并不能因为没有产生具体的经济损失，而不对此类行为进行监控与处理。

所以，在上述案例中，张某的行为理应构成利用未公开信息交易罪，并且属于未遂形态，具体理由如下：首先，张某已经着手实行了利用未公开信息交易罪的实行行为。张某在参加融通公司投资决策委员会会议、基金晨会、投研例会、研究月度会、外部券商推介会及与该公司基金经理、研究员交流的过程中，获取了该公司旗下基金投资及推荐相关个股的非公开信息，操作他人名下的“Z”账户，先行买入某股票。这一行为属于利用未公开信息交易罪的着手行为。其次，张某的犯罪未得逞。“老鼠仓”行为具有一定的复合性，根据《刑法修正案（七）》第 2 条第 2 款规定，相关人员从事与内幕信息以外的其他未公开信息相关的交易活动，这里的交易活动就是本罪的客观方面。如上所述，“老鼠仓”的交易活动包含了建仓与跑仓两个阶段，是一个具有时间差的过程，张某没有成功跑仓，实际上没有齐备本罪的客观要件。最后，张某犯罪未得逞是由于意志以外的原因。由于证券监督管理机构对其行为产生了警惕，追踪了一段时间后，作出果断禁止其行为的决定，致使张某未能获利。

第四节 利用未公开信息交易的边界性

在《刑法修正案（七）》增设利用未公开信息交易罪之前，我国刑法理论对于利用未公开信息交易罪的本质一直存在认识分歧。第一种观点认为，利用未公开信息交易行为本质上就是内幕交易犯罪。[①] 第二种观点认为，利用未公开信息交易行为实际上是职务侵占罪。因为，以“老鼠仓”为典型的证券期货市场中的利用未公开信息交易行为，行为人所获得的收入应该归为基金财产。因此，在基金从业人员违法私建“老鼠仓”并将由此获得的收入占为己有的情况下，成立职务侵占罪。第三种观点认为，利用未公开信息交易行为属于非法经营同类营业罪，可以将非法经营同类营业罪的犯罪主体由国有公司、企业的董事、经理扩大到一般公司、企业的董事、经理乃至从业人员。利用未公开信息交易行为的本质在于金融从业人员违背信托义务而实施的竞业行为，这种行为与其说损害了基金财产的利益，不如说剥夺了基金财产的盈利机会和结果。[②] 第四种观点认为，利用未公开信息交易行为兼具内幕交易、操纵市场和违背职业操守三种特点，但就其侵犯的核心利益来看，主要是损害了当事人之间委托信任关系，是一种背信犯罪行为。[③] 这种对利用未公开信息交易罪本质理论把握的分歧与模糊，延续到当前的司法实践中，集中表现为利用未公开信息交易罪与其他证券期货犯罪、金融犯罪之间实践界限的模糊，亟须在理论上廓清利用未公开信息交易罪的规范边界。

---

① 参见顾肖荣：《为解决证券市场“老鼠仓”问题的若干立法建议》，载《政治与法律》2008年第5期。

② 参见曾献文：《制裁“老鼠仓”：岂是一罚了之》，载《检察日报》2008年5月28日，第3版。

③ 参见涂龙科：《刑法修正案中的个罪认定研究——背信运用受托财产罪的认定》，载郎胜、刘宪权、李希慧主编《改革开放30年刑事法治研究：中国刑法学年会文集》（2008年度·上卷），中国人民公安大学出版社2008年版。

一、利用未公开信息交易与内幕交易、泄露内幕信息

利用未公开信息交易罪与内幕交易、泄露内幕信息罪在实践中极易混淆，其主要原因是：首先，两罪均利用了未公开的信息。内幕交易、泄露内幕信息罪的行为人是利用了内幕信息这一未公开信息进行交易，利用未公开信息交易罪的行为是利用了内幕信息以外的其他未公开信息进行交易。这些未公开信息都对证券市场的价格波动起到了关键作用，而且具有秘密性，一般投资者是无法获取的。一旦投资者掌握这类未公开信息，就可以对证券投资具有一定主动权。其次，两罪主体均为特殊主体。利用未公开信息交易罪的主体是证券交易所、期货交易所、证券公司、期货经纪公司、基金管理公司、商业银行、保险公司等金融机构的从业人员以及有关监管部门或者行业协会的工作人员。内幕交易、泄露内幕信息罪的主体是证券交易内幕信息的知情人员或者非法获取证券交易内幕信息的人员。而知情人员往往就是相关金融机构、行业协会的管理人员、工作人员，两罪主体存在一定交集。最后，两罪交易方式都利用了时间差。两罪行为人都是通过“低买高抛”的操作手段，在这一时间差中牟取暴利，在证券操作方式和手段上极为相似。

以实践中的典型案件为例：韩某系某基金公司经理，自担任经理至其违法行为被发现期间，韩某利用职务便利，获取大量有关该基金公司的投资信息，而这些投资信息对证券市场价格的波动起到了决定性作用。韩某利用其经理身份，通过高层内部会议了解到信息，对一些尚未公开的投资信息加以利用。由于公司的内控制度尚未建立，公司未按制度规定进行股票出入库管理，并未对重点持仓股票进行维护和跟踪，使得韩某有机可乘。韩某与他人共同操作其亲属开立的证券账户，低位建仓，高位抛售，先于或同步于韩某管理的基金多次买入、卖出相同个股，相关犯罪行为自《刑法修正案（七）》通过后多达 10 余次，违法获利 27.7 万元，情节严重。2010 年 9 月，证监会已将韩某涉嫌犯罪的证据材料移送公安司法机关，追究其刑事责任，并将待刑事处罚后作出取消其从业资格及市场禁入的决定。

对于本案中基金经理韩某应当被认定为构成何种罪名，实践中主要存在两种不同意见：第一种意见认为，韩某作为基金经理，在相关金融证券投资

信息公开前，买入、卖出相同个股，应当构成内幕交易罪。第二种意见认为，基金公司的投资信息并非内幕交易罪中的未公开信息，此外，韩某的行为手段也不符合内幕交易罪的要求，因而其应当构成利用未公开信息交易罪。上述意见分歧在很大程度上体现在司法实务中。利用未公开信息交易罪与内幕交易、泄露内幕信息罪的界限并非十分明确。

前文所述未公开信息与内幕信息的区别可以作为利用未公开信息交易罪与内幕交易、泄露内幕信息罪界限辨识的重要标准。除此之外，实践中还可以从以下两方面予以具体辨析：

其一，两罪获得未公开信息的手段不同。

对于利用未公开信息交易罪而言，《刑法》第 180 条第 4 款强调“利用因职务便利获取的内幕信息以外的其他未公开的信息”，这里“因职务便利”就是指行为人利用自己在金融机构的职务所特有的权限，例如，负责或经办本金融机构投资业务，从而合法获得相关信息。利用未公开信息交易罪强调“职务便利”要素，是因为利用未公开信息交易行为是行为人利用了投资时间差所形成的条件，进行违法暴利活动。而这种时间差的形成，有赖于行为人与受害人之间的信息不对称。同时信息不对称正是由于职务之便所获得的。

“职务之便”的限定，实际上是对利用未公开信息交易罪行为主体的限定。本罪的主体是特殊主体，一般是金融机构从业人员。但是，如果金融机构从业人员仅仅是因为熟悉环境，窃取了相关信息，则显然不属于“职务之便”，因为其本身并无知情权。因此本罪主体因为“职务之便”而有了另一层限定，就是金融机构从业人员有无合法知情权。利用未公开信息交易罪的行为集中发生于负责、经手、管理本金融机构投资交易的人员之间，这些人员比其他普通从业人员更容易获得相关信息，也有权获得这些信息，并且这些人员具有一定职务位阶，如基金公司经理等，对金融市场的危害更大，社会反响也更强烈。《刑法》第 180 条显然将无知情权的金融机构从业人员排除在了本罪主体范围之外。

内幕交易、泄露内幕信息罪则不限于“利用职务上的便利”。《刑法》第 180 条规定行为人获取内幕信息的手段有两种，一种是知情人员所知悉的信息，另一种是非法获取的信息。也就是说，本罪获取未公开信息的手段范围更广，并不局限于利用职务便利，行为人即便是通过非法途径获取信息，并进行违法交易活动，也构成该罪。

其二，两种犯罪行为侵害的被害人不同。

利用未公开信息交易罪的侵害对象主要是本金融机构的客户，具有特定的范围。而给客户造成的损失则应当由两部分构成：一部分是金融机构从业人员利用未公开信息交易违法所得；另一部分是“老鼠仓”行为给投资者所投资的对象造成的损失，例如，基民对基金的投资损失。投资者对投资对象的损失又可以分成两类：一是犯罪行为人获得暴利从而必然使其他投资者的收益骤减；二是犯罪行为人抛售所持股票后，往往使其他投资者风险提高，从而会给投资者造成实质上的损失。因此，利用未公开信息交易罪对行为人所在金融机构之外的投资者，并没有直接的侵害，没有对他们造成直接的损失。

内幕交易、泄露内幕信息罪的侵害对象范围更广，是整个金融市场不特定多数投资者。行为人的犯罪行为是通过私自滥用信息，对不特定多数投资者平等知情权进行破坏。证券市场的投资者具有流动性大、变化快、数量多的特性，而且造成这些投资者损失的直接原因是证券市场的价格波动。由于证券交易市场具有极强的敏感性，内幕交易、泄露内幕信息的行为是促使价格波动的一个最重要原因。

在上述韩某利用未公开的信息从事违法交易的案例中，韩某所利用的“信息内容”是本基金公司将要向某上市公司投资的信息，是一种证券二级市场的投资决策信息。这种信息与股票所对应的上市公司本身并无直接关系，不是《证券法》所规定的内幕信息。因此，韩某违法交易行为所利用的是内幕信息之外的其他未公开信息。韩某自担任经理至其违法行为被发现期间，利用职务便利，获取大量有关该基金公司投资信息，与他人共同操作其亲属开立的证券账户，先于或同步于韩某管理的基金多次买入、卖出相同个股，违法获利 27. 7 万元，情节严重。其行为侵害了基金公司其他投资者的利益，完全符合利用未公开信息交易罪的客观方面。所以，韩某理应构成利用未公开信息交易罪。

二、利用未公开信息交易与操纵证券、期货市场

利用未公开信息交易罪与以非法利用信息为手段的操纵证券、期货市场罪之间的界限较为模糊。若仅从行为主体、职务便利、信息内容差异、犯罪目的等静态比较层面论证两罪界限，其实对实务部门区分两罪并无直接参考价值，所形成的理论性结论无法归纳成司法认定规则。因为利用未公开信息交易、利用信息操纵证券期货市场是一个动态的行为过程，信息、交易、市场反映、金融品种价格变化互相影响。这决定了两罪之间的界限也是动态性的。所以，我们必须在辨析不同类型的利用信息操纵证券期货犯罪与利用未公开信息交易罪本质区别的基础上廓清两者的界限。

（一）利用未公开信息交易与利用信息优势连续买卖证券期货

利用信息优势连续买卖操纵证券、期货交易价格、交易量属于典型的信息型操纵证券期货市场行为。信息优势应当是指，相对于证券期货市场上的正常投资者而言，行为人对涉及特定证券、期货合约的重要信息的攫取，具有时间上的提前性、手段上的便宜性、内容上的精确性、覆盖上的全面性等领先能力。证券期货犯罪刑法理论权威观点认为，此处的“信息”包括任何与证券期货交易有关的信息。[①] 故利用信息优势显然能够涵盖利用未公开信息。实践中，如果金融机构从业人员利用未公开信息连续买入相关证券，在证券交易价格极度波动过程中，陆续卖出相关证券谋取巨额利益，应当认定为利用未公开信息交易罪还是操纵证券市场罪？

笔者认为，区分利用未公开信息交易行为与利用信息优势操纵证券期货市场行为的关键在于判断行为人对于若干核心要素是否具有“控制性”。（1）控制信息。利用未公开信息交易是行为人凭借未公开信息对证券期货市场投资决策所产生的实际影响谋取利益，行为人对于未公开信息的把握强度没有达到控制的程度。而利用信息优势连续买卖证券、期货合约的行为人对于重要信息达到了尽在掌握的控制程度。（2）控制能力。利用未公开信息交易罪中的交易活动无法与未公开信息之间形成互动，从而无法在交互过程中

---

① 参见刘宪权、卢勤忠：《金融犯罪理论专题研究》，复旦大学出版社2002年版，第492页。

共同发挥对证券期货市场的控制作用。而利用信息优势操纵证券期货市场是一种联合买卖、连续买卖行为，其交易活动能够反作用于信息，使市场加速加量地对处于未公开状态的重要信息进行反映。可见，由于交易结构在不同层次，利用未公开信息交易与利用信息优势连续买卖对于市场的控制能力明显处于不同水平。（3）控制结果。利用未公开信息交易行为不排除引起证券期货交易异常的结果。而利用信息优势连续买卖的结果是操纵证券期货交易价格与交易量。这意味着相关证券期货交易明显异常，或者导致价格水平、交易量水平受到控制，或者导致证券期货交易价格明显偏离可比价格。

因此，基金管理公司经理利用职务便利大规模使用基金资金拉升相关证券交易价格，提前利用本人控制的账户联合他人资金大规模建仓，在相关证券交易价格、交易量处于明显异常的过程中陆续卖空套现的，由于未公开信息、交易活动、证券的价与量等要素受其全方位控制，该行为已经超越了利用未公开信息交易罪的法律评价范围，应当认定为操纵证券市场罪。

（二）利用未公开信息交易与利用投资咨询信息操纵证券期货市场

利用投资咨询信息操纵证券期货市场，又称“抢帽子”交易操纵，是指证券期货公司、证券期货投资咨询公司等金融中介机构从业人员在对相关证券期货交易品种作出评价、策略分析等投资咨询建议之前买卖或持有相关证券、期货合约，在投资咨询信息公开之后实施相关证券期货交易从中牟利的行为。从事证券期货投资咨询业务的金融机构出具的行业研究报告、证券期货交易策略报告等咨询信息对于证券期货市场投资决策具有重要影响，相关咨询信息、研究报告在公开之前属于未公开信息。故利用未公开咨询信息买卖证券、期货合约是利用未公开信息交易的一种行为模式，同时也属于操纵证券、期货市场罪中的“其他方法”。

这两种违规交易行为很难区分。例如，引起市场广泛关注的汪建中案。刑法理论中有观点认为，汪建中作为证券咨询机构北京首放投资顾问公司法定代表人，利用先期购买证券，其后向社会公众公布建议买入对应证券的咨询意见，最后提前卖出相关证券，利用其实际控制的账户先后进行55次违规交易，涉及38只股票，获取利益1.25亿余元，应认定为操纵证券市场罪。[①]但是，排除刑法修正案溯及力因素，由于以汪建中为核心的证券投资咨询公司向社会公众发布的投资信息对于证券期货市场金融交易决策具有重大影响，汪建中在咨询信息尚未公开前抢先建仓交易牟利，也存在是否符合利用未公开信息交易罪行为特征的争议。[②]

笔者认为，区分利用未公开信息交易与“抢帽子”交易操纵，应当先审查行为人与未公开投资咨询信息的关系。行为人仅仅是基于职务便利能够接触并知悉未公开投资咨询信息，显然属于利用未公开信息交易行为。利用未公开信息交易具有顺势而为的特征，未公开投资咨询信息便是其中的“势”。而“抢帽子”交易操纵具有全盘布局的特征，未公开投资决策信息只是“局”中的一枚棋子。如果行为人全程参与未公开投资信息的制作、谋划、公布工作，则必须进一步考察行为人实施的交易活动对于相关证券期货交易价格与交易量的影响，只有达到操纵的量化标准，才能认定为操纵证券期货市场罪。

（三）利用未公开信息交易与利用不确定信息操纵证券、期货市场

在利用信息型操纵证券期货犯罪行为中，还存在一种蛊惑交易操纵的行为模式，即行为人编造、传播或者散布真实性、准确性、完整性等都处于极度不确定状态的重要信息，诱惑证券期货市场中的投资者从事相关证券期货交易，从而通过其预期的证券期货交易价格与交易量波动，牟取经济利益。

根据证券期货市场操作经验法则，引起证券期货交易价格波动的信息未必确定且真实，虚假的、不确定的“内部信息”同样是对投资者金融交易决策形成具有重要影响的因素。虽然利用未公开信息交易罪中的信息在价格敏感性层面具有确定性，但并不要求该信息本身得以实际或者全面执

---

① 参见侯亚辉、李莹：《新型证券、期货犯罪若干问题》，载《国家检察官学院学报》2010年第1期。

② 参见何靖：《“股市黑嘴”汪建中出庭受审》，载《人民法院报》2010年10月29日，第3版；张学光：《汪建中：法律罪犯or道德囚徒?》，载《华夏时报》2010年12月27日，第A05版。

行。如何区分利用未公开信息交易行为与利用不确定信息操纵证券期货市场行为？

笔者认为，区分两者的关键在于行为人是否存在编造、传播、散布不确定重大信息，诱使投资者实施相关证券期货交易的事实。利用未公开信息交易的行为人属于"静观其变"，即期待未公开信息所指向的事实或者评价得以执行，使相关证券期货交易价格实现符合自己预期的变动。蛊惑交易操纵的行为人属于"兴风作浪"，即通过积极行为编造、传播没有实际依据却能够引起证券期货交易价格波动的信息，诱使投资者在不明真相的情况下作出投资决定并形成期待的市场性效应，从中牟取违规交易利益。

第九章

利用未公开信息交易的量刑规则

充分运用文义解释、体系解释、实质解释等刑法解释原理，层进式地对利用未公开信息交易罪量刑情节配置问题进行分析，可以确认本罪应全部按照内幕交易、泄露内幕信息罪的法定刑条款进行处罚，即具有“情节严重”“情节特别严重”两档量刑情节及其对应法定刑配置。笔者认为有必要通过科学的实证调查与规范分析，研究制定利用未公开信息交易罪的司法解释，合理建构违法与犯罪、“情节严重”与“情节特别严重”的量化界限。尽管司法解释明确了“情节严重”、“情节特别严重”的量化标准，但是，仍然有必要在规则机理层面深入分析利用未公开信息交易在交易量、获利数额等量刑要素上的内在逻辑，从而有利于司法实践更为深刻地把握利用未公开信息交易的行为本质。

第一节　利用未公开信息交易的情节解释争议

我国《刑法》第 180 条规定了内幕交易、泄露内幕信息罪和利用未公开信息交易罪，对伴随着证券期货市场迅猛发展而滋生的内幕交易、利用未公开信息交易犯罪行为进行了卓有成效的刑法规制。与此同时，利用未公开信息交易犯罪案件的理论解释与实践适用争议问题愈发突出。

一、标杆案例

最高人民检察院就我国“最大老鼠仓”马某利用未公开信息交易案的终审裁定，以“法律适用错误，导致量刑明显不当”为由，按照审判监督程序向最高人民法院提出抗诉，① 引发证券期货市场、法学理论与实务界的高度关注。本案的争议焦点在于利用未公开信息交易量刑情节的理解与适用，即本罪是否存在、如何认定“情节特别严重”。

最高人民法院最终作出判决并将此案作为指导案例②发布——

2011 年 3 月 9 日至 2013 年 5 月 30 日期间，马某担任博时基金管理有限公司旗下博时精选股票证券投资基金经理，全权负责利用基金投资股票市场，掌握了博时精选股票证券投资基金交易的标的股票、交易时点和交易数量等未公开信息。马某在任职期间利用其掌控的上述未公开信息，操作自己控制的“金某”“严某进”“严某雯”三个股票账户，通过临时购买的不记名神州行电话卡下单，从事相关证券交易活动，先于、同期或稍晚于其管理的“博时精选”基金账户，买卖相同股票 76 只，累计成交金额人民币 10.5 亿余元，非法获利人民币 19 120 246.98 元。

2013 年 6 月 21 日中国证监会决定对马某涉嫌利用未公开信息交易行为立案稽查，交深圳证监局办理。2013 年 7 月 17 日，马某到广东省深圳市公安局投案。2014 年 1 月 2 日，深圳市人民检察院向深圳市中级人民法院提起公诉，指控被告人马某构成利用未公开信息交易罪，情节特别严重。2014 年 3 月 24 日，深圳市中级人民法院作出一审判决，认定马某构成利用未公开信

① 马某在担任证券投资基金经理期间，利用其掌控的未公开信息从事证券交易，累计成交金额 10.5 亿余元，从中非法获利 1883 万余元。2014 年 3 月，深圳市中级人民法院认为马乐利用未公开信息交易“情节严重”，一审判决其有期徒刑 3 年、缓刑 5 年，并处罚金 1884 万元、没收违法所得。同年 4 月深圳市人民检察院提出抗诉；8 月，广东省检察院支持抗诉，认为马某应认定为“情节特别严重”。10 月，广东省高级法院经审理认为，《刑法》第 180 条第 4 款只规定了利用未公开信息交易罪“情节严重”量刑情节，并未规定本罪有“情节特别严重”情形，终审裁定驳回抗诉，维持原判。广东省检察院认为该终审裁定确有错误于 11 月提请最高人民检察院抗诉。2014 年 12 月，最高人民检察院决定按审判监督程序向最高人民法院提出抗诉。参见郑赫南：《“最大老鼠仓”案为何被三级检察机关抗诉》，载《检察日报》2015 年 2 月 15 日，第 2 版。

② 参见最高人民检察院指导案例第 24 号：马乐利用未公开信息交易案。

息交易罪，鉴于《刑法》第 180 条第 4 款未对利用未公开信息交易罪情节特别严重作出相关规定，马某属于犯罪情节严重，同时考虑其具有自首、退赃、认罪态度良好、罚金能全额缴纳等可以从轻处罚情节，因此判处其有期徒刑 3 年，缓刑 5 年，并处罚金 1884 万元，同时对其违法所得 1883 万余元予以追缴。

深圳市人民检察院于 2014 年 4 月 4 日向广东省高级人民法院提出抗诉，认为被告人马某的行为应当认定为犯罪情节特别严重，依照“情节特别严重”的量刑档次处罚；马某的行为不属于退赃，应当认定为司法机关追赃；一审判决适用法律错误，量刑明显不当，应当依法改判。2014 年 8 月 28 日，广东省人民检察院向广东省高级人民法院发出支持刑事抗诉意见书，认为一审判决认定情节错误，导致量刑不当，应当依法纠正。

广东省高级人民法院于 2014 年 10 月 20 日作出终审裁定，认为《刑法》第 180 条第 4 款并未对利用未公开信息交易罪规定有“情节特别严重”情形，马某的行为属“情节严重”，应在该量刑幅度内判处刑罚，抗诉机关提出马某的行为应认定为“情节特别严重”缺乏法律依据；驳回抗诉，维持原判。广东省人民检察院认为终审裁定理解法律规定错误，导致认定情节错误，适用缓刑不当，于 2014 年 11 月 27 日提请最高人民检察院抗诉。2014 年 12 月 8 日，最高人民检察院按照审判监督程序向最高人民法院提出抗诉。

最高人民检察院审查认为，原审被告人马某利用因职务便利获取的未公开信息，违反规定从事相关证券交易活动，累计成交额人民币 10.5 亿余元，非法获利人民币 1883 万余元，属于利用未公开信息交易罪“情节特别严重”的情形。本案终审裁定以《刑法》第 180 条第 4 款并未对利用未公开信息交易罪有“情节特别严重”规定为由，对此情形不作认定，降格评价被告人的犯罪行为，属于适用法律确有错误，导致量刑不当。理由如下：

(1)《刑法》第 180 条第 4 款属于援引法定刑的情形，应当引用第 1 款处罚的全部规定。按照立法精神，《刑法》第 180 条第 4 款中的“情节严重”是入罪标准，在处罚上应当依照本条第 1 款的全部罚则处罚，即区分情形依照第 1 款规定的“情节严重”和“情节特别严重”两个量刑档次处罚。首先，援引的重要作用就是减少法条重复表述，只需就该罪的基本构成要件作出表述，法定刑全部援引即可；如果法定刑不是全部援引，才需要对不同量刑档次作出明确表述，规定独立的罚则。《刑法》分则多个条文都存在此种情形，这是业已形成共识的立法技术问题。其次，刑法第 180 条第 4 款“情节严重”的规定是入罪标准，作此规定是为了避免“情节不严重”也入罪，而非量刑档次的限缩。最后，从立法和司法解释先例来看，《刑法》第 285 条第 3 款也存在相同的文字表述，2011 年最高人民法院、最高人民检察院《关于办理危害计算机信息系统安全刑事案件应用法律若干问题的解释》第 3 条明确规定了《刑法》第 285 条第 3 款包含有“情节严重”“情节特别严重”两个量刑档次。司法解释的这一规定，表明了最高司法机关对援引法定刑立法例的一贯理解。

（2）利用未公开信息交易罪与内幕交易、泄露内幕信息罪的违法与责任程度相当，法定刑亦应相当。内幕交易、泄露内幕信息罪和利用未公开信息交易罪，都属于特定人员利用未公开的可能对证券、期货市场交易价格产生影响的信息从事交易活动的犯罪。两罪的主要差别在于信息范围不同，其通过信息的未公开性和价格影响性获利的本质相同，均严重破坏了金融管理秩序，损害了公众投资者利益。《刑法》将两罪放在第 180 条中分款予以规定，亦是对两罪违法和责任程度相当的确认。因此，从社会危害性理解，两罪的法定刑也应相当。

（3）马某的行为应当认定为“情节特别严重”，对其适用缓刑明显不当。2010 年最高人民检察院、公安部《关于公安机关管辖的刑事案件立案追诉标准的规定（二）》（以下简称《追诉标准二》）对内幕交易、泄露内幕信息罪和利用未公开信息交易罪“情节严重”规定了相同的追诉标准，最高人民法院、最高人民检察院《关于办理内幕交易、泄露内幕信息刑事案件具体应用法律若干问题的解释》（以下简称《内幕交易解释》）将成交额 250 万元以上、获利 75 万元以上等情形认定为内幕交易、泄露内幕信息罪“情节特别严重”。如前所述，利用未公开信息交易罪“情节特别严重”的，也应当依照《刑法》第 180 条第 1 款的规定，遵循相同的标准。马某利用未公开信息进行交易活动，累计成交额人民币 10.5 亿余元，从中非法获利人民币 1883 万余元，显然属于“情节特别严重”，应当在“五年以上十年以下有期徒刑”的幅度内量刑。其虽有自首情节，但适用缓刑无法体现罪责刑相适应原则，无法实现惩罚和预防犯罪的目的，广东省高级人民法院的量刑明显不当。

（4）本案所涉法律问题的正确理解和适用，对司法实践和维护我国金融市场的健康发展具有重要意义。自《刑法修正案（七）》增设利用未公开信息交易罪以来，司法机关对该罪是否存在“情节特别严重”、是否有两个量刑档次长期存在分歧，亟需统一认识。正确理解和适用本案所涉法律问题，对明确同类案件的处理、同类从业人员犯罪的处罚具有重要指导作用，对于加大力度打击“老鼠仓”等严重破坏金融管理秩序的行为，维护社会主义市场经济秩序，保障资本市场健康发展具有重要意义。

2015 年 7 月 8 日，最高人民法院第一巡回法庭公开开庭审理此案，最高人民检察院依法派员出庭履行职务，原审被告人马某的辩护人当庭发表了辩护意见。最高人民法院审理认为，最高人民检察院对《刑法》第 180 条第 4 款援引法定刑的理解及原审被告人马某的行为属于犯罪情节特别严重的抗诉意见正确，应予采纳；辩护人的辩护意见不能成立，不予采纳；原审裁判因对《刑法》第 180 条第 4 款援引法定刑的理解错误，导致降格认定了马某的犯罪情节，进而对马某判处缓刑确属不当，应予纠正。

2015 年 12 月 11 日，最高人民法院作出再审终审判决：维持原刑事判决中对被告人马某的定罪部分；撤销原刑事判决中对原审被告人马某的量刑及追缴违法所得部分；原审被告人马某犯利用未公开信息交易罪，判处有期徒刑三年，并处罚金人民币 1913 万元；违法所得人民币 19 120 246. 98 元依法予以追缴，上缴国库。

《刑法》第 180 条第 4 款利用未公开信息交易罪为援引法定刑的情形，应当是对第 180 条第 1 款法定刑的全部援引。其中，“情节严重”是入罪标准，在处罚上应当依照本条第 1 款内幕交易、泄露内幕信息罪的全部法定刑处罚，即区分不同情形分别依照第 1 款规定的“情节严重”和“情节特别严重”两个量刑档次处罚。

我国《刑法》分则“罪状 + 法定刑”的立法模式决定了在性质相近、危害相当罪名的法条规范上，基本采用援引法定刑的立法技术。本案对《刑法》第 180 条第 4 款援引法定刑理解的争议是刑法解释的理论问题。正确理解《刑法》条文，应当以文义解释为起点，综合运用体系解释、目的解释等多种解释方法，按照罪刑法定原则和罪责刑相适应原则的要求，从整个刑法体系中把握立法目的，平衡法益保护。

（1）从法条文义理解，刑法第180条第4款中的“情节严重”是入罪条款，为犯罪构成要件，表明该罪情节犯的属性，具有限定处罚范围的作用，以避免“情节不严重”的行为入罪，而非量刑档次的限缩。本条款中“情节严重”之后并未列明具体的法定刑，不兼具量刑条款的性质，量刑条款为“依照第一款的规定处罚”，应当理解为对第180条第1款法定刑的全部援引而非部分援引，即同时存在“情节严重”“情节特别严重”两种情形和两个量刑档次。

（2）从刑法体系的协调性考量，一方面，《刑法》中存在与第180条第4款表述类似的条款，印证了援引法定刑为全部援引。如《刑法》第285条第3款规定“情节严重的，依照前款的规定处罚”；2011年最高人民法院、最高人民检察院《关于办理危害计算机信息系统安全刑事案件应用法律若干问题的解释》第3条明确了本款包含有“情节严重”“情节特别严重”两个量刑档次。另一方面，从《刑法》其他条文的反面例证看，法定刑设置存在细微差别时即无法援引。如《刑法》第180条第2款关于内幕交易、泄露内幕信息罪单位犯罪的规定，没有援引前款个人犯罪的法定刑，而是单独明确规定对单位判处罚金，并对其直接负责的主管人员和其他直接责任人员，处5年以下有期徒刑或者拘役。这是因为第1款规定了情节严重、情节特别严重两个量刑档次，而第2款只有一个量刑档次，并且不对直接负责的主管人员和其他直接责任人员并处罚金。在这种情况下，为避免发生歧义，立法不会采用援引法定刑的方式，而是对相关法定刑作出明确表述。

（3）从设置利用未公开信息交易罪的立法目的分析，《刑法》将本罪与内幕交易、泄露内幕信息罪一并放在第180条中分款予以规定，就是由于两罪虽然信息范围不同，但是其通过信息的未公开性和价格敏感性获利的本质相同，对公众投资者利益和金融管理秩序的实质危害性相当，行为人的主观恶性相当，应当适用相同的法定量刑幅度，具体量刑标准也应一致。如果只截取情节严重部分的法定刑进行援引，势必违反罪刑法定原则和罪责刑相适应原则，无法实现惩罚和预防犯罪的目的。

二、判例影响

在利用未公开信息交易司法解释以及全新的证券期货犯罪立案追诉标准尚未出台之前，马乐利用未公开信息交易抗诉案的意义显然并不局限于利用未公开信息交易个案的法律适用与刑罚裁量。我国最高司法机关针对证券期货犯罪案件中的重大问题作出标杆性判例，不仅能够明确利用未公开信息交易犯罪司法实践中的类型化疑难问题与典型性复杂问题，而且能够深度考察刑法解释原理与司法解释规则在证券期货犯罪实践中的应用。

我国证券期货市场在规模持续壮大、层次愈发完善的同时，客观上催生了利用未公开信息交易等违法犯罪的数额节节攀升、不断刷新纪录，实践中涌现出大量交易量10亿元以上、违法所得千万元级别的“老鼠仓”犯罪案件。曾经刑罚最重的是李某利利用未公开信息交易犯罪案①——其累计“老鼠仓”成交额5226万余元、股票交易共计获利899万余元、分得股票红利172万余元，被判处有期徒刑四年，并处罚金1800万元，违法所得1071万余元予以追缴。在马某案之后，其刑罚相对而言属于轻缓的级别。但在马某案件之前，相当数量的“老鼠仓”犯罪的行为人被判处缓刑，且无一例未认定为“情节特别严重”。社会公众普遍认为“老鼠仓”频发的主因是惩处力度不够。②

因此，有必要结合备受关注的最高人民检察院抗诉“老鼠仓”案，对利用未公开信息交易罪量刑情节问题进行审慎的刑法解释，对《刑法》第180条规定的内幕交易、利用未公开信息交易的犯罪实质与经济机理进行本质追问与纵深探索，为公正惩治证券期货犯罪、有效破解实践难题、完善司法解释提供理论支持。

---

① 参见严晓蝶、李燕：《李旭利案终审：维持一审原判》，载《东方早报》2013年10月30日，第A32版。

② 参见张炜：《打击证券犯罪须“执法必严”》，载《中国经济时报》2014年4月1日，第3版。

第二节　利用未公开信息交易情节的文义解释

对于利用未公开信息交易，情节严重的，依照《刑法》第 180 条第 1 款内幕交易、泄露内幕信息罪的规定处罚，如何进行符合罪刑法定的解释，实践中存在两种截然不同的意见。

一、文义争论

“部分依照”论认为，《刑法》第 180 条第 4 款利用未公开信息交易罪的条文明确且仅仅规定了“情节严重”唯一的一档量刑标准，即“情节严重”应依照内幕交易、泄露内幕信息罪“情节严重”量刑档次处罚，并没有明示性地规定利用未公开信息交易“情节特别严重”相应地适用内幕交易、泄露内幕信息罪“情节特别严重”的加重量刑情节。[①]

“全部依照”论认为，《刑法》条文中的“依照前款处罚”是对前款所规定全部内容的包含。具体到《刑法》第 180 条第 4 款的规定“依照第一款的规定处罚”，则包含《刑法》第 180 条第 1 款的全部规定，而不是其中的某一部分。因此，利用未公开信息交易罪具有“情节特别严重”这一量刑情节。[②]《刑法》同一法条的不同款项在处罚上具有协调性，这种处罚的参照不可能只是部分参照，应该是全部参照。《刑法》第 180 条第 1 款规定的内幕交易、泄露内幕信息罪，存在“情节严重”和“情节特别严重”的两种情形和两个量刑档次，所以利用未公开信息交易罪的处罚也存在两个不同情形和量刑档次。[③]

两种观点在文义解释上的巨大差异与认识分歧，主要是源于《刑法》第 180 条第 4 款在文字内涵上具有两种微妙的、截然不同的语意侧重。如果将

---

① 参见广东省高级人民法院刑事裁定书（2014）粤高法刑二终字第 137 号。

② 参见邹坚贞：《市、省和最高检为何层层抗诉“马乐案”最高检意欲推动老鼠仓判决立新规?》，载《中国经济周刊》2014 年第 49 期。

③ 参见广东省高级人民法院刑事裁定书（2014）粤高法刑二终字第 137 号。

《刑法》第180条第4款的文字重心置于“情节严重的”，该款显然说明利用未公开信息交易行为只有在“情节严重”的情况下才能按照该条第1款的规定“处五年以下有期徒刑或者拘役，并处或者单处违法所得一倍以上五倍以下罚金”——其一，“情节严重”是入罪条件，不符合情节严重标准的利用未公开信息交易行为不是犯罪；其二，“情节严重”是唯一量刑情节，利用未公开信息交易罪不存在“情节特别严重”这一加重法定刑档次。如果将《刑法》第180条第4款的文字重心置于谓语“依照……处罚”，那么该款的内涵就非常明了地指向一个简单的结论——利用未公开信息交易罪的刑事处罚标准等同于内幕交易、泄露内幕信息罪。

准确地辨识刑法规范文字内容的重心显然需要遵循刑法条文结构的基本逻辑。《刑法》条文是一种语言，所以对刑法规范结构的解释首先要符合语法结构的原理。同时，《刑法》条文是一种法律语言，并且具有刑法这一区别于其他部门法的特有规范结构，因此刑法解释还需要符合罪状解释原理。

二、文义解释

以中文语法结构的视角进行解析，“全部依照”论相对而言更具说服力。尽管《刑法》第180条第4款条文内容很长，但在语法上还是非常典型的“主+谓+宾”结构。“证券交易所、期货交易所、证券公司、期货经纪公司、基金管理公司、商业银行、保险公司等金融机构的从业人员以及有关监管部门或者行业协会的工作人员，利用因职务便利获取的内幕信息以外的其他未公开的信息，违反规定，从事与该信息相关的证券、期货交易活动，或者明示、暗示他人从事相关交易活动，情节严重的”整体构成主语，意指利用未公开信息交易犯罪；“依照……处罚”构成谓语；“第一款的规定”构成宾语，意指内幕交易、泄露内幕信息犯罪的规定。语句的重心通常都落于谓语，没有必要强行割裂稳定的主谓宾结构而特别强调作为主语中的部分内容的“情节严重的”。按照主谓宾的语法结构进行解释，《刑法》第180条第4款的含义就是利用未公开信息交易罪的刑罚依照内幕交易、泄露内幕信息罪的规定进行处罚，利用未公开信息交易罪相应地就必定包括“情节严重”“情节特别严重”两档法定刑。

以《刑法》条文结构的视角进行解析，“全部依照”论同样更符合分则个罪条文“罪+刑”结构。《刑法》分则中的所有规范在法条结构上都可以分割为犯罪构成（“罪”）与刑事处罚（“刑”）两大部分。具体到《刑法》第180条第4款，“证券交易所……情节严重的”整个属于犯罪构成部分，“依照第一款的规定处罚”则属于刑事处罚部分。基于“罪+刑”的罪状结构与条文逻辑进行解释，《刑法》第180条第4款的含义同样是指符合利用未公开信息交易犯罪构成的行为应当按照内幕交易、泄露内幕信息罪的相关规定进行处罚。所以，利用未公开信息交易罪具有“情节严重”“情节特别严重”两种量刑情节、两档法定刑配置，这是站在罪状结构的整体视角对《刑法》第180条第4款的内在含义所作出的解释，相对于孤立地将条文重心确定在作为利用未公开信息交易犯罪构成要素之一的“情节严重”，并将“处五年以下有期徒刑或者拘役，并处或者单处违法所得一倍以上五倍以下罚金”强调为唯一法定刑配置的意见而言，更具有合理性。

《刑法》第180条文义内涵，很大程度上已经能够有效地解释利用未公开信息交易罪量刑情节的配置，即利用未公开信息交易罪的法定刑全部依照内幕交易、泄露内幕信息罪的处罚规定，情节严重的，处5年以下有期徒刑或者拘役，并处或者单处违法所得1倍以上5倍以下罚金；情节特别严重的，处5年以上10年以下有期徒刑，并处违法所得1倍以上5倍以下罚金。但是，如果需要更为确实地证明“全部依照”论能够符合罪刑法定原则，依然有必要在刑法解释上提供更为充分的证据或者使用递进一层的解释规则予以补强。

第三节　利用未公开信息交易情节的体系解释

刑法规范的体系解释不仅能够强化论证利用未公开信息交易罪具有“情节严重”“情节特别严重”两档量刑情节，而且还能从刑法规范文本在司法适用的具体差异中探究“情节特别严重”能否以及如何实际适用于利用未公开信息交易罪。

一、法律条文体系

《刑法》分则条文众多且部分规范设计采用相同的结构，根据刑法规范的体系性解释规则，特定法条的构成要件或者刑罚配置不明确时，可以基于其他内容明确、结构相同、关系密切的法条对其内涵展开解释。纵观我国《刑法》分则条文，与《刑法》第180条第1款内幕交易、泄露内幕信息罪与第4款利用未公开信息交易罪法条关系、条文结构、量刑情节配置问题完全相同的，只有《刑法》第285条第2款非法获取计算机信息系统数据、非法控制计算机信息系统罪①与第3款提供侵入、非法控制计算机信息系统程序、工具罪②。非法获取计算机信息系统数据、非法控制计算机信息系统罪规定了“情节严重”“情节特别严重”两种量刑情节，位于同一法条后一款的提供侵入、非法控制计算机信息系统程序、工具罪的条文也使用了“情节严重的，依照前款的规定处罚”的规范设计结构。

内幕交易、泄露内幕信息罪与利用未公开信息交易罪，非法获取计算机信息系统数据、非法控制计算机信息系统罪与提供侵入、非法控制计算机信息系统程序、工具罪，这两组犯罪都是《刑法修正案（七）》修改与增设的证券期货犯罪与信息网络犯罪。《刑法修正案（七）》的立法权威解读对利用未公开信息交易罪与提供侵入、非法控制计算机信息系统程序、工具罪的“情节严重”的分析，也都是强调“情节严重的才构成犯罪”，即“情节严重”是两罪的客观处罚条件，③ 并没有任何证据突出利用未公开信息交易罪

---

① 《刑法》第285条第2款非法获取计算机信息系统数据、非法控制计算机信息系统罪规定：违反国家规定，侵入前款规定以外的计算机信息系统或者采用其他技术手段，获取该计算机信息系统中存储、处理或者传输的数据，或者对该计算机信息系统实施非法控制，情节严重的，处3年以下有期徒刑或者拘役，并处或者单处罚金；情节特别严重的，处3年以上7年以下有期徒刑，并处罚金。

② 《刑法》第285条第3款提供侵入、非法控制计算机信息系统程序、工具罪规定：提供专门用于侵入、非法控制计算机信息系统的程序、工具，或者明知他人实施侵入、非法控制计算机信息系统的违法犯罪行为而为其提供程序、工具，情节严重的，依照前款的规定处罚。

③ 利用未公开信息交易，情节严重的，才构成犯罪。情节严重主要指多次建立“老鼠仓”、非法获利数额巨大、对客户资产造成严重损失等情形。提供侵入、非法控制计算机信息系统程序、工具，情节严重的，才构成犯罪。情节严重主要是指大量提供、出售数额较大、提供的程序工具等被大量使用造成严重危害等情况。参见黄太云：《〈刑法修正案（七）〉解读》，载《人民检察》2009年第6期。

与提供侵入、非法控制计算机信息系统程序、工具罪只有“情节严重”这一种法定刑配置。

对于《刑法》第285条第3款提供侵入、非法控制计算机信息系统程序、工具罪的法定刑配置应当部分还是全部依照《刑法》第285条第2款非法获取计算机信息系统数据、非法控制计算机信息系统罪的规定处罚，尽管刑法理论并未将之作为问题予以深究，① 但司法实践无争议地对提供侵入、非法控制计算机信息系统程序、工具罪适用“情节严重”与“情节特别严重”两个档次的法定刑。

二、司法解释体系

在司法解释中，2011年最高人民法院、最高人民检察院《关于办理危害计算机信息系统安全刑事案件应用法律若干问题的解释》对提供侵入、非法控制计算机信息系统程序、工具罪不仅明确规定了“情节严重”的入罪标准，而且规定了“情节特别严重”加重法定刑的量化标准。②

这说明最高人民法院与最高人民检察院就此类问题达成过共识——同一

---

① 同属于《刑法修正案（七）》修改与增设的犯罪类型，刑法理论并未像研究内幕交易、泄露内幕信息罪、利用未公开信息交易罪那样深入分析非法获取计算机信息系统数据、非法控制计算机信息系统罪、提供侵入、非法控制计算机信息系统程序、工具罪的法定刑配置与适用问题，可能的原因在于：(1) 证券期货犯罪的关注度相对于网络犯罪而言明显更高；(2) 网络犯罪条款技术性非常强，对于刑法理论研究领域而言显得比较生僻；(3) 网络犯罪案件控辩对抗激烈程度相对比较低，司法实践中即使出现提供侵入、非法控制计算机信息系统程序、工具罪被认定为“情节特别严重”并适用第二档法定刑，在辩方没有激烈法律意见对抗的情况下，刑法理论很难关注到此类非常具体却涉及法律适用准确与否的重要问题。

② 《关于办理危害计算机信息系统安全刑事案件应用法律若干问题的解释》第3条规定，提供侵入、非法控制计算机信息系统的程序、工具，具有下列情形之一的，应当认定为《刑法》第285条第3款规定的“情节严重”：(1) 提供能够用于非法获取支付结算、证券交易、期货交易等网络金融服务身份认证信息的专门性程序、工具5人次以上的；(2) 提供第1项以外的专门用于侵入、非法控制计算机信息系统的程序、工具20人次以上的；(3) 明知他人实施非法获取支付结算、证券交易、期货交易等网络金融服务身份认证信息的违法犯罪行为而为其提供程序、工具5人次以上的；(4) 明知他人实施第3项以外的侵入、非法控制计算机信息系统的违法犯罪行为而为其提供程序、工具20人次以上的；(5) 违法所得5000元以上或者造成经济损失1万元以上的；(6) 其他情节严重的情形。实施前款规定行为，具有下列情形之一的，应当认定为提供侵入、非法控制计算机信息系统的程序、工具。“情节特别严重”：(1) 数量或者数额达到前款第1项至第5项规定标准5倍以上的；(2) 其他情节特别严重的情形。

《刑法》条文中的前款罪名规定了“情节严重”“情节特别严重”两档法定刑，后款罪名按照前款规定处罚，即后款罪名应适用“情节严重”“情节特别严重”两种量刑情节。

三、判例体系

在实践中，行为人提供侵入、非法控制计算机信息系统程序、工具被认定为“情节特别严重”，审判机关以加重法定刑“三年以上七年以下有期徒刑，并处罚金”为基准结合其他量刑情节作出判决的案例，实际上并不少见——被告人冯某将其制作的钓鱼网站和木马病毒程序提供给诈骗犯罪被告人王某1、王某2等众多人使用，至少136次，从中获利22 000元，构成提供侵入、非法控制计算机信息系统程序、工具罪，属情节特别严重，被判处有期徒刑3年6个月，并处罚金3万元。① 被告人阙某某、陈某某违反国家规定，提供专门用于非法控制计算机信息系统的程序、工具，其中阙某某参与犯罪的违法所得共计94 595.31元，陈某某参与犯罪的违法所得共计28 980.18元，均属情节特别严重，构成提供非法控制计算机信息系统程序、工具罪，且系共同犯罪。在提供非法控制计算机信息系统程序、工具共同犯罪中，阙某某起主要作用，是主犯；陈某某起次要、辅助作用，系从犯，依法应当从轻、减轻处罚。阙某某、陈某某能如实供述自己罪行，并能主动退缴违法所得，依法从轻处罚。结合考虑犯罪情节及悔罪表现，法院对被告人阙某某从轻处罚，对陈某某减轻处罚并适用缓刑。阙某某犯提供非法控制计算机信息系统程序、工具罪，被判处有期徒刑4年，并处罚金人民币5万元；陈某某犯提供非法控制计算机信息系统程序、工具罪，被判处有期徒刑2年，缓刑3年，并处罚金人民币1万元。② 被告人陆某某向1145名用户销售具有侵入、非法控制计算机信息系统功能的木马程序，情节特别严重，其行为构成提供、侵入非法控制计算机信息系统程序、工具罪，被判处有期徒刑3年10个月，并处罚金3万元。③

---

① 参见浙江省宁波市鄞州区人民法院（2012）甬鄞刑再字第2号。

② 参见福建省厦门市思明区人民法院刑事判决书（2014）死刑初字第950号。

③ 参见江西省万载县人民法院刑事判决书（2014）万刑初字第86号。

从立法权威解读、最高司法机关共识、判例实践等分析中可以看到，《刑法》第285条第2款非法获取计算机信息系统数据、非法控制计算机信息系统罪和第3款提供侵入、非法控制计算机信息系统程序、工具罪，与内幕交易、泄露内幕信息罪和利用未公开信息交易罪具有完全相同的规范结构。提供侵入、非法控制计算机信息系统程序、工具罪毫无争议地具备“情节特别严重”的量刑档次，意味着至少在形式的、规范的刑法解释框架下，利用未公开信息交易罪理应具备“情节特别严重”的量刑情节与法定刑配置。然而，有必要强调的是，司法解释是否明确规定“情节特别严重”的具体判断标准，是加重法定刑能够在实践中予以适用最为重要的客观条件。与《关于办理危害计算机信息系统安全刑事案件应用法律若干问题的解释》明确规定非法获取计算机信息系统数据、非法控制计算机信息系统罪、提供侵入、非法控制计算机信息系统程序、工具罪“情节严重”“情节特别严重”量化认定标准不同，司法解释规定内幕交易、泄露内幕信息罪“情节严重”“情节特别严重”的量化判断标准，[①] 利用未公开信息交易罪却只有“情节严重”

① 2012年最高人民法院、最高人民检察院《关于办理内幕交易、泄露内幕信息刑事案件具体应用法律若干问题的解释》（以下简称《内幕交易解释》）第6条规定：在内幕信息敏感期内从事或者明示、暗示他人从事或者泄露内幕信息导致他人从事与该内幕信息有关的证券、期货交易，具有下列情形之一的，应当认定为《刑法》第180条第1款规定的“情节严重”：（1）证券交易成交额在50万元以上的；（2）期货交易占用保证金数额在30万元以上的；（3）获利或者避免损失数额在15万元以上的；（4）3次以上的；（5）具有其他严重情节的。第7条规定：在内幕信息敏感期内从事或者明示、暗示他人从事或者泄露内幕信息导致他人从事与该内幕信息有关的证券、期货交易，具有下列情形之一的，应当认定为《刑法》第180条第1款规定的“情节特别严重”：（1）证券交易成交额在250万元以上的；（2）期货交易占用保证金数额在150万元以上的；（3）获利或者避免损失数额在75万元以上的；（4）具有其他特别严重情节的。2010年最高人民检察院、公安部《关于公安机关管辖的刑事案件立案追诉标准的规定（二）》（以下简称《追诉标准二》）第35条规定：［内幕交易、泄露内幕信息案（《刑法》第180条第1款）］证券、期货交易内幕信息的知情人员、单位或者非法获取证券、期货交易内幕信息的人员、单位，在涉及证券的发行，证券、期货交易或者其他对证券、期货交易价格有重大影响的信息尚未公开前，买入或者卖出该证券，或者从事与该内幕信息有关的期货交易，或者泄露该信息，或者明示、暗示他人从事上述交易活动，涉嫌下列情形之一的，应予立案追诉：（1）证券交易成交额累计在50万元以上的；（2）期货交易占用保证金数额累计在30万元以上的；（3）获利或者避免损失数额累计在15万元以上的；（4）多次进行内幕交易、泄露内幕信息的；（5）其他情节严重的情形。

的入罪标准[1]而没有司法解释对其“情节特别严重”的判断尺度作出规定。这就成为刑法解释论争议之外利用未公开信息交易罪在马某案之前无一例生效判决认定为“情节特别严重”的刑法实践与司法规则根源。

第四节　利用未公开信息交易情节的实质解释

文义解释初步建立了利用未公开信息交易罪具有“情节特别严重”量刑情节与罪刑法定原则之间的吻合关系；体系解释补强了这种规范解释的合法性与合理性。但是，真正排除异议地锁定上述刑法解释的正确性，不能止步于条文形式的分析与阐释，应当深入内幕交易、泄露内幕信息罪、利用未公开信息交易罪的实质并由此确认利用未公开信息交易罪量刑情节配置问题。同时，量刑情节与法定刑在立法上完成“出厂设置”之后，实际上并非能够直接且绝对地适用于司法实践，在没有“使用指南”（立法说明或者立法解释）的情况下，必须通过合法且合理的刑法解释将《刑法》文本落于实处。

一、信息价值滥用的相同实质

利用未公开信息交易罪不具备“情节特别严重”量刑情节这一观点在实质解释层面能够成立，其唯一的可能性在于证明利用未公开信息交易罪的社会危害性没有达到与内幕交易、泄露内幕信息罪相同的水平——如果利用未公开信息交易的犯罪实质危害相对内幕交易犯罪而言更轻，并且这种社会危害性程度上的实质差异足以产生法定刑配置上的区别，则情节特别严重的内幕交易犯罪行为应当适用“五年以上十年以下有期徒刑，并处违法所得一倍

---

① 2010年《追诉标准二》第36条规定：［利用未公开信息交易案（《刑法》第180条第4款）］证券交易所、期货交易所、证券公司、期货公司、基金管理公司、商业银行、保险公司等金融机构的从业人员以及有关监管部门或者行业协会的工作人员，利用因职务便利获取的内幕信息以外的其他未公开的信息，违反规定，从事与该信息相关的证券、期货交易活动，或者明示、暗示他人从事相关交易活动，涉嫌下列情形之一的，应予立案追诉：（1）证券交易成交额累计在50万元以上的；（2）期货交易占用保证金数额累计在30万元以上的；（3）获利或者避免损失数额累计在15万元以上的；（4）多次利用内幕信息以外的其他未公开信息进行交易活动的；（5）其他情节严重的情形。

以上五倍以下罚金”的基本幅度，而情节特别严重的利用未公开信息交易犯罪行为由于没有制造相同程度的实质危害，适用《刑法》第 180 条第 1 款规定的加重法定刑处罚会出现罪刑失衡，只能配置并适用该款规定的第一档次的法定刑。然而，内幕交易犯罪与利用未公开信息交易犯罪事实上具有性质相同且程度相当的实质危害，所以在刑罚配置上不应当出现前者具备“情节特别严重”量刑档次而后者没有的情况。

从比较刑法的角度分析，内幕交易、利用未公开信息交易、市场操纵等都属于全球证券期货市场刑事法律规范规定的核心犯罪行为，通常统一归属于证券欺诈犯罪或者证券期货犯罪项下，适用完全相同的法定刑，彼此之间不存在相对更重或者更轻的差异。例如，美国《证券交易法》禁止任何人直接或者间接地通过洲际商务、邮电通信、证券交易等设施，使用操纵、欺诈或违反证券监管部门基于保护市场和投资者利益所制定的法规的方式，从事注册证券、非注册证券、以证券为基础的掉期合约等交易，内幕交易、利用未公开信息交易、虚假陈述、市场操纵等都属于证券欺诈；[①] 构成犯罪的，适用统一的法定刑——个人单处 20 年以下监禁，或单处 500 万美元以下罚金，或两者并处；单位处 2500 万美元以下罚金。[②] 再如，欧盟于 2014 年最新发布的《市场滥用刑事制裁指令》将内部人交易与市场操纵等统一称为证券期货犯罪，要求欧盟成员国将刑罚上限的最低标准规定为 4 年监禁；[③] 根据 2014 年欧盟《市场滥用监管规章》的规定，内部信息（inside information）包括金融商品及其发行人内幕信息与客户交易、资金配置信息，内部人交易犯罪包括内幕交易与利用未公开信息交易。[④] 可见，美国、欧盟等全球成熟证券期货市场刑事法律制度都将内幕交易、利用未公开信息交易以证券欺诈或者证券期货犯罪的一种具体行为类型进行定罪处罚，完全没有对两者作出实质危害性的区分。

---

① See 15 U. S. C. § 78j (b).

② See 15 U. S. C. § 78ff (a).

③ See Directive 2014/57/EU of The European Parliament and of The Council of 16 April 2014 on criminal sanctions for market abuse (market abuse directive), Article 2, 3, 5, 7.

④ See Regulation (EU) No 596/2014 of The European Parliament and of The Council of 16 April 2014 on market abuse (market abuse regulation), Article 7, 8.

我国《刑法》中的证券期货犯罪采用了相对精细化的构成要件设计，将内幕交易、利用未公开信息交易、散布虚假信息（《刑法》第181条第1款编造并传播证券、期货交易虚假信息罪）、欺诈客户（《刑法》第181条第2款诱骗投资者买卖证券、期货合约罪）、市场操纵（《刑法》第182条操纵证券、期货市场罪）等行为区分为不同的犯罪类型。内幕交易犯罪与利用未公开信息交易犯罪尽管同属一个条文，但两者之间存在着明确的规范界限：（1）信息内容差异。内幕信息主要是围绕上市公司本身的信息，如公司的重组计划、公司高管人员的变动、公司的重大合同、公司的盈利情况等对该公司证券、期货的市场价格有重大影响、按照有关规定应及时向社会公开但尚未公开的信息。而“重大未公开信息”的主要是所在资产管理机构准备将用客户资金投资购买哪只证券、期货的投资交易信息，一般属于单位内部的商业秘密，法律并未要求此类信息应当公开，此类信息不属于内幕信息的范围。（2）利益侵害差异。内幕交易更多是损害不特定的社会公众投资者和股民的合法权益，利用未公开信息交易更多是损害资产管理机构的客户的利益。[①]然而，上述《刑法修正案（七）》权威解读所揭示的是内幕交易与利用未公开信息交易在犯罪构成上的重要边界，而非两者在犯罪实质危害性层面的本质差异。更值得注意的是，权威解读在分析内幕交易与利用未公开信息交易构成区别与规范边界的过程中，非常准确地指出了评价内幕交易与利用未公开信息交易实质危害的核心方面：市场信息效率与市场参与者权益。内幕交易与利用未公开信息交易在核心层面的实质危害上具有明确的共性。

内幕交易与利用未公开信息交易的实质危害均聚焦于行为人触犯证券期货市场竞争规则而制造不公平的信息优势，即行为人违反证券期货市场法律规范利用尚未公开的信息的经济价值从事相关金融交易、损害其他市场参与者合法权益。证券期货市场中的重大未公开信息的经济价值表现为其能够有效地揭示金融商品市场价格与实际价值之间的价差。法律并不一般性地禁止利用私有信息从事金融交易，也不禁止基于对市场公开信息获取能力差异形成竞争优势而获取金融交易利润，而是禁止滥用信息优势与证券期货市场信

---

① 参见黄太云：《〈刑法修正案（七）〉解读》，载《人民检察》2009年第6期。

息的经济价值并从价差发现和从相关金融交易中获取利益的行为。有效的信息传递与公平的信息竞争是证券期货市场参与者投入资本参与金融商品价格发现的市场基础。内幕交易是行为人滥用了应及时向市场所有参与者披露的信息的经济价值，利用未公开信息交易是行为人滥用了应排他性地基于客户利益而使用的信息的经济价值。两者都是基于牟取个人交易利益的目的而实施的证券期货市场信息竞争机制与对其他市场参与者利益的严重侵害行为，具有相同的危害实质。

因此，内幕交易与利用未公开信息交易都是滥用信息价值、干扰信息效率、损害其他投资者信息利益的证券期货市场侵害行为，可以在立法上进行犯罪构成上的区分，但在实质的社会危害性层面具有相当性，并不存在相对重罪与轻罪的差别。分析至此可以确认，利用未公开信息交易罪具有“情节严重”“情节特别严重”两档量刑情节，两罪应具有完全相同的法定刑配置。

二、信息价值实现的差异化机理

进一步的问题在于，如何具体适用利用未公开信息交易罪“情节特别严重”的量刑情节。实践中主要有两种意见：一种观点认为，司法解释并未对利用未公开信息交易罪“情节特别严重”的加重法定刑适用标准做出规定，目前不能在个案中直接适用。但对照《追诉标准二》规定的利用未公开信息交易“情节严重”与《内幕交易解释》规定的内幕交易、泄露内幕信息“情节严重”，两者数值标准相当，据此推算，应当在制定利用未公开信息交易司法解释时按照《内幕交易解释》设计的标准，将利用未公开交易罪的“情节特别严重”标准设定为证券交易成交额250万元以上、期货交易占用保证金数额150万元以上、获利或者避免损失数额75万元以上。另一种观点认为，内幕交易犯罪与利用未公开信息交易犯罪具有相同的实质危害与量刑情节配置，既然《内幕交易解释》已经明确规定了内幕交易、泄露内幕信息罪“情节严重”“情节特别严重”的量化标准，利用未公开信息交易罪可以参照适用，诸如马某案等非法获利数额在千万元级别的利用未公开信息交易犯罪行为完全可以被认定为“情节特别严重”。

然而，由于法官、检察官对个案进行刑法解释的权限缺失与公众对其解释重大疑难复杂问题的能力存在疑问，证券期货犯罪司法实践很大程度上必须依靠司法解释进行指导，尤其是“情节严重”“情节特别严重”此类裁量空间大的综合性量化标准。在利用未公开信息交易罪“情节特别严重”本身并没有司法解释的情况下，直接参照《内幕交易解释》，法律依据并不充分。[①] 更为关键的是，犯罪实质危害的相当性决定了内幕交易与利用未公开信息交易犯罪量刑情节与法定刑配置相同，但并不绝对意味着两罪在“情节严重”“情节特别严重”的判断标准上应然地适用完全相同的量化尺度。由于内幕交易与利用未公开信息交易在具体的犯罪机理上具有截然不同的运作机制，司法解释在制定“情节严重”“情节特别严重”量化判断标准时需要进行有针对性的布局与调整。《追诉标准二》对内幕交易、泄露内幕信息罪与利用未公开信息交易罪的“情节严重”设置完全相同的数额标准，其本身的合理性就值得探讨，更不能以此主张未来制定利用未公开信息交易罪情节标准时完全按照内幕交易犯罪的标准进行等量化处理。

内幕交易与利用未公开信息交易的犯罪机理是指特定交易者滥用重大信息的经济价值，实现个人经济利润或者风险转移以及损害其他市场参与者利益的运作方式及其经济本质。证券期货犯罪的实质是对其社会危害性的本质界定，而证券期货犯罪的机理则是对其经济危害性的量化规定。

其一，从信息价值的角度分析，内幕信息是与金融商品或其发行主体有关的、对金融商品内在价值具有影响并外化为能够引起市场价格波动的内生性信息（例如，资产重组、重大合同等与上市公司经营与财务密切关联的信息）。其经济价值在于发现基础资产内在价值与金融商品市场价格之间的价差。《刑法》第180条第4款规定的内幕信息之外的其他重大未公开信息，是与金融商品内在价值无直接关联的、由特定市场资金流动变化而影响金融商

---

① 从现阶段已经做出的生效判决的具体情况分析，所有非法获利1000万元以上的利用未公开信息交易犯罪案件都只被审判机关认定为“情节严重”。例如，李旭利累计成交额5226万余元、共计获利899万余元，郑某累计成交额5亿余元、获利1400万余元，苏竞累计成交额7.33亿余元、获利3652万余元等，均没有被法院认定为“利用未公开信息交易情节特别严重”。参见郝洪：《李旭利案终审宣判“股仓硕鼠”为何频现》，载《人民日报》2013年10月30日，第9版；严晓蝶：《苏竟“老鼠仓”获刑2年6个月》，载《东方早报》2014年10月22日，第A22版。这也从一个非常重要的侧面证明司法解释对于情节标准量化界定的极大影响。

品市场价格的外发性信息。（例如，基金公司管理的客户资金、保险公司管理的年金账户等买入、卖出股票的信息）其经济价值在于发现特定金融商品短期供求关系变动影响下的预期市场价格与当前供求关系影响下的市场价格之间的价差。由于内幕信息公开造成的是金融商品内在价值的客观波动，内幕信息之外的其他重大未公开信息公开引发的是金融商品供求关系的短期波动，通常而言内幕信息对市场价格变动的影响幅度更大。在违法所得相同的条件下，利用未公开信息交易需要动用的交易量规模更大。①

其二，从利益侵害与违法所得的角度分析，内幕交易是行为人利用应当向证券期货市场披露并由所有市场参与者（包括潜在投资者）共享的重大信息谋取交易利润，行为人违法所得的代价是市场所有参与者的经济利益与市场整体信息效率的损害。而利用未公开信息是行为人利用资产管理中应当由权益人独享的重大信息谋取交易利润，行为人违法所得的代价是对其所供职的机构或者客户的经济利益的损害与对市场特定信息利益冲突的违反。在违法所得相同的条件下，利用未公开信息交易所侵害的市场参与者范围更特定、经济利益更容易量化且数额相对较小。

所以，同属“情节严重”或者“情节特别严重”的量刑情节应适用相应的法定刑幅度，内幕交易与利用未公开信息交易所需要达到的量化标准并不相同，作为评价两种犯罪行为类型最为重要的指标，交易量、违法所得的数额尺度应当合理做出差异化处理。要达到相当的违法所得、市场侵害，利用未公开信息交易的成交量需要更多；要达到相当的投资者权益侵害，利用未公开信息交易的违法所得应当更高。利用未公开信息交易罪“情节严重”“情节特别严重”所对应的证券交易成交额、期货交易占用保证金数额、获利或者避免损失数额等标准应当高于内幕交易、泄露内幕信息罪。在利用未

① 司法实践中利用未公开信息交易犯罪案件中成交数额普遍极大也验证了这一判断。市场公开材料显示，进入刑事诉讼程序的利用未公开信息交易案，最高成交数额超过10亿元，最低成交数额也达到了300万元以上。参见中国证券监督管理委员会：《证监会通报对利用未公开信息交易的执法工作情况》，载中国证券监督管理委员会网，http：//www. csrc. gov. cn/pub/newsite/zjhxwfb/xwdd/201412/t20141226_ 265701. html（访问日期：2015年2月17日）。利用未公开信息交易的成交额基本上全部超过《内幕交易解释》“情节特别严重”证券成交额250万元以上的数额标准，如果利用未公开信息交易罪参照《内幕交易解释》，实际上虚置了“情节严重”标准。

公开信息交易犯罪司法解释具体设计数值时，可以通过对已有的利用未公开信息交易行政处罚与刑事犯罪案件展开数量分析，计算证券交易成交额、期货交易占用保证金额、获利或者避免损失额等关键数据的中位数，取整数后作为“情节严重”的具体数额指标，并按照一定的倍数（《内幕交易解释》为5倍）制定“情节特别严重”的量化标准。基于目前利用未公开信息交易行政处罚与刑事犯罪案件公开数据资料开展不完全统计与初步测算，[①] 该中位数（取整）约为成交额1亿元、违法所得1000万元，该数值可供司法机关参考。

在制定利用未公开信息交易犯罪司法解释时，如果按照上述统计数值设置“情节严重”“情节特别严重”定罪量刑的标准，相对目前数额水平而言，显然入罪与处罚标准明显提高。可能有人会质疑，提高定罪量刑标准会向公众传递出我国对证券期货犯罪的打击力度趋于减弱的信息。这种担心规制弱化的隐忧也是长期以来将证券期货犯罪刑事追诉数额标准设定在一个较低水平的重要原因。但是，过低的追诉标准势必导致“法不责众”、加重法定刑情节难以落实，从而造成真正经济危害极大、犯罪数额极大的利用未公开信息交易犯罪案件适用“情节特别严重”变得异常困难与复杂。因此，根据证券期货市场违法犯罪案件的实际情况，适当调整利用未公开信息交易罪“情节严重”“情节特别严重”的数额标准，不仅有利于廓清违法与犯罪的界限、落实与优化两档法定刑的处罚强度配置，而且有助于发挥行政处罚对于证券期货犯罪主体经济利益、职业资格剥夺的监管效果，以及民事诉讼的损害赔偿机制作用。落到实处的刑罚措施以及通过刑事、行政、民事全方位制度安排震慑利用未公开信息交易犯罪人，才能真正强化证券期货犯罪的震慑效率与刑法规范的执行力。

---

① 样本范围：黄某、刘某、唐建、涂某、王某明、张某等利用未公开信息交易行政处罚案件以及许某茂、韩某、李某利、季某波、夏侯某浩、马某、杨某卿、杨某、郑某、曾某、厉某超、欧某林、钱某、苏某、王某松、张某民等利用未公开信息交易刑事犯罪案件。

第十章

利用未公开信息交易司法解释的适用难点与合规启示

为依法惩治证券、期货犯罪，维护证券、期货市场管理秩序，促进证券、期货市场稳定健康发展，保护投资者合法权益，最高人民法院、最高人民检察院联合发布了《关于办理利用未公开信息交易刑事案件适用法律若干问题的解释》（以下简称《利用未公开信息交易解释》），自2019年7月1日起施行。根据该司法解释发布时理解与适用的分析——在我国证券、期货交易活动中，利用未公开信息交易的违法犯罪行为（俗称“老鼠仓”）多发，某些金融机构从业人员利用金融机构的巨额资金作后盾，在用客户资金买入证券、期货等金融产品前，以自己名义，或假借他人名义，或者告知其亲属、朋友、关系户，先行低价买入证券、期货等金融产品，然后用客户资金拉升到高位后自己率先卖出获得巨额非法利益，将风险与损失转嫁给其他投资者。这不仅对其任职单位的财产利益造成损害，而且严重破坏了公开、公平、公正的证券、期货市场原则，严重损害客户投资者和处于信息弱势的散户利益，严重损害金融行业信誉，影响投资者对金融机构的信任，进而对资产管理和基金、证券、期货市场的健康发展产生负面影响，社会危害性日益凸显，必须予以惩治。

司法实践中，利用未公开信息交易犯罪案件有以下几方面特点：一是发案领域日趋广泛。此类案件涉及基金、银行、证券、保险、资产管理等多个领域，逐渐从证券发行、交易环节蔓延至基金托管、资产评估等环节，呈现传统风险与新型风险相互交织的特点。二是内外勾结、合伙作案现象突出。此类案件中，金融机构的从业人员利用职务便利获得特定信息后，与外部人员相互勾结、明确分工，有人负责操控指挥，有人负责调集资金，有人负责传递信息，甚至在监管机构调查期间达成攻守同盟，呈现出明显的“团伙化”特征。三是犯罪分子反侦查意识较强。此类案件中，犯罪分子大多文化程度较高、精通金融知识、从业经验丰富，作案前计划周密，作案时采取隐蔽手段，作案后不易留下犯罪痕迹，导致有关部门对犯罪的发现难、取证难和认定难。四是犯罪手段网络化趋势明显。随着信息网络技术的发展，证券、期货市场普遍采用无纸化交易、电脑自动撮合成交以及集中托管，不仅为证券、期货交易提供了成本更低、速度更快的渠道，也使犯罪分子的信息传递、交易操作更加隐蔽，转瞬间即可完成犯罪。与此同时，司法实践反映，该罪的具体定罪量刑标准尚不明确，一些法律适用问题存在争议，需要通过司法解释予以明确。

《利用未公开信息交易解释》在坚持从严惩治利用未公开信息交易犯罪的同时，切实体现区别对待，分化瓦解犯罪分子其规定对于行为人符合定罪处罚的标准，且行为人如实供述犯罪事实，认罪悔罪，并积极配合调查，退缴违法所得的，可以从轻处罚；其中犯罪情节轻微的，可以依法不起诉或者免予刑事处罚。同时，该解释切实贯彻《刑事诉讼法》规定的认罪认罚从宽制度，规定行为人符合《刑事诉讼法》规定的认罪认罚从宽适用范围和条件的，依照《刑事诉讼法》的规定处理，确保法律效果和社会效果的有机统一，更好地实现惩罚和预防犯罪的目的。

《利用未公开信息交易解释》目前是解决我国此类案件疑难问题的唯一刑法解释，不仅对于参与我国资本市场的金融交易者起到了重要的规范指引作用，而且由于其规定的利用未公开信息交易刑法适用规则具有突出的创新性，在全球金融市场激烈竞争的背景下，深入研究该司法解释对于丰富全球的资本市场犯罪刑法理论亦有重大意义。但是，由于利用未公开信息交易相关实践问题具有高度复杂性，相关重大且疑难实践问题上仍然存在很多争议与困惑。对司法解释进行深刻与细致的解析，能够推动资本市场犯罪刑法理论与实践更为冷静地对利用未公开信息交易违法犯罪问题进行审视，持续探索刑法解释和信息合规管理不断优化的理论支撑与发展路径。基于此，本章尝试深度剖析司法解释实践运作中的疑难问题并提出司法规则优化建议，以期对惩治利用未公开信息交易、重大未公开信息合规管理的理论探索与实践有所裨益。

第一节　交易趋同性司法判断的实践趋势与规则解析

根据最高人民法院、最高人民检察院《关于办理利用未公开信息办理刑事案件适用法律若干问题的解释》第 1 条的规定，未公开信息是指内幕信息以外的其它未公开的信息，包括证券、期货的投资决策、交易执行信息；证券持仓数量及变化、资金数量及变化、交易动向信息；其它可能影响证券、期货交易活动的信息。可见，司法解释只是从信息内容的角度尝试界定内幕信息以外的其他重大未公开信息的内涵与外延，但并未对于如何判断案涉行为是否基于未公开信息从事交易的问题提供规则指引，因此有必要从实践角度深入分析交易行为与未公开信息之间的趋同性关系问题，从而不仅为司法实践提供规则参考，更是有助于为金融机构从业合规与风控提供防范措施方面的建议。

一、争议问题

司法实践中一般采用“前五后二”规则作为判断交易行为与案涉信息之间的趋同性标准，即案涉行为人实际控制交易与案涉重大未公开信息对应的机构盘交易发生在“前五后二”时间范围之内，可以认定为行为人实际控制的交易行为与案涉重大未公开信息之间具有趋同性。之所以采用该标准，主要是为了达到个案的均衡，确保司法实践中类案类判，计算趋同交易数额及违法所得时的一致性。“前五后二”大致在一周时间的范围内，其交易周期较短，所被利用的未公开信息的确定性相对较强。

然而，随着司法实务中利用未公开信息交易行为的频发，同时对于此类具体案件的介绍与培训逐渐增多，许多行为人在作案时便利用规则刻意规避

“前五后二”范围的框定，导致实务中认定犯罪行为与交易数额出现了争议。为适应新形势的变化与犯罪的迭代更新，司法实践中存在不再机械地适用“前五后二”这一标准的动向与倾向性意见，主张按照个案的具体情况进行具体判断，即“综合判定”。因为“前五后二”交易时间点的认定方式，仅是司法实务中为了便于统一计算而形成的惯常做法，并未有明文规定，司法人员可以通过对具有职务便利的不同特殊主体的区分和界定，更好地结合具体个案从实质把握利用行为的本质，更精准地判断趋同交易时间点，从而有力打击“老鼠仓”犯罪。例如，未公开信息的制造者，即基金经理本人，其实际操作的账户早年已经大量持有某一只股票，在其担任基金经理后，其操作机构盘买入与其持有的同一股票，拉高股价，在“后三”或者更久的时间内伺机卖出个人账户中的股票，其交易行为，已然跳脱出了“前五后二”交易时间点的范围，但其行为很难不被认定为是利用未公开信息的优势行为。那么，对其利用职务便利进行趋同交易的时间点，应采“T + N”的认定标准进行计算。概言之，就是在大盘买入与其个人持有的同种股票的这一时间点下，其个人实际控制的所有账户中的该只股票，应全部认定为其利用未公开信息交易的对象。

但也有不同意见认为：(1) 不能突破“前五后二”的判断逻辑。(2) 可以不坚持严格性趋同标准，即不需要严格要求“T－5”日个人实际控制账户买入，T 机构账户买入；T 机构账户卖出，T＋2 个人实际控制账户卖出。(3) 必须遵守包括性趋同标准，即至少符合以下条件单边趋同条件——个人实际控制账户建仓或者平仓行为发生在 T－5 或者 T＋2 的时间区间即可；无论是否存在反向交易问题。

上述争议对于利用未公开信息交易的司法认定产生了极大的影响，有必要结合当前司法实践中的典型案例，深入分析交易趋同性的实践发展与规则优化问题。

二、典型案例

Z 某 1 在担任 C 公司基金经理助理、基金经理期间，利用其职务便利获取其管理的“C 多策略稳健增长债权型”“C 可持续发展主题混合型”“C 价值动量混合型”基金产品的投资决策及交易执行等未公开信息，操作由其实际控制的W某、Z某2、N某1等3人名下证券账户；在担任S基金管理有限公司基金经理期间，利用其职务便利获取其管理的“S整合驱动”基金产品的投资决策及交易执行等未公开信息，操作由其实际控制的上述3人以及N某2等4人名下证券账户，先于、同步于或稍晚于上述4只基金，买入或卖出相同股票共计338只。

Z某1操纵他人账户进行的股票交易出现与基金公司股票池中的股票趋同，且高度趋同。其中，W某账户趋同股数22.4%、趋同金额20.44%，Z某2账户趋同股数29.6%、趋同金额24.99%，N某1账户趋同股数13.59%、趋同金额14.4%，N某2账户趋同股数34.91%、趋同金额30.62%，趋同率远超出正常概率。

经鉴定，Z某1趋同交易金额39亿余元，非法获利1523万余元。

本案中，机构账户买入前5日涉案账户买入并卖出、基金账户卖出后两日涉案账户买入并卖出相同股票，应否认定为利用未公开信息交易罪？具体而言，Z某1在基金买入股票池中股票5日之前，其个人实际控制股票账户买入相同股票又卖出的涉及股票X个，交易量金额10.7亿余元，获利472万余元。对于该部分金额，是否应当作为利用未公开信息交易罪予以评价？

否定性观点认为：此类行为不能认定为利用未公开信息交易。相关数额应当全额扣除，不能认定为犯罪金额。Z某1在虽然利用职务便利知悉相关股票是基金股票池中股票，但是，重大未公开信息并非指金融机构股票池中的股票名单。金融机构资金本身尚未交易或者决策交易，并不存在参考、利用未公开信息的问题，也没有利用机构盘拉起股价的优势，不能认定为犯罪，应作为违纪处理。在机构盘卖出2日后买入并卖出，完全在时间区间之外，也不存在影响机构交易的背信风险，同样不能作为犯罪处理。

肯定性观点认为：此类行为仍然利用了未公开信息及其所产生的交易优势。(1）涉案账户与股票池、基金账户实际交易股票的品种相同，在交易时间上虽然没有在“前五后二”区间，但存在实质关联，交易时间总体趋同。(2）Z某1作为基金经理，其本人就是股票投资的决策者，知道或者应当知道关联时间内基金的投资决策、交易执行等未公开信息。Z某1在涉案账户交易某只股票时，对之后基金账户会交易该只股票理当明知；Z某1也是在掌握基金账户交易完成某只股票的信息后，个人再于关联时间内同向交易该只股票。在刑事司法判断上，应当认定Z某1系在知道或者应当知道基金的投资决策、交易执行等信息的情况下，仍然于关联时间内在涉案账户交易该股票。(3) Z某1享有其担任基金经理的基金产品在投资管理系统的查询权限；Z某1在涉案账户内交易基金股票池内的股票，同样是对金融机构研究成果的滥用。(4) 利用未公开信息交易的范围不宜仅限于典型的利用未公开信息实现“抬价”效果的行为。只要行为人利用了因职务便利获取的基金投资决策、交易执行等未公开信息，并从事了与该信息相关的股票交易活动，就已经对证券市场秩序造成了破坏，故不能简单地将没有利用未公开信息“抬价”效果的行为等同于没有利用未公开信息。(5) 从刑事政策的角度看，对于涉案账户与行为人担任基金经理的基金账户交易股票的品种、时间总体趋同的，认定为趋同交易，有利于加强对证券从业人员的行为规制，也是对于证券违法犯罪行为从严打击的需要。

三、规则分析与合规启示

应当看到，司法实践中之所有有观点提出，具体案件中应摒弃一味生硬适用“前五后二”标准，在研判个案特点的基础上灵活掌握，必要时要适当放宽、调整趋同交易时间点的区间，主要是为了灵活把握趋同交易时间点的认定，做到对犯罪认定的不枉不纵。

事实上，随着市场交易竞争日趋激烈，基金等机构盘的买卖对股价波动的影响开始逐渐变得并不十分明显，且基于多因一果关系，特别是一些资金盘较小的基金，基金经理并不能依托手中的基金抬高股价获得非法利益。司法机关的办案人员发现，在新类型的“老鼠仓”犯罪中，为规避审查、获取个人利益的最大值，更多的基金经理采取了反向操作的方式，即在基金抛出股票后压低股价再自行买入等，个人获取先发优势。上述反向“抬轿子”行为亦属于违背相关证券、基金从业规定所要求的信托信赖义务，但却离开了“前五后二”这一定罪量刑所圈定的范畴，在认定趋同交易犯罪数额以及获利金额的时候，被行为人有效规避、逃脱了刑事制裁。而证券法中已经明文禁止了相关从业人员买卖、持有股票等的行为，违反者将处行政处罚。那么，从处罚的阶梯性考量，买卖并持有上述公司集体研究所得的劳动成果以及带有商业秘密性质的股票池中股票，利用未公开信息优势的背信行为理应纳入刑事领域规制，且并未引发刑法与行政处罚法法律位阶上的失衡。①

然而，在规则建构层面需要注意的是，交易趋同性只是判断是否利用特定未公开信息从事交易的审查方向之一，司法认定更应当关注利用未公开信息交易的罪质内涵，即利益冲突。行为人利用了因职务便利获取的未公开信息，并从事了与该信息相关的股票交易活动，客观上就产生了利益冲突的事实基础。作为金融机构的从业人员，明确知悉所任职的公司产品池中的目标，其在明确知道公司所要买入的标的种类和时间时，不但没有停止个人买卖的违规行为，反而选择同种标的买入，该行为显然已经将个人利益置于与机构利益互为冲突的境地。对于前五区间外趋同买入后随即卖出的行为，应该视为被告人变现（信息价值）的一个过程，变现过程受市场价格波动或被告人交易策略等影响。但变现时点发生的先后，并不影响基于未公开信息买入的客观事实、个人交易与机构交易之间的紧密联系。

至于行为人在“后二”区间外的买卖行为，则需要动态分析。因为未公开信息一般要经历三个阶段：一是酝酿形成阶段，买卖金融商品作为公司的投资计划在实际买卖之前就可以确定；二是实现阶段，也就是公司通过买卖金融商品实现了该未公开信息的内容；三是经济价值的释放阶段，随着时间的推进，信息对市场的经济影响逐渐被吸收和稀释。正是由于机构盘买卖股票对股价波动的影响具有迟延性，因此，对于机构盘交易完成 2 天后行为人才操作个人账户买入卖出的，也不能否认被告人知晓并利用未公开信息本身所带来的优势，且个人购买的标的仍属于公司标的池中的金融商品，是对公司集体研究成果的利用，不能否认利用未公开信息交易的存在。

---

① 陈晨：《利用未公开信息交易犯罪疑难问题研析：基于理论和实践的双重坐标》，载《证券法苑》2019 年第 1 期。

第二节 前置性违法要素的行政认定与司法判断

在利用未公开信息交易的司法认定与合规管理实践中，内幕信息以外的其他未公开的信息是所有实务工作的逻辑前提，也是行为违法性判断的核心要素。如果涉案的并非内幕信息以外的其他未公开的信息，则根本不存在法律判断与合规管理问题。因此，内幕信息以外的其他未公开的信息作为最为重要的前置性违法要素，是利用未公开信息交易司法认定与合规管理的重点难点问题。《利用未公开信息交易解释》第 2 条规定：内幕信息以外的其他未公开的信息难以认定的，司法机关可以在有关行政主（监）管部门的认定意见的基础上，根据案件事实和法律规定作出认定。

从司法解释的表面条文分析，前置性违法要素的刑事司法判断明显独立于行政认定，即司法机关在综合行政部门的认定意见的基础上，独立根据案件事实与现行法律规定作出司法认定。但是，在刑事司法规范建构与适用层面，资本市场犯罪司法实践始终难以明晰地梳理市场竞争与金融安全两种法律所保护的社会利益的关系，最终导致司法规范文本受制于行政规定与行政认定为主导的金融政策。

刑事司法实践一方面，通过严厉打击利用未公开信息交易等资本市场犯罪稳定金融秩序；另一方面，通过不同程度地认可竞争性交易的合法性保障市场的流动性。在交易自由与金融安全两种价值不断冲突与企图调试的过程中，现有金融体系在持续处于优先保护价值地位的同时，深刻地凸显刑事司法规范文本的摇摆性与非独立性。

一、行政认定的实际影响力

在资本市场犯罪行为刑事违法性实践判断层面，以行政主管部门行为违法性认定为主导的实体性判断结论与程序性运作流程实际控制了合法与非法的界限甄别。尽管司法解释一直坚持《利用未公开信息交易解释》的路径——

例如，2011年最高人民法院《关于非法集资刑事案件性质认定问题的通知》（以下简称《非法集资性质认定通知》）明确规定：行政部门对于非法集资的性质认定，不是非法集资案件进入刑事程序的必经程序。行政部门未对非法集资作出性质认定的，不影响非法集资刑事案件的审判。对于案情复杂、性质认定疑难的案件，人民法院可以在有关部门关于是否符合行业技术标准的行政认定意见的基础上，根据案件事实和法律规定作出性质认定。但是，《非法集资性质认定通知》又规定，非法集资刑事案件的审判工作涉及领域广、专业性强，人民法院在审理此类案件当中要注意加强与有关行政主（监）管部门以及公安机关、人民检察院的配合。这实际上意味着司法机关在坚守资本市场犯罪行为刑事违法性认定独立判断的同时，仍然基于权力配置、技术条件、影响领域等各方面障碍与困惑而出现摇摆。

实践中，对于侵害间接融资市场机制的非法吸收公众存款、集资诈骗行为违法性认定，现阶段形成了以银保监会牵头成立的处置非法集资部际联席会议①以及省政府为核心进行判断的行政控制模式。此类资本市场犯罪行为刑事违法性的司法审查对于行政认定程序与结论具有实质性的依赖。根据《处置非法集资部际联席会议制度》的规定，处置非法集资部际联席会议组织有关部门对涉嫌非法集资案件进行性质认定，由有关部门依法作出认定结论。重大案件的认定意见按程序报批。同时，根据《处置非法集资部际联席会议工作机制》对涉嫌非法集资案件性质认定的规定，案件事实清楚、证据确凿、政策界限清晰的，由案发地省级人民政府组织当地银行监管部门、公安、行业主管或监管等部门进行认定。性质认定后，由当地省级人民政府组织进行查处和后续处置。重大案件，跨省（区、市）且达到一定规模的案件，前期调查取证事实清楚且证据确凿、但因现行法律法规界定不清而难以定性的，由省级人民政府提出初步认定意见后按要求上报，由联席会议组织认定，由有关部门依法作出认定结论。同样，对于侵害直接融资市场机制的

① 处置利用未公开信息交易部际联席会议是经国务院同意建立，由银保监会牵头，国家发改委等18个部门参加，负责处置利用未公开信息交易活动组织协调的工作机制。其主要职责是，在国务院的领导下，组织协调有关部门和省级人民政府，建立“疏堵并举、防治结合”的综合治理长效机制，切实有效地贯彻落实党中央、国务院处置利用未公开信息交易的方针和政策。

擅自发行证券、非法经营证券业务等资本市场犯罪行为的违法性认定，司法机关通常将证监会对涉案经营行为的性质所出具的书面结论（一般以复函的形式出现），作为认定涉案直接融资行为或者非法经营证券融资业务行为违法性的核心依据。这种稳定的行政与司法工作机制实际上制约了包括利用未公开信息交易司法实践在内的绝大部分金融犯罪案件。

犯罪的违法性始终被认为是理所当然的特征。① 资本市场犯罪行为刑事违法性的认定不能仅仅是对《证券法》等相关行政法律规定的静态援引，而是必须对整个金融机构在交易过程中行为的刑事违法性进行全面的证明，即司法机关通过严格的司法审查，论证资本市场犯罪行为的违法事实及其规范依据。司法机关自主地对资本市场犯罪行为刑事违法性问题进行论证与分析的能动性作用受到了明显的限制，不仅是源于外部性行政力量与金融利益的压制，而且在一定程度上是因为司法机关面对金融专业性问题时主动采取“司法克制”的态度，转而依托专业性行政部门的力量判断资本市场犯罪行为的刑事违法性。

犯罪行为的刑事违法性与违法行为的行政违法性明显是处于两种实体性质与两种程序判断下的法律判断问题。在资本市场犯罪行为刑事违法性认定程序中，以监管部门主导形成的处罚决定、书面复函、调查笔录、认定函等文件材料，只能在行政处罚程序中具有行政法律效力，在刑事司法程序中不具有司法效力，不应当以此为依据认定资本市场犯罪行为的刑事违法性。

同时，基于涉案行为刑事违法性认定而产生的争议、困惑、分歧等频繁见诸于资本市场犯罪案件司法实践：其一，违法性认定证据合法性争议。资本市场犯罪实践中，辩方经常提出的一种辩护意见是，监管部门出具的认定函、行政处罚决定书等文件不属于我国《刑事诉讼法》规定的证据种类之一，证据形式不合法，不能作为定案依据。但是，控方通常坚持认为证监会出具的认定函等从形式上看属于公文书证，具备证据能力，依法可以采信作为定案的依据。其二，资本市场犯罪二次违法性认定障碍与矛盾。根据犯罪

---

① 参见［德］李斯特：《德国刑法教科书》（修订译本），徐久生译，法律出版社2006年版，第202页。

二次违法性理论，刑法具有二次性规范的属性，犯罪具有二次性违法的基本特征。[①] 在认定犯罪的过程中，涉案行为的违法性依据根植于前置性规范，违法行为只有在超越其他法律规范的情况下，才能通过刑法规范对其进行二次评价。故行政违法认定意见尽管在刑事违法性证明环节没有司法效力，却是资本市场犯罪行为二次违法性判断中不可或缺的第一次违法性判断基础。行政部门对于利用未公开信息交易的性质认定不是利用未公开信息交易案件进入刑事程序的必经程序，这实际上明显违背犯罪二次性违法原理。这就导致资本市场犯罪行为刑事违法性判断出现重大的内部冲突与矛盾：在部分案件中，行政违法认定程序与实体结论完全替代刑事违法判断；在部分案件中，司法机关在没有行政违法认定意见的基础上直接判定相关行为构成行为非法性。[②]

二、违法性要素刑事司法判断原理

行为违法是认定资本市场犯罪刑事违法性的基础，行政程序中的行为违法认定意见可以直接作为资本市场犯罪第一次违法性判断的依据。但是，对于利用未公开信息交易、非法发行证券等直接或者间接资本市场犯罪案件中相关行为的刑事违法性认定问题，司法机关必须进行独立且全面的司法审查与判断。金融监管部门制作的行政处罚决定书、行政函等可以作为涉案行为刑事违法性司法判断的证据，但不能直接作为定案依据，司法机关应当对此类证据的合法性、关联性等进行刑事转化、综合论证、分析以及司法释理。

其一，金融监管部门提供的书面文件可以作为公文书证纳入资本市场犯罪全案的证据体系，具有可采性。国家机关在法定职权范围内行使职权所制

---

① 参见杨兴培：《犯罪的二次性违法理论探究》，载本书编辑委员会编：《社会转型时期的刑事法理论》，法律出版社2004年版，第415页。

② 例如，在中富证券有限公司、彭某等非法吸收公众存款案中，中富证券在从事资产管理过程中具有资质，对于此类有资产管理资质的证券机构吸收资金的行为（明知从事资产管理业务不得向客户作出保证其资产本金不受损失或者取得最低收益的情况下，故意采取上述方法吸收存款）是否可认定为非法吸收公众存款，显然应当由行政部门先行认定其行政违法性。但该案在未经行政确认涉案行为违法性的情况下，一审、二审均认定非法吸收公众存款罪成立。参见中富证券有限责任公司、彭某等非法吸收公众存款案一审判决书：（2005）沪二中刑初字第117号；中富证券有限责任公司、彭某等非法吸收公众存款案二审刑事裁定书：（2005）沪高刑终字第160号。

作的书面文件，包括各种命令、决定、通告、指示、信函、证明文书等，属于公文书证，可以作为刑事案件的证据。银保监会、证监会等作为国务院银行业、保险业证券业等监督管理机构，依照我国相关金融行政法律规定，具有认定非法融资行为的法定职权。银保监会、证监会等根据稽查的事实、证据，并结合《证券法》的有关规定出具认定函、批复等，对涉案行为的行政违法性进行说明，符合法律规定的，应当作为资本市场犯罪第一次违法性的直接认定依据以及第二次违法性（刑事违法性）的判断基础。

其二，金融监管机构在行政程序中形成的相关证据及其在刑事程序中出具的文书具有证据可采性，并不意味着司法机关可以直接按照公文书证中的结论性意见认定案件事实与相关行为的刑事违法性。金融监管机构认定行为非法性的法定职权限于行政程序，其对行为违法性进行确认的行政法律文件具有的既定效力仅覆盖行政程序环节，是一种行政违法性的认定。金融监管机构无权对涉案行为的刑事违法性进行认定。所以，在金融监管机构出具认定函件等公文书证的情况下，司法机关必须对其所阐释的理由与结论进行独立分析，不能直接按照金融监管机构提供的意见认定案件事实与法律性质。司法机关不得以节省司法资源、金融技术性知识能力低于金融监管机构等理由直接将行政文件作为认定资本市场犯罪行为刑事违法性的依据。

其三，金融监管机构在查处违法案件过程中形成的证据材料，经过合法性认定与转化之后，可以作为刑事案件的证据使用。司法实践中，资本市场犯罪案件通常由行政执法部门在调查结束后移送司法机关。对资本市场犯罪行为的刑事违法性司法审查必然滞后于行政调查。大量的能够证明资本市场犯罪行为刑事违法性的证据势必都由证监会等行政执法部门先行调取、采集、固定、制作。① 对于资本市场犯罪涉及的大量交易数据、资金流动、账户信息、被害人证言等证据材料，司法机关只能在经过审查认可这些证据合法性的基础上，对涉案行为的刑事违法性进行判断，不可能作为取证主体重新收

---

① 在资本市场犯罪案件中，涉案的融资行为通常涉及相关地区甚至是全国投资者，涉案投资者动辄成千上万，涉案金额动辄千万甚至上亿，金融监管机构移送司法机关的资金流向、投资者证言等证据繁多。参见王晓林：《集资诈骗罪和非法吸收公众存款罪的构成及异同》，载陈辐宽主编：《金融证券犯罪疑难问题解析》，中国检察出版社 2009 年版，第 275－284 页。

集与固定资本市场犯罪的证据。因此，认定资本市场犯罪行为刑事违法性的具体依据只能是金融监管机构移送司法机关的证据。此类能够证明资本市场犯罪行为刑事违法性的依据进一步可以区分为直接依据与间接依据：金融监管机构向证券公司、证券交易所、银行、工商行政执法机构等调取的记录资金走向、账户资料、工商登记等信息的书证、物证、电子证据等客观性材料，经司法机关确认具备证据合法性的，可以直接作为司法机关判断资本市场犯罪行为刑事违法性的依据。金融监管机构在办案过程中形成的涉案人员供述、证人证言、调查笔录等主观性材料，在刑事司法中不具有证据合法性，必须经过司法机关依法转换为刑事诉讼证据，从而成为判断资本市场犯罪行为是否刑事违法的间接依据。

第三节 指令交易行为的证据规则与风控要点

一、综合判定与规则指引

行为人是否通过明示或者暗示的方式向特定人员进行建议，或者向特定人员下达交易指令，一直是利用未公开信息交易司法实践中的疑难问题。“明示、暗示”主要是根据当事人的供述来予以认定的。实践中一般认为，明示是指行为人明确地告诉他人进行某种证券、期货合约交易活动，而暗示则是指行为人对证券、期货交易活动隐晦地提出线索。[①] 暗示也可以是行为人虽然没有直接明了的意思表示，但言语行为背后隐藏着类似的要求、提示或提醒，暗示的对象通常情况下会接受并理解这种从事相关交易的意思表示。[②] 因此，明示或者暗示一般可以通过双方交流或者互动的内容来予以具体确定并证实是否为建议他人从事相关交易活动。但是，不能否认的是，利

---

① 参见黄晓亮、许成磊：《破坏金融管理秩序罪立案追诉标准与司法认定实务》，中国人民公安大学出版社2010年版，第225页。

② 参见曹坚、俞高平：《利用未公开信息交易罪的适用难点》，载《上海金融报》2009年11月17日，第A13版。

用未公开信息交易案件相当程度上需要对行为人供述或者证人证言进行分析，尤其是在行为人否认指令交易的情况下，司法机关在认定时存在很大的困惑。

对此，《利用未公开信息交易解释》第4条规定，《刑法》第180条第4款规定的行为人“明示、暗示他人从事相关交易活动”，应当综合以下方面进行认定：（1）行为人具有获取未公开信息的职务便利；（2）行为人获取未公开信息的初始时间与他人从事相关交易活动的初始时间具有关联性；（3）行为人与他人之间具有亲友关系、利益关联、交易终端关联等关联关系；（4）他人从事相关交易的证券、期货品种、交易时间与未公开信息所涉证券、期货品种、交易时间等方面基本一致；（5）他人从事的相关交易活动明显不具有符合交易习惯、专业判断等正当理由；（6）行为人对明示、暗示他人从事相关交易活动没有合理解释。

该条司法解释规则相当程度上承继了内幕交易犯罪解释的综合认定或者推定技术。这需要引起证券合规实践部门的高度重视。无论是在机构交易合规管理层面，还是从业人员行为合规管理中，都应当重视信息交流过程中的绝对禁止规则与交易行为趋同性的绝对禁止规则：（1）与投资标的等决策信息有关的任何信息禁止交流；（2）个人实际控制账户与金融机构控制账户之间的交易趋同性绝对禁止。之所以采取如此严格的证券合规规则，不仅是因为上述司法解释的规则，而且需要关注到司法实践中的经典案例。

二、经典案例与合规启示

《刑事审判参考》指导案例第939号李旭利利用未公开信息交易案的判决及其案例分析解释对证券合规给予了相当重要的启示——

李旭利原系交银施罗德基金管理有限公司（以下简称施罗德基金公司）投资决策委员会主席、投资总监兼该公司蓝筹股票证券投资基金（以下简称蓝筹基金）经理。2011年8月26日其因涉嫌利用未公开信息交易罪被逮捕。上海市人民检察院第一分院以被告人李旭利犯利用未公开信息交易罪，向上海市第一中级人民法院提起公诉。上海市第一中级人民法院经公开审理查明：2005年8月至2009年5月，被告人李旭利担任施罗德基金公司投资决策委员会主席、投资总监，2007年8月开始兼任该公司蓝筹基金经理。在此期间，李旭利参与施罗德基金公司所有基金的投资决策，并对蓝筹基金进行股票投资拥有决定权。2009 年 4 月 7 日，在施罗德基金公司旗下蓝筹基金、交银施罗德成长股票证券投资基金（以下简称成长基金）进行工商银行和建设银行股票买卖的信息披露前，李旭利指令五矿证券深圳华富路证券营业部（现为五矿证券深圳金田路证券营业部，以下简称五矿金田营业部）总经理李某君，在名为“岳某建”“童某强”实为李旭利等控制的证券账户内，先于或者同期于施罗德基金公司买入工商银行、建设银行股票，累计成交额人民币（以下币种同）52 263 797. 34元，并于同年 6 月将上述股票全部卖出，股票交易累计获利8 992 399. 86元，同时分得股票红利1 723 342. 50元。上海市第一中级人民法院认为，被告人李旭利作为基金管理公司的从业人员，利用因职务便利获取的未公开信息，违反规定，从事与该信息相关的证券交易活动，情节严重，其行为构成利用未公开信息交易罪。据此，依照《刑法》第 180 条第 1 款、第 4 款，第 53 条，第 64 条的规定，上海市第一中级人民法院以利用未公开信息交易罪，判处被告人李旭利有期徒刑 4 年，并处罚金 1800 万元；违法所得 10 715 742. 36 元予以追缴。

一审判决后，被告人李旭利向上海市高级人民法院提起上诉，辩称其未指令李某君购买工商银行、建设银行股票。上诉人李旭利的二审辩护人向上海市高级人民法院提出以下辩护理由：（1）李旭利的认罪供述，是在侦查阶段受到侦查人员以缓刑引诱、以“不配合工作便抓捕其妻子袁某梅”相胁迫的情况下作出的；袁某梅的证言，是在侦查人员要求李旭利给袁某梅写信，李在信中描述相关情节后，袁按信中内容陈述的。故请求排除李旭利在侦查、审查起诉、一审期间的所有认罪供述以及证人袁某梅于 2011 年 9 月 5 日在侦查机关指证李旭利指令李某君购买股票的证言。（2）证明李旭利指令李某君购买工商银行、建设银行股票的证据不足，不排除涉案相关股票系李某君为提高自己的业绩自行决定购买，原判认定李旭利犯利用未公开信息交易罪的事实不清，证据不足。（3）涉案账户对工商银行、建设银行股票的交易，不符合以低价先于施罗德基金公司买入，并以高价先于施罗德基金公司卖出的“先买先卖”的客观特征，李旭利的行为不构成利用未公开信息交易罪。（4）工商银行、建设银行都是超级大盘股，施罗德基金公司旗下基金对其股票的买入，不可能拉升其股价，认定李旭利利用未公开信息指令李某君购买上述股票，不符合情理。（5）根据《刑法》第 180 条第 4 款的规定，构成利用未公开信息交易罪必须“违反规定”，李旭利没有违反规定，故不构成犯罪。本案二审开庭审理前，上海市高级人民法院召开了庭前会议。根据辩护人在庭前会议上提出的申请，合议庭开庭审理前调取了李旭利在侦查阶段写给袁某梅的 2 封信提供给辩护人，并向辩护人提供了李旭利在侦查机关第一次作出认罪供述的完整同步录音录像并让其观看。在开庭审理过程中，法庭就证据收集的合法性进行了调查。上海市人民检察院出庭检察员当庭决定，对袁某梅 2011 年 9 月 5 日在侦查机关指证李旭利指令李某君购买股票的证言予以撤回，不作为指控证据使用。辩护人出示和宣读了二审期间会见李旭利所作的笔录及检察机关对李旭利所作的讯问笔录、李旭利在侦查阶段写给袁某梅的 2 封信以及其写给李某君的 1 封信、袁某梅亲笔书写的情况说明等线索材料。根据出庭检察员的申请，法庭通知本案两名侦查人员出庭说明情况。

合议庭经休庭评议后当庭宣布，根据对李旭利供述认罪过程和相关录音录像资料的审查，结合法庭调查查明的事实和证据，李旭利及其辩护人提供的相关线索材料，不能证明侦查人员讯问李旭利时实施了刑讯逼供行为，也不能证明侦查人员胁迫、引诱李旭利供认犯罪事实。李旭利供认的作案过程及相关细节系其自行叙述形成，李旭利及其辩护人提出侦查人员胁迫、引诱李旭利供述犯罪事实查无实据。据此，合议庭决定，对李旭利及其辩护人提出的排除李旭利认罪供述的申请不予支持；对袁某梅 2011 年 9 月 5 日在侦查机关所做的证言，鉴于李旭利及其辩护人申请排除，检察员也已当庭决定撤回不作为指控证据使用，故决定予以排除。上海市高级人民法院经审理后认为，原判认定李旭利犯利用未公开信息交易罪的事实清楚，证据确实、充分，适用法律正确，量刑适当，审判程序合法。上诉人李旭利提出的上诉理由及其辩护人提出的辩护意见均不能成立。据此，依照 2012 年《刑事诉讼法》第 225 条第 1 款第 1 项的规定，上海市高级人民法院裁定驳回上诉，维持原判。

该案的核心问题之一：行为人是否指令他人从事相关证券交易。该案裁判理由指出：没有被告人或者操盘手的供述或证言，综合全案相关客观证据能够认定被告人实施了利用未公开信息交易犯罪行为的，可以认定有罪。利用未公开信息交易罪在客观方面主要表现为，行为人因职务便利获取了内幕信息以外的其他未公开的信息，然后利用未公开信息从事了与该信息相关的证券期货交易活动，且情节严重。根据《刑法》的相关规定，行为人利用了未公开信息进行交易是认定利用未公开信息交易罪的必要条件之一。由于行为人基于职务便利获取未公开信息后，往往是通过行为人以外的其他人秘密进行交易的，要证明行为人构成犯罪，一般都需要有证据证明行为人和操盘手之间存在犯意联络，而对这一犯意联络的存在往往是通过行为人本人的供述和操盘手的证言予以证实。司法实践中，如果行为人否认犯罪，操盘手又基于种种原因拒绝提供真实证言时，被告人之间犯意联络的认定便会变得更加复杂。本案中，李旭利在一审庭审及之前的供述中均供认是其指令李某君购买涉案股票，但在二审过程中翻供，否认其指令李某君购买涉案股票。李旭利妻子袁某梅指证李旭利指令李某君购买涉案股票的证言，又因为侦查人员的不当行为被二审法庭排除，而李某君的证言在李旭利是否指令其购买涉案股票的问题上又含糊其辞，称“记不清”“想不起详细情况”了。本案在二审中的人证就只有李旭利在侦查、审查起诉以及一审庭审中的认罪供述，在这种情况下，是否还可以认定李旭利指令李某君购买了涉案股票，是本案的一个焦点和难点。依照2012年《刑事诉讼法》第53条第1款的规定，对一切案件的判处都要重证据，重调查研究，不轻信口供。只有被告人供述，没有其他证据的，不能认定被告人有罪和处以刑罚；没有被告人供述，证据确实、充分的，可以认定被告人有罪和处以刑罚。在利用未公开信息交易犯罪案件中，能够证明行为人是否利用了未公开信息交易并非仅有言词证据，还包括书证、电子数据、鉴定意见等客观证据。由于此类案件中的犯罪手段隐蔽性强，故要更加注重对客观证据的审查。如果综合全案相关证券账户的交易记录、电子计算机的IP地址、证券交易资金情况等客观证据材料，能够认定行为人利用了未公开信息实施相关证券期货交易，就可以认定有罪。本案中，二审法院认为，即使排除袁某梅2011年9月5日的证言，综合下列事实和证据亦足以认定涉案岳某建、童某强五矿金田营业部证券账户中的工商银行、建设银行股票系李旭利指令李某君购买的：在案证据证实李旭利因其职务便利而事先掌握施罗德基金公司旗下基金购买工商银行、建设银行股票的未公开信息。施罗德基金公司投资决策委员会是该公司基金投资的最高决策机构；投资总监全面负责公司的投资管理业务；投资总监及基金经理在投资决策委员会制定的权限范围内负责基金投资具体工作；施罗德基金公司基金经理的职责是在公司投资管理制度和投资决策委员会授权范围内，进行本人管理基金的投资决策。李旭利在施罗德基金公司所任职务使其在投资交易系统拥有投资决策、风险控制、组合管理、信息查询、系统管理五大类权限，包括查看股票池信息，查看、查询所有基金的指令，查看所有基金的持仓分析、交易报表、成交汇总、持仓变动报表等。2009 年 3 月 3 日、4 月 2 日的投资决策委员会会议由李旭利主持。会议决议表明，投资决策委员会批准成长基金、精选基金、蓝筹基金、稳健基金可持仓工商银行股票超过基金净值比例的 5%；会议中李旭利还建议可以持有银行股。2009 年 4 月 1 日至 3 日及同月 7 日，李旭利均有登录施罗德基金公司交易系统的情况，其中 4 月 7 日登录时间为 9 时 32 分。

在案证据证实涉案证券账户资金来源于李旭利夫妇及其亲属，李旭利系账户实际控制人之一。涉案购买工商银行和建设银行股票的岳某建、童某强五矿金田营业部证券账户系李旭利之妻袁某梅借用岳某建、童某强的身份证件于 2007 年 5 月 30 日开户，李旭利系两账户实际控制人之一。两账户内资金本金 4580 万余元，除 180 万元来源于袁某梅父亲袁某民招商证券深圳南油大道营业部证券账户外，其余 4400 万余元均来源于廖某凤、童某强招商证券深圳南油大道营业部证券账户，由上述两证券账户以本金 1152 万余元进行股票交易盈利累积而成。而廖某凤、童某强招商证券深圳南油大道营业部证券账户资金本金 1152 万余元，分别来源于李旭利建设银行、招商银行、广发银行账户 315 万余元，袁某梅中国经济开发信托投资公司证券营业部证券账户、招商银行、中国银行 216 万余元，童某强招商证券深圳福民路营业部证券账户 162 万余元，袁某梅招商证券深圳福民路营业部证券账户资金、转入股票市值共计 457 万余元。上述袁某梅招商证券深圳福民路营业部证券账户资金、转入股票市值共计 457 万余元的资金来源，除 2000 年 10 月 9 日至 2001 年 4

月19日存入资金15万余元外，其余442万余元系袁某梅、岳某芳（李旭利母亲）、袁某松（袁某梅哥哥）、廖某凤股东账户股票转入，具体为袁某梅烟台发展242 615股330万余元，岳某芳东方钽业22 600股104万余元，袁某松秦风农业2300股6万余元，廖某凤天方药业500股1万余元。

在案证据证实涉案证券账户在施罗德基金公司旗下基金购买工商银行和建设银行股票期间满仓购买相同股票。童某强五矿金田营业部证券账户于2009年4月7日上午买入建设银行982 900股，买入金额为446万余元。成长基金于2009年4月9日买入建设银行19 999 950股。岳某建五矿金田营业部证券账户于2009年4月7日上午买入工商银行11 605 000股，买入金额为4779万余元。蓝筹基金于2009年4月7日上午买入工商银行49 999 972股，成长基金于2009年4月7日、9日共计买入工商银行24 445 128股。其中，蓝筹基金2009年4月7日买入的工商银行股票系李旭利亲自下达买入指令，时间为上午9时46分。而同日岳某建证券账户买入工商银行投票的时间为上午9时27分至9时36分，前后相间仅10分钟。岳某建、童某强证券账户于2009年4月7日买入工商银行、建设银行股票后，账户余额分别只剩15万余元和8300元，均系满仓购买。而童某强证券账户从2007年5月30日开户至2010年7月7日销户，岳某建证券账户从2007年5月30日开户至2010年12月21日，除2009年4月7日外，两账户从未有过购买工商银行和建设银行股票的记录。

李某君擅自决定为李旭利购买涉案股票既缺乏证据支持也与常理不合。李旭利及其辩护人提出，涉案证券账户购买工商银行和建设银行股票不排除由李某君自行决定的可能，并提供了袁某松、袁某梅证言等相关证据。我们认为，李旭利及其辩护人上述主张不能成立，理由如下：首先，袁某松关于李某君说因为看到涉案账户很长时间没有使用，就帮助购买了工商银行和建设银行股票的说法得不到李某君证言的印证。至于袁某梅关于其听袁某松和李旭利讲涉案工商银行、建设银行股票是李某君决定购买的证言，仅仅是对袁某松和李旭利述称的转述，属传闻证据，且得不到袁某松证言和李旭利供述的印证。同时，又鉴于袁某松、袁某梅与本案有重大利害关系，二人的证言难以采信。

其次，李某君缺乏甘冒风险擅作购买决定的基本行为动机。第一，擅自交易所产生的法律责任重大。根据2014年《证券法》第143条、第146条、第211条、第212条的规定，未经客户委托，擅自为客户买卖证券，或者接受客户的全权委托而决定证券买卖、选择证券种类、决定买卖数量或者买卖价格，不仅造成客户的损失将全部由证券公司承担，并且还将对证券公司处以没收违法所得、并处罚款，直至撤销相关业务许可或者责令关闭等严厉处罚；同时相关责任人员也将受到警告、撤销任职资格或者证券从业资格，并处罚款等同样严厉的制裁，法律责任重大。第二，涉案股票交易额巨大，违规擅自交易风险亦巨大。根据业内行情，证券公司收取客户股票交易的佣金一般在0.2%以下，大客户甚至可以低于0.1%，本案涉案股票成交量虽然巨大，但五矿金田营业部收取的佣金却只有5万~10万元。也就是说，李某君如果为了“提高交易量”而擅自买入工商银行、建设银行股票，其所在的证券公司佣金仅为区区的5万~10万元，而面临的风险却是全部佣金的没收、并处罚款、撤销业务许可、证券公司关闭以及对李某君本人的严厉处罚等，更何况依李旭利等人账户的5000万元交易单子计算，每下跌1%，即损失50万元，一旦亏损，这些经济损失赔偿将是巨额的。违规擅自决定为李旭利买卖股票可能发生的经济损失风险及单位和责任人员因此可能遭受的严厉处罚、制裁风险，显然远远大于因证券营业成交量提高所能带给李某君个人及所在单位的收益，二者根本不成比例。第三，本案涉案交易发生时，证券市场公开信息中并无特别利好因素使其选择涉案股票。故李某君甘冒风险擅作购买决定缺乏基本的行为动机。

再次，李某君的证言不具有可信度。侦查机关就本案共两次找李某君取证，时间分别为2011年8月16日和2012年2月7日。在两次调查中，侦查人员问李某君为何要在2009年4月7日代为购买工商银行和建设银行股票，是否和袁某梅或者其他人商量过，李某君分别回答：“记不清了”“想不起详细情况了”。另外，证监会在2010年10月15日还找李某君调查过，李某君在此次调查中回答也是非常含混、前后矛盾的。她首先表示：“2009年4月7日这次帮袁某梅买入工商银行、建设银行股票前面我没有跟袁某梅打电话，买入之后我没有立即通知袁某梅，具体什么时候通知袁某梅我记不清楚了。”

当调查人员再问："你再想想清楚，2009 年 4 月 7 日你帮岳某建、童某强证券账户下单之前，你与袁某梅通过电话吗?"李某君回答："2009 年 4 月 6 日、7 日我与袁某梅应该通过电话，具体内容记不得了。2009 年 4 月 7 号我帮袁某梅的岳某建、童某强证券账户下单之后应该与袁某梅通过电话，具体内容记不得了。"本案涉案交易系涉及 5000 余万元的巨额满仓交易，对如此巨额的交易行为"记不清"，显然不符合常理。同时，鉴于李某君与本案有重大利害关系，结合李旭利在原审以及侦查机关的认罪供述内容，李某君在接受调查过程中的含糊其辞，具有明显的不合理性，充分表明其证言不具有可信度。此外，本案涉案交易的特殊背景以及李旭利在原审和侦查阶段供认系其本人向李某君发出了购买指令的事实，进一步排除了李某君擅作决定购买股票的可能性。

最后，控辩双方提交的其他证据材料中，亦无证明李某君甘冒风险擅作决定为李旭利购买涉案股票的证据。

李旭利本人在侦查、审查起诉及一审庭审中均供认是其本人指令李某君购买涉案工商银行、建设银行股票，且供述一直较为稳定，在二审中才以侦查人员对其实施引诱、胁迫为由翻供。对此，二审法庭依法启动证据收集合法性调查程序。合议庭在庭审前即将李旭利在侦查机关第一次作出认罪供述的完整同步录音录像交予辩护人观看。庭审中，李旭利的辩护人对录音录像未提出异议。同时，合议庭还依法通知本案侦查人员出庭说明情况，并由控辩双方对其进行了询问。经过庭审，未发现李旭利辩解所称侦查人员对其实施胁迫、引诱的证据。李旭利上述辩解查无实据，不能成立。法庭据此认定，侦查机关讯问取得的李旭利认罪供述合法有效，依法可以作为定案的证据。

综上，本案现有证据和相关事实，足以认定涉案岳某建、童某强五矿金田营业部证券账户中的工商银行、建设银行股票系李旭利指令李某君购买，辩护人提出的不排除涉案股票系李某君为提高自己的业绩自行决定购买的辩护意见，与事实不符，不能成立。

第四节　公募与私募基金从业人员主体身份交织案件的司法认定与合规启示

在利用未公开信息交易案件司法实践中，相当数量的涉案人员属于大资管行业的从业人员，其中显然是公募基金从业人员占据了多数。对于公募基金从业人员单独实施的利用未公开信息交易行为而言，其主体身份符合“基金管理公司人员”的构成要素要求，在司法认定中并不存在争议。对于公募基金与私募基金从业人员共同实施的利用未公开信息交易行为而言，如果案件证据清晰显示内幕信息以外的其他重大未公开信息是公募基金从业人员基于其职务便利从公募基金投资决策等渠道获取的，那么无论是公募基金从业人员本人或者伙同私募基金从业人员实施趋同性交易行为，还是公募基金从业人员建议私募基金从业人员实施趋同性交易行为，司法实践中相对而言仍然可以通过简便的判断规则予以认定。因为实行行为（利用未公开信息交易行为）的基本证据逻辑是非常坚实的。然而，一旦案件证据出现复杂、变化等疑难情形，即公募基金从业人员本身未实施交易行为，私募基金从业人员辩称其实施的交易行为源于自己的专业分析，公募基金交易与私募基金交易之间的趋同性本质上源于私募基金从业人员向公募基金从业人员的信息流动，而非公募基金从业人员向私募基金从业人员的信息流动。此时，司法认定将变得相对困难。由于行业从业人员之间的频繁交流是客观情况，证券合规管理实践必须对此问题形成清晰的风险控制机制，而其逻辑基础显然在于对当前司法判断规则的准确把握。

一、身份犯与非身份犯共同犯罪基本原理

公募与私募基金从业人员主体身份交织案件，本质上就是刑法基础理论中的身份犯与非身份犯共同犯罪原理问题。因此，把握公募与私募基金从业人员主体身份交织的利用未公开信息交易案件，其基础在于明确身份犯与非身份犯共同犯罪这一传统刑法难点问题。

以渎职罪中的身份犯与非身份犯共同犯罪为例，对国家机关工作人员与非国家机关工作人员共同犯罪关系展开形式分析是首要问题。共犯形式主要表现为教唆犯、帮助犯、共同实行犯等。非身份犯是否能够构成渎职共犯，以何种形式进入共同犯罪关系，均有必要予以解释。从中我们也可以获得关于利用未公开信息交易罪类似问题的启示。

（一）非身份犯能否构成教唆犯或帮助犯

渎职罪的犯罪构成对犯罪主体要件进行了限制，只有2002年全国人大常委会《关于〈中华人民共和国刑法〉第九章渎职罪主体适用问题的解释》规定的国家机关工作人员才能构成渎职罪单独实行犯。但是，当非国家机关工作人员教唆、帮助国家机关工作人员实施渎职犯罪行为时，非身份犯能否构成渎职共犯？刑法学界主流观点指出：非身份犯与身份犯互相勾结，教唆或者帮助身份犯实施犯罪行为的，两者形成共犯关系。[①] 但仍有部分学者坚持：既然身份犯要求犯罪主体必须具备特殊身份要件，那么即使是教唆犯、帮助犯也必须符合这种犯罪主体要件，所以，无身份者不能构成身份犯的共犯。[②]

非身份犯可以与身份犯形成共犯关系，构成渎职罪的教唆犯或者帮助犯。主要的补充性理由包括：（1）从法条关系的角度分析，《刑法》总则关于共同犯罪的规定具有整体指导性，而《刑法》分则以及相关的立法解释对于渎职罪犯罪主体的具体界定仅具有局部函涉功能，不能够限制《刑法》总则的规范价值。既然非身份犯现实地帮助、教唆身份犯实施渎职犯罪，就不能将《刑法》总则第25条至第29条中涉及的“共同犯罪”限制性地解释为“一般主体犯罪”。（2）从犯罪构成要件的特性角度分析，渎职罪单独实行犯的构成要件具有严格封闭性的特点，非身份者被完全排除在犯罪主体要件之外，但渎职共犯的构成要件具有相对开放性的特点，非身份者可以通过犯罪行为加工或者犯罪故意加工的方式进入渎职共犯的构成要件体系之内。（3）从《刑法》条文的规范效率角度分析，如果否定非身份犯成为渎职罪等特殊主

① 参见张明楷：《刑法学》（第二版），法律出版社2003年版，第928页；杨春洗、杨敦先主编：《中国刑法论》，北京大学出版社2001年版，第97页。

② 参见杨兴培：《再论身份犯与非身份犯的共同受贿问题》，载《华东政法学院学报》2005年第5期；杨兴培、何萍：《非特殊身份人员能否构成贪污罪的共犯》，载《法学》2001年第12期。

体犯罪共犯的可能性，那么实践中大量不具备特殊身份的主体将被排除在《刑法》分则之外，《刑法》总则关于共同犯罪的内容无法规制非身份犯。这意味着很大部分的刑法评价功能无法发挥，极大地削减了《刑法》条文的规范收益。

（二）非身份犯能否构成共同实行犯

持肯定性意见的观点认为：部分渎职罪属于复行为犯，实行行为可以拆分为多个环节，虽然非身份犯不能直接实施渎职犯罪的核心行为，但仍可实施部分实行行为；[①] 非国家工作人员能够成为诸如渎职犯罪、贪污贿赂犯罪等身份犯的实行犯，是由于某些渎职犯罪行为的可替代性和可转让性决定的。[②] 持否定性意见的观点反驳：只有具有一定身份的特殊主体实施犯罪行为才可能构成犯罪，这就证明无身份者本质上不可能实施渎职犯罪等身份犯才能实施的实行行为；[③] 身份决定了犯罪主体与犯罪行为的性质，无身份便无从实施特定的身份行为。[④] 折中观点指出：对无特定身份者可否与有特定身份者构成共同实行犯的问题，一概否定或肯定的主张都值得商榷，应当区分特殊主体犯罪的实行行为的性质，予以不同的对待。[⑤]

笔者认为非身份犯不能构成渎职罪的共同实行犯。诚然，某些渎职罪的整体行为可以分割为若干个部分行为，例如，滥用职权不征税款的渎职行为过程，必然被分割成行为人隐瞒应纳收入的来源、少计收入多报支出、不征税款等部分——但具有实质性意义的渎职行为，只能是国家机关工作人员这一特定主体的不作为（不征税款）之后才可能产生侵犯国家管理制度的严重后果。也就是说，诸如放纵走私、枉法裁判、不征税款等渎职性的实行行为本身是不可替代的，能够替代的职能是滥用职权、徇私舞弊的帮助行为。肯定说指出某些渎职等身份犯行为具有可替代性与可转让性，实际上是混淆了

---

① 参见肖中华：《真正身份犯之共犯问题探讨》，载《云南大学学报（法学版）》2003 年第 1 期，第 79 页。

② 参见谢望远主编：《国家工作人员犯罪认定中疑点难点问题研究》，中国方正出版社 2000 年版，第 47 页。

③ 参见马克昌主编：《犯罪通论》，武汉大学出版社 1999 年版，第 583 页。

④ 参见陈兴良：《共同犯罪论》，中国人民大学出版社 2006 年版，第 318 页。

⑤ 参见赵秉志：《犯罪主体论》，中国人民大学出版社 1989 年版，第 297 页。

帮助行为与实行行为的界限。例如，在滥用管理证券职权罪中，非身份犯只可能实施提供虚假财务报告、隐瞒证券信息或者伪造签名盖章等行为——此均为帮助行为——而真正滥用职权批准证券发行的行为只可能由身份犯实施。有身份者才有可能渎职，无身份者并没有实施滥用权力核心行为的职务基础，只能帮助有身份者完成渎职的实行行为。细致分析渎职犯罪《刑法》条文，我们发现，渎职犯罪具有区别于贪污贿赂等职务犯罪的独立性特征。渎职犯罪要求特殊主体实施成立犯罪的实行行为，从其性质上看，不可能由其他无特定身份者与有特定身份者共同实施实行行为，而只能由具备特定身份者实施，在此种犯罪构成之下，无特定身份者就不可能与有特定身份者构成渎职犯罪的共同实行犯。而贪污贿赂等职务犯罪中的某些犯罪要求特殊主体的犯罪的实行行为，从其性质上看可以由无特定身份者与有特定身份者共同实施部分实行行为，在实行行为可替代的情况下，承认无特定身份者可与有特定身份者构成共同实行犯便不存在疑问。例如，非国家工作人员可以是主动索取或者被动收取贿赂，甚至还可以代为实施牟取利益的行为，非身份犯可以构成受贿罪的共同正犯，但渎职罪中并不存在此种类型的个罪。

二、典型案例与合规启示

身份犯与非身份犯共同犯罪原理对于公募与私募基金从业人员主体身份交织的利用未公开信息交易案件司法认定的启示是：判断是否成立共同犯罪的事实前提是，应当综合全案证据准确把握公募基金从业人员是否将本人利用职务便利获取的公募基金重大未公开信息传递至私募基金从业人员。从司法实践中的典型案例来看，司法认定标准在此问题上的证据把控是缜密且严格的，这就对证券合规实践提出了非常严格的要求。

姜某君等利用未公开信息交易罪一审刑事判决书——

公诉机关指控：2009 年 4 月至 2013 年 2 月间，被告人姜某君频繁与时任 Z 公司 × × 蓝筹精选股票型基金（以下简称 × × 蓝筹基金）经理的被告人柳某交流股票投资信息，柳某明知姜某君经营股票投资业务，仍利用职务便利将获取的 × × 蓝筹基金交易股票的未公开信息泄露给姜某君，或听从姜某君的意见使用 × × 蓝筹基金的资金买卖特定股票，姜某君则使用控制的股票账户进行趋同交易。经审计，在上述时间段内姜某君控制的“杨某”“金某2”“叶某”证券账户及“云腾一期”私募基金账户与××蓝筹基金账户同步买入且同步卖出股票76只，趋同买入金额人民币7.99亿余元（以下币种均为人民币），趋同卖出金额6.08亿余元，非法获利4619.02万余元。

2015年11月11日，被告人柳某在接受证券监管部门调查时如实供述了主要犯罪事实。

为支持上述指控的犯罪事实，公诉机关出示了以下证据：Z公司提供的职务证明，兴业信托·云腾一期信托相关资料，工商登记资料，开户、交易资料，调研报告等书证；证人车某、金某1、吴某等人的证言；司法会计鉴定意见书、手机鉴定检验报告等鉴定意见以及被告人柳某、姜某君的供述等。

公诉机关认为，被告人姜某君、柳某违反规定，共同利用柳某担任基金管理公司从业人员因职务便利获取或形成的未公开交易信息，从事相关证券交易活动，情节特别严重，其行为均触犯《刑法》第180条第4款、第25条第1款之规定，应以利用未公开信息交易罪追究刑事责任。鉴于柳某具有自首情节，应适用《刑法》第67条第1款之规定，可以减轻处罚。

被告人姜某君庭审时否认公诉机关指控的犯罪事实和罪名，庭审后，姜某君书写了认罪书。姜某君的辩护人认为姜某君的行为不构成利用未公开信息交易罪，主要理由如下：（1）“未公开信息”是指基金公司的股票交易信息，而非推荐股票的信息，姜某君与柳某交流、推荐股票的内容不能认定为“未公开信息”。（2）姜某君并不知悉柳某利用职务便利获取或形成的未公开信息，柳某也未向姜某君透露公募基金个股交易的未公开信息，不存在姜某君利用柳某因职务便利获取或形成的未公开信息交易的情况。（3）姜某君从事股票交易均系根据自己对股票调研、分析作出的专业判断，所操作的账户与柳某负责的基金交易趋同的原因是基金从业人员之间共同接受券商推荐股票信息或柳某认可姜某君的股票调研能力而接受姜的推荐所致。司法机关仅因股票交易趋同就认定构成利用未公开信息交易罪属于客观归罪。（4）公诉机关将姜某君列为第一被告，而将从业人员柳某列为第二被告不当。

被告人柳某及其辩护人对于公诉机关指控的犯罪事实和罪名均无异议。

柳某的辩护人提出如下辩护意见：（1）柳某具有自首情节；（2）柳某在与姜某君交流过程中对于姜所控制的私募基金和个人账户交易的情况都不知情，且未从中获利；（3）柳某系初犯，法律意识淡薄，愿意退赔任职期间的奖金，自愿认罪认罚，请求法院对柳某从宽处罚，并适用缓刑。

法院经审理查明：

2010 年 12 月，被告人姜某君设立上海 A 有限公司（以下简称 A 公司）。2011 年 3 月，姜某君设立"云腾一期"私募基金，并通过该私募基金从事证券交易。2009 年 4 月至 2015 年 1 月，被告人柳某担任 Z 公司基金经理，管理××蓝筹基金，负责该基金的运营和投资决策。

2009 年 4 月至 2013 年 2 月间，被告人姜某君频繁与被告人柳某交流股票投资信息。柳某明知姜某君经营股票投资业务，仍将利用职务便利所获取的××蓝筹基金交易股票的未公开信息泄露给姜某君；或使用××蓝筹基金的资金买卖姜向其推荐的股票，并继续与姜交流其所交易的特定股票，从而泄露相关股票交易的未公开信息。姜某君则利用上述从柳某处获取的未公开信息，使用其所控制的证券账户进行股票交易。上述时间段内，姜某君控制的"杨某""金某 2""叶某"证券账户及"云腾一期"私募基金证券账户与××蓝筹基金账户趋同买入且趋同卖出股票 76 只，趋同买入金额 7.99 亿余元，趋同卖出金额 6.08 亿余元，获利 4619 万余元。其中，"杨某"个人证券账户双向趋同交易的股票买入金额 1.93 亿余元，卖出金额 1.56 亿余元，获利 1708 万余元；"金某 2"个人证券账户双向趋同交易的股票买入金额 0.47 亿余元，卖出金额 0.40 亿余元，获利 336 万余元；"叶某"个人证券账户双向趋同交易的股票买入金额 1.35 亿余元，卖出金额 1.29 亿余元，获利 1566 万余元；"云腾一期"私募基金证券账户双向趋同交易的股票买入金额 4.22 亿余元，卖出金额 2.82 亿余元，获利 1006 万余元。

2015 年 11 月，被告人柳某在接受证券监管部门调查时如实供述了主要犯罪事实。

以上事实，有公诉机关当庭出示并经法庭质证的下列证据予以证实。

（一）以下一组证据证实被告人柳某在 Z 公司的任职和相关职权情况

1. Z 公司基金经理名册、投研部门成员名册证明：柳某于 2009 年 4 月 22

日至2015年9月25日担任××蓝筹基金的基金经理；2010年12月28日至2015年9月30日同时担任研究部总监。

2. Z公司投资管理部管理制度证明：Z公司基金经理的职责包括，确定基金投资的重点行业和板块配置方案，拟定基金投资组合方案，确定投资的具体数额和时机，向交易室下达交易指令等。

3. Z公司研究部管理制度证明：研究部总监的职责包括组织安排研究工作，对工作中的问题进行协调、反馈、调整、评估等。

4. Z公司出具的××蓝筹基金的介绍证明：××蓝筹基金设立于2009年4月22日，系Z公司管理的偏股混合型基金，资金的60%至95%用于投资股票。

5. 证人车某（Z公司基金经理）的证言证明：××蓝筹基金于2009年设立后一直由柳某管理、决策，期间他协助柳某管理部分仓位，但交易决策权属于柳某。

6. 被告人柳某的供述证明：2009年4月至2015年1月间，她担任Z公司基金经理，管理××蓝筹基金，负责基金的日常运营，决定该基金的交易。

（二）以下一组证据证实被告人姜某君控制“云腾一期”私募基金和相关个人证券账户的情况

1. A公司、上海B有限公司（以下简称B公司）的工商登记资料、企业法人营业执照证明：B公司设立于2008年8月，姜某君系法定代表人，经营范围包括投资管理、咨询服务等；A公司设立于2010年12月，设立之初法定代表人为张某（姜某君之妻）。

2. 联华信托·云腾一期证券投资集合资金信托计划资金信托合同、投资顾问合同、说明书，兴业信托·云腾一期证券投资集合资金信托的持有人托管份额信息查询证明：该信托计划成立于2011年3月，初始份额1.5亿元。受托人联合国际信托有限公司（后更名为C公司）聘请A公司作为信托计划的投资顾问，A公司依约定向受托人出具投资组合建议。A公司还是该信托计划的特定受益人，承诺认购不低于200万份信托单位，每次收取特定利益时将其中20%转化为一般信托单位，直至持有信托单位份额10%。

3. “杨某”“金某2”“叶某”名下证券账户的开户资料证明上述个人账

户的开户情况。

4. 证人管某（A 公司交易员）、季某（A 公司研究员、交易员）的证言证明：他们根据姜某君的交易指令操作“云腾一期”私募基金的证券账户。

5. 证人金某 1 的证言证明：他应姜某君的要求以其子金某 2 的名义开设了证券账户，主要根据姜某君的推荐购买股票。2012 年之前他让姜某君帮他操作该账户。

6. 证人周某的证言证明：2008 年底或 2009 年初，他将侄媳妇叶某名下的证券账户交给姜某君操作，直至 2011 年年中。炒股的资金由他提供，累计投入资金约七八百万元，最多时近 1 千万元。他与姜某君约定八、二分成，亏损由他承担，但最终没有营利，也没有给姜某君分钱。

7. 被告人姜某君的供述证明：他设立 B 公司，招聘了几个研究员经营理财业务。2009 年私募正规化以后，他又设立了 A 公司，打算发行私募产品，就将 B 公司的理财业务转移到了 A 公司，公司的交易员是管某、季某。A 公司共发行了两个私募产品，其中“兴业信托·云腾一期”于 2011 年 3 月发行至 2016 年 3 月结束，发行规模 1.5 亿元。“云腾一期”的交易经过研究员讨论，由他决定。此外，他操作其母亲“杨某”的证券账户进行股票交易，还分别帮金某 1、周某操作“金某 2”“叶某”的证券账户，其中操作“叶某”的证券账户向周某收取 20% 的收益。

（三）以下一组证据证实被告人姜某君利用从被告人柳某处获取的未公开信息，使用控制的个人证券账户和私募基金证券账户趋同交易，双向趋同买入金额 7.99 亿余元，卖出金额 6.08 亿余元，获利 4619 万余元

1. 证人吴某（柳某前夫）的证言证明：他通过柳某认识姜某君，柳某和姜某君关系很好。他经常听到柳某和姜某君打电话，通话时间很长，内容基本是在讨论股票。他们谈论股票内容很深入，对个股有很深的剖析，并且会谈及各自的投资思路，谈及个股时会交流可否买入或卖出某只股票。两人之间通话以姜某君主动打给柳某的情况比较多。

2. 证人陈某、罗某、赵某（均系机构研究员或分析师）的证言证明：他们推荐的股票与姜某君、柳某的证券趋同交易无关，且研究员推荐股票时不会提及股票买入和卖出的价格和时间点。

3. 证人季某、李某、朱某（均系 A 公司研究员）的证言证明：姜某君控制的账户趋同交易的股票中，只有少部分与上述研究员的调研报告相关。

4. 证人管某、季某、李某的证言证明："云腾一期"前期收益率不好，后来逐渐有了起色。

5. 上海市公安局物证鉴定中心检验报告证明：侦查人员从柳某处扣押的一部手机存有姜某君的手机号码 1381793××××；从姜某君处扣押的号码为 1381793××××的手机中存有柳某的手机号码 1331187××××，该手机于 2015 年 11 月 20 日删除通讯录联系人"柳某 3""柳某 2""柳 8""柳 2""柳 5"等号码，删除了 2015 年 8 月 25 日至 2016 年 4 月 8 日间与"柳 8"的通话记录。

6. 司法会计鉴定意见及所依据的相关证券交易明细、资金流水等附件证明：2009 年 4 月 22 日至 2013 年 2 月 5 日期间，"杨某""金某 2""叶某"证券账户及"云腾一期"私募基金证券账户与××蓝筹基金账户趋同买入且趋同卖出股票 76 只，趋同买入金额 7.99 亿余元，趋同卖出金额 6.08 亿余元，获利 4619.02 万余元。其中"杨某"个人证券账户双向趋同交易的股票买入金额 1.93 亿余元，卖出金额 1.56 亿余元，获利 1708 万余元；"金某 2"个人证券账户双向趋同交易的股票买入金额 0.47 亿余元，卖出金额 0.40 亿余元，获利 336 万余元；"叶某"个人证券账户双向趋同交易的股票买入金额 1.35 亿余元，卖出金额 1.29 亿余元，获利 1566 万余元；"云腾一期"私募基金证券账户双向趋同交易的股票买入金额 4.22 亿余元，卖出金额 2.82 亿余元，获利 1006 万余元。

7. 被告人柳某的供述证明：2009 年 4 月至 2013 年 2 月间，她与姜某君关于证券投资频繁交流。他们之间有时在聚会时交流，更多是通过电话交流，交流的范围包括上市公司的行业、板块情况，企业发展前景以及个股情况。姜某君经常向她打听股票情况，包括"海南海药""重庆路桥"等 10 余只股票，她让公司调研员进行调研，会及时跟姜某君反馈调研结论。姜某君通过向她咨询，既能掌握第一手的股票信息，还能从交流中判断出她控制的蓝筹基金的投资计划。她印象最深刻的是"海南海药"。姜某君向她询问这只股票后，她就马上联系研究员调研。研究员反馈情况不错，她就用掌管的蓝筹基金买了很多，也把调研结果及时告诉了姜某君，姜从他们之间的交流能够判断出××蓝筹基金会投资。之后，她还带研究员和姜某君一起去该上市公司考察，他们都认为该股票很有投资潜力，就一直关注并交流该股票。她后来听从研究员的建议，集中抛售了该股票，也及时告诉了姜某君。另外，姜某君也向她推荐股票，她会让调研员进行调研，调研结论也会及时向姜反馈，并在投资之前一般会再次征求姜的意见。购买了姜某君推荐的股票后，她会经常跟姜沟通该股票的各种信息。通过这些交流，姜某君能够判断出她控制的××蓝筹基金的投资动向。柳某在上班期间固定的手机要上交，但她买了一些临时手机号码及时与姜某君交流股票的实时状况。

8. 被告人姜某君对于同被告人柳某交流股票的基本事实予以供认。

（四）以下一组证据证明案发情况

1. 公安机关出具的受案登记表、立案决定书、案发经过证明：证监会于2015年9月20日对柳某、姜某君涉嫌利用未公开信息交易展开调查，后将线索移送公安部。2017年4月5日，上海市公安局经侦总队根据公安部的通知和所附证监会稽查材料对柳某、姜某君涉嫌利用未公开信息交易立案侦查，同年6月16日分别将柳某、姜某君抓获。

2. 被告人柳某接受证监会的调查笔录、侦查阶段的供述以及审查起诉阶段的供述证明：柳某在接受证监会调查时承认与姜某君交流股票，并相互介绍各自关注或看好的股票；到案后柳某逐步供认其向姜某君泄露所负责的基金投资信息。

此外，被告人姜某君在庭审后表示认罪。被告人姜某君、柳某在本院审理期间分别退缴违法所得300万元和150万元。

关于被告人姜某君的辩护人所提姜的行为不构成利用未公开信息交易罪的辩解和相关辩护意见，本院认为，现有证据足以证实姜某君伙同被告人柳某实施了利用未公开信息交易的犯罪行为，其行为构成利用未公开信息交易罪，理由如下：

第一，在案证据能够证明，柳某向姜某君泄露了××蓝筹基金的投资计划和股票交易信息。柳某的供述证明，她与姜某君交流股票的过程中会探讨个股的调研情况，从而对姜泄露××蓝筹基金的投资计划，还供认在交易时段会使用手机与姜某君实时交流；姜某君手机的通讯录中存有多个与柳某相关的电话号码；证人吴某的证言证明，柳某与姜某君经常深入探讨股票投资。即便柳某存在使用××蓝筹基金的资金买卖姜某君推荐股票的情形，在柳某又将股票交易信息泄露给姜某君的情况下，也不影响泄露的相应股票交易信息为未公开信息的认定。

第二，相关机构研究员的证言证明，他们推荐的股票与趋同交易的股票无关，且机构推荐股票并不会涉及个股交易的价格和时间点。因此姜某君、柳某关于趋同交易源于关注相同行业研究员推荐股票或共同参加机构组织活动的相关辩解，无法解释姜某君操作的相关账户与××蓝筹基金之间存在大量趋同交易的情形。

第三，相关账户交易记录以及司法鉴定意见证明，姜某君操作的个人及私募基金证券账户与柳某担任基金经理的××蓝筹基金证券账户之间，存在大量趋同交易的事实。

综上所述，被告人姜某君利用从柳某处获取的未公开信息，在姜个人控制账户及私募基金账户进行趋同交易，两人的行为均构成利用未公开信息交易罪。

本院认为，被告人姜某君、柳某违反规定，共同利用柳某担任基金管理公司从业人员因职务便利获取的未公开信息，从事相关证券交易活动，非法获利4619万余元，情节特别严重，其行为均已构成利用未公开信息交易罪，且系共同犯罪。公诉机关指控的犯罪事实和罪名成立，依法予以支持。柳某具有自首情节，可依法从轻或者减轻处罚；柳某自愿认罪认罚，退缴部分违法所得；综合上述情节，依法对其减轻处罚。对于柳某的辩护人所提从宽处罚的辩护意见予以采纳，但对于适用缓刑的辩护意见不予采纳。庭审后，姜某君表示认罪，并退缴部分违法所得，具有检举他人犯罪行为，酌情从轻处罚。据此，依照《刑法》第180条第4款及第1款、第25条第1款、第67条第1款、第52条、第53条、第64条之规定，判决如下：

（1）被告人姜某君犯利用未公开信息交易罪，判处有期徒刑6年6个月，并处罚金人民币4000万元。（刑期从判决执行之日起计算。判决执行以前先行羁押的，羁押一日折抵刑期一日，即自 2017 年 6 月 16 日起至 2023 年 12 月 15 日止。罚金从判决发生法律效力的第二日起一个月内向本院缴纳完毕。）

（2）被告人柳某犯利用未公开信息交易罪，判处有期徒刑 4 年 6 个月，并处罚金人民币 620 万元。（刑期从判决执行之日起计算。判决执行以前先行羁押的，羁押一日折抵刑期一日，即自 2017 年 6 月 16 日起至 2021 年 12 月 15 日止。罚金从判决发生法律效力的第二日起一个月内向本院缴纳完毕。）

（3）违法所得予以追缴。

由此可见，司法实践形成的判例规则表明，所谓的私募基金投资决策信息向公募基金趋同性交易逆向流动的辩解，需要经过交易、资金、供述、证言、获利分配、金融逻辑等诸多证据要素的综合审查，从而确认其合理性。如果证据要素显示交易明显趋同且在资金、供述、证言、获利分配机制等层面无法获得合理说明的，应当认定公募基金与私募基金从业人员构成利用未公开信息交易的共犯。